新编财经写作

（2013 年修订本）

主　编　尹　依

副主编　王育杰

编　著　尹　依　王育杰　徐忠实

　　　　张　平　金　霓　罗玉东

U0838438

中国商业出版社

图书在版编目（CIP）数据

新编财经写作：2013 年修订本/尹依主编．—6 版
．—北京：中国商业出版社，2014．1（2021.9重印）
ISBN 978－7－5044－8373－7

Ⅰ．新…　Ⅱ．①尹…　Ⅲ．①经济—应用文—写作
Ⅳ．①H152．3

中国版本图书馆 CIP 数据核字（2014）第 016972 号

责任编辑：孙锦萍

中国商业出版社出版发行
（100053　北京广安门内报国寺 1 号）
010－63180647　www．c－cbook．com
新华书店经销
唐山嘉德印刷有限公司印刷
*
787 毫米×1092 毫米　16 开　17．25 印张　360 千字
2014 年 1 月第 6 版　2021 年 9 月第 9 次印刷
定价：35．00 元
*　*　*　*
（如有印装质量问题可更换）

目　　录

绪 论

一、财经写作及财经应用文的涵义

财经写作是应用写作的一个重要分支。人们通常把实用型文章的写作称为应用写作，而实用型文章是同欣赏型文章相对而言的，是指为解决实际问题而撰写的各类文章，是在社会生活中有着特定用途的文章。社会领域无限宽广，社会部门错综复杂，实用型文章在不同的社会领域、社会部门呈现着不同的面貌，或者说，不同行业的人对之有着不同的需求，应用写作的各分支——各类专业写作由此而生，财经写作便是其中主要门类之一。

顾名思义，财经写作即财经应用文的写作。对财经应用文的涵义，有狭义和广义两种理解。狭义的财经应用文，专指各类只为财经工作所用的财经专业文书，是专门用于经济活动的经济应用文体的统称；广义的财经应用文则是人们在财经工作中所使用的各类反映经济活动内容的文书的统称，既包括财经专业文书，也包括一些同时在其他社会领域或部门广泛应用的文书。本书所讲述的财经写作，是指广义的财经应用文的写作，包括法定公文和事务文书在内的公务文书、财经专业文书、学术文体。

法定公文的通用性强，适用面广，在各社会部门都是不可缺少的处理工作的工具，财经部门自然也不例外。财经工作的有效进行和顺利完成，是要借助于这类文体的。比如，经济方针、政策的发布，常常采用制发“命令”的形式，重大经济活动的安排，可用“决定”，在日常经济工作的布置和联系中，“通知”、“函”等文种被频繁使用，“命令”、“决定”、“通知”、“函”等都属于法定公文。此外，像“报告”、“请示”之类的公文文种，也是从事财经工作的人可能要经常接触的文种。很难想像，如果法定公文失去应有的作用，国家经济生活的正常秩序，现代经济活动的惊人效率，怎样才能得以维持。

事务文书是财经工作得以展开的必要凭借，对于具体的经济管理部门或企事业单位来说，它的使用频率是非常高的。比如，在着手去做某一项经济工作或某一阶段的工作之前，一般要制订一份周密的“计划”，经济工作计划种类繁多，形式多样，仅财务计划就有许多种。在某一项或某一阶段的工作结束之后，应该有如实地反映工作情况的“总结”，以便为经济工作规律的探索提供一个切实的前提；随着经济工作正规化和复杂化程度的加强，“规章制度”在经济工作中所起的作用越来越大。从大的方面来看，在国民经济的各个部门、财经行业的各个领域，国家都有相应的规章制度颁布施行，例如，关于物资管理、关于外资利用等等，国家有关机构均作出过规定。从小的范围来看，一个企业，一个班组，甚至一名工作人员，都可以把规章制度的制定，作为一种行之有效的管理手段加以利用。上面所例举的“计划”、“总结”、“规章制度”是几种比较常用的事务文书，这类文体对于财经工作的意义是显而易见的，因而也是不容忽视的。

法定公文和事务文书所构成的公务文书，是本书所述及的第一大类文体。当然，既然是谈财经写作，就不能泛泛而论这类文体的写作知识，而要紧扣“财经”二字，把着眼点放在财经工作上，只把表述财经工作内容的公务文书视为财经应用文，以其他公务活动内容为表述对象的公务文书则不能划归进来。不过，作为一类文体，即便内容完全不同，在形式上也不会有什么明显的差异。所以说，这里所介绍的公务文书的写法，对其同类文体的撰写同样有其指导意义。

财经专业文书，也就是狭义的财经应用文的写作，是财经写作的主体。可以说，在当代社会中，经济大潮冲击着每一位社会成员，而要同经济工作发生联系，就不可避免地会用到财经专业文书。国家工作重心向经济建设的转移，使得直接为生产和经营管理服务的财经专业文书受到前所未有的重视。对于财经工作者来说，财经专业文书的撰写和使用，更是既平常又必需的工作内容之一，缺乏这方面的知识，就有可能给工作带来诸多不便和损失。

用于经济科学研究的学术文体是本书讲述的最后一类文体。经济科学研究是一项探索未知领域，探求经济规律的创造性活动，作出新的发现，产生新的创见，最终形成新的经济科学理论，用以指导经济建设实践，是经济科学研究的任务和宗旨。在社会科学各学科中，可以说，经济学研究同现实的联系最为紧密，经济学理论也最容易直接对现实发生影响。也正因为如此，在尊重知识、崇尚科学、讲求实效，同时以经济建设为中心的观念已深入人心的现代社会，经济学研究和经济学理论具有举足轻重的地位。而经济学研究的进行和经济学理论的形成，是离不开学术文体的，从选题到研究，从成果的取得到信息的传递，都要以学术文体的撰写为凭借，要以学术文体为工具。即便仅从表述的层面来看，无论是多么精妙的思想，只要仅停留在个人的头脑之中，而未被外化到纸面上，未能公诸于世，就很难为他人所了解，就谈不上发挥社会效益。可见，对于从事经济科学研究的人来说，缺乏驾驭学术文体的能力，无疑是一个严重的欠缺。而且，社会发展至今，经济科学研究已不是专业研究人员的专利，每一位经济工作者或每一位对经济工作感兴趣的人，都有可能涉足于此。这样，学术文体也就有了更为广泛的适用范围，学术文体写作知识也就成了现代经济工作者必备的一种知识。

二、财经应用文的基本特征

前面说过，财经写作是应用写作的一个分支，财经应用文是实用型文章的一个种类，因此，财经应用文的特征应该是实用型文章的共同特征的一种。

从总体上说，财经应用文在内容和形式方面体现出两大特征：一是从内容方面来看，财经应用文是为解决某个特定的经济问题或处理某项具体的经济工作而撰写的文种，它的内容同经济活动有关，是经济活动内容的反映；二是从形式方面来看，财经应用文大都有着固定的体式，带有一定的程式化特点。

主旨、材料、结构、语言是一切文章的构成要素，财经应用文的特征也分别体现在这四个方面。

（一）主旨单一、集中、明确

主旨是文章的中心意思，是作者的意图、主张或看法在文章中的反映。单一、集中、明确是应用文主旨的特点，同时也可以说是对应用文主旨的要求。

所谓的主旨单一，是说一篇文章只能有一个中心，只能围绕着一个主题把问题说清说透，而不能把关系不大甚至毫不相关的问题写到一篇文章中去，使写出的文章多中心，多主题。主旨的单一在法定公文中体现得最为突出，“一文一事”是撰写法定公文必须依循的原则，也是法定公文生效的保证。其他各类应用文，无论是事务文书，还是财经专业文书、学术文体，不论其篇幅长短、内容复杂与否，也都要能把全文归结到一点上。

集中是同单一相联系的一个特点。一篇应用文只能有一个中心，而这个中心应是全文的统帅，应对文章内容有制约作用，全文要不枝不蔓，紧扣这个中心。如果在文章中东拉西扯，写入一些与主旨无关的话，就会使得文章内容芜杂，头绪纷繁，主旨被淹没或得不到充分表述。

所谓的明确，是说文章的中心意思，作者的意图和主张是什么，要使读者一看便知，而不必费心揣摩。文艺作品所讲究的曲折与含蓄，恰恰是实用型文章所排斥的东西。主旨含糊不清，读者抓不住文章的中心，难以领会或误读作者的意图，就会贻误工作，给工作造成损失。

为了确保主旨的明确，作者可在许多环节上下功夫，值得提倡的是以下两种写法。一是采用“片言居要”的方式，直截了当地把主旨写明，告诉读者。标题、开头、结尾等引人注目的部分，是常常用以展示主旨的地方。当然，篇幅短小、内容简单的纯粹事务性文章，把事项交代清楚即可，可以不用这种写法。二是采用组织规范段，并写出段中主句的方式，揭示段旨，表明段落的中心所在。规范段是指段意明白、统一、完整的段落，段中主句则是在规范段中出现的概括段落的中心意思的一个或两个句子。段落是文章的构成单位，段旨是主旨的构成要素，如果每一段的意思都写得明明白白，能够顺利地为读者所理解，文章的主旨也就一目了然了。

（二）材料多样、真实、典型

材料是构成文章内容，形成、支撑并表达主旨的各种事实与理论。善于从材料出发，注意让材料说话，才能言之有据，言之有物，写出充实可信，有较强说服力的文章。

从材料本身的形态来看，事实与理论是材料的两大类型。如果再作进一步划分，事实则有事件与情况、实物与现象等；理论则有方针、政策、规定及概念、原理、学说等等。从材料的来源看，有第一手材料和第二手材料之分。不同类型的材料往往要通过不同的途径获取，观察、实验和调查是在获取事实材料的主要途径，是得到宝贵的第一手资料的重要渠道；查阅文献则能够集中获取理论材料，第二手材料可由此或通过调查得到。撰写财经应用文所用的材料是多种多样的，不同种类的材料的获取途径又是有区别的。当然，材料多样是就财经应用文材料的总体面貌而言的，而并不是说每一篇文章都必须用到所有类型的材料。

真实是实用型文章的生命，而材料的真实又是使文章具有真实性的首要条件。实用性文章材料的真实不同于艺术的真实，是指材料要同客观情况完全相符，而不能随意编造，不能有任何虚构和夸张。选用第一手材料，要求严格检查它同现实的一致性，而不能按照个人意愿，歪曲事实真相，也不能以偏概全，或孤立、片面地看待个别事实，把不具有整体或本质真实的事例或细节作为材料使用。选用第二手材料，一方面要确保其来源的可靠，另一方面要在正确、全面地理解材料内容的基础上，按其本身的内涵去使用它。以讹传讹、断章取义，无疑会使第二手材料失去真实性。

典型是财经应用文的材料所应具备的另一个特点。它首先是说材料要能为主旨所统帅，而不是游离于主旨之外，或同主旨相背悖；其次要求所用材料为主旨的表达所必需，而不是可有可无，同主旨之间缺乏一种密切的联系；最后是说所用的材料要典型。典型的材料是能够集中、深刻地表明事物的本质及共性，同时又带有个性色彩的材料，是能够由个别见一般，由局部见整体的材料，是有较强的说服力和表现力的材料。使用典型的材料，可以“以一当十”，增强文章的力度，提高文章的质量。

（三）结构合理、谨严、固定

文章要有主旨和材料，但不是主旨和材料的罗列或堆砌。写文章在明确主旨、选定材料之后，还要设置一个能把主旨和材料有机地结合在一起，能把材料有序地排列在一起的框架，这个框架就是文章的结构。简单地说，结构是文章内部的构造；安排结构，就是根据主旨表达的需要，合理地组织材料。

文章的结构脉络是作者思路的外化形式，而客观事物的构成和发展规律又是思路展开的内在依据，从根本上说，结构合理就是指结构的安排符合客观事物的构成和发展规律，比如，文章段的划分要同事物的发展步骤或事物的组合层次相一致，而不能不顾写作对象本身的阶段性，不作段的划分，或随意划分段落。同时，结构合理也是指结构的安排真正服从主旨表述的需要，从材料的取舍到排列次序都以有利于凸显主旨，有助于读者理解文章内容为原则。

从本质上说，实用型文章应该是一种逻辑构成，而逻辑构成则要讲求严谨性，而不能流于松散无序。观点不能前后矛盾，次序混乱，应有过渡或照应的地方没有出现特定的过渡或照应的形式，前后相连的部分之间缺少一种应有的意义联系，“当止处不止，不当止处却止”等等，都是文章结构不够严谨的表现。而首尾圆合，衔接紧密，层次清晰，段落分明，则是结构严谨的最起码的条件，也是对财经应用文结构的最基本的要求。

固定是实用型文章结构的一个重要的特点。在长期的写作实践中，各类实用型文章大都形成了统一的构成格式，一篇文章应该包括哪些部分，各个部分应该如何排列，都已有固定的“模式”。遵照固定的“模式”写作，才能把文章写得规范，也才能使写出的文章便于阅读，易于发挥实际效用。

文章的“模式”有的是约定俗成、自然而然确定下来的。这种情况一般是在一个新文种出现时，一种“模式”便首先为少数人所用，由于它符合文种本身的规律，能够充分适应社会的需要，在使用中显示出种种优势，便逐渐推广开来，固定下来，以致被作为科学的写作知识加以总结、介绍；另一种情况则是通过对文种全面、深入的研究的结果。如国家有关部门专门颁发文件，对某一个文种的构成格式作出规定，比如，国家质量技术监督局发布的中华人民共和国国家标准《国家机关公文格式》、国务院办公厅发布的《国家行政机关公文处理办法》等，都对法定公文的构成格式有详尽的说明。可以说，在各类文体中，对法定公文格式的规定最为严格，它的程式化程度最高。另外，中华人民共和国国家标准《科学技术报告、学位论文和学术论文的编写格式》、《文摘编写规则》等，也都是对有关文种的构成格式加以规定的“国标”文件。在一些专业领域，常可见到以各种形式对专业文书的构成格式作出的规定，如《中华人民共和国合同法》以法的形式明确了合同的主要条款，依循这些条款签订合同，是合同合法、生效的前提之一。以行业规定的形式提出专业文书的构成格式，更是在许多行业中常可见到。

程式化是应用写作所应遵循的基本原则。结构固定，格式规范，是财经应用文及其他实用型文章备受重视的一个特征。

（四）语言准确、简明、平易、庄重

语言是思想的外衣、信息的载体、交际的工具，离开语言，写作就无法进行。语言不仅有把无形的构思变成有形文章的作用，而且有同思想内容互相制约的特性，语言运用得好坏，直接关系到文章的质量。

语言准确是对所有文章的要求，只是在不同类型的文章中它的涵义可能会有所不同。财经应用文的语言准确要求除了是指用词造句的恰当、贴切、得体之外，还有其特殊的内涵。首先，专业术语和行业用语的大量使用，会增强财经应用文语言的准确性，或者说是财经应用文的语言具有准确性的体现。专业术语和行业用语，是指用于特定的学科、专业领域或社会行业的意义确定的专门性词语。单义性、概括性、客观性是专业术语和行业用语的特点。其次，使用经核查的数字，可以精确地描述经济现象，揭示经济关系的本质。数据在财经类文章中占有很重要的地位，而数据又常被人们视为是文章精确度的标志。

任何文章的语言，都应具有简明性。而在以高效、快速地传递信息为任务，以社会效益、经济效益的取得为目的的财经应用文的写作中，语言的简明性就显得格外重要了。所谓的语言简明，就是能用尽可能少的语言材料，把尽可能多的信息明明白白地传递给读者。精心锤炼词语，用词精当，语句凝炼，是使语言简明的首要条件；摒弃一切不必要的重复，剔除一切同主旨无关或关系不大的语句，杜绝一切空话、套话等等，也都是使文章的语言简明的必要条件。

平易即平实自然、通畅易懂。文章语言的平易首先表现在用语的直白上。撰写财经应用文，应避免平铺直叙，力戒含而不露，要直陈其事，一是一，二是二，单刀直入，直截了当。委婉、模糊的语言形式通常是不适用于财经应用文的；语言平易的另一层意思是用语朴实。在财经应用文这类非欣赏类文章中，要用实实在在、朴实无华的语言，深入浅出地阐明事理，而不可堆砌华丽辞藻或故意使用生僻词语。

财经应用文要在经济工作中发挥作用，就必须具有严肃性。语言庄重就是维护文章的严肃性，从而使文章真正地发挥对经济工作的指导作用。从造句的角度来说，多用严整的句子形式，有助于增加语言的庄重感。从措词的角度来说，严格掌握用词的尺度和界限，会为语言增添庄重感。在财经应用文写作中，有些词语是不宜使用或需慎重使用的，比如，对粗俗词要坚决予以弃除；对方言土语、儿化语之类的口语色彩过于浓烈的词语，应禁止使用或尽量少用；对叹词、象声词和部分感情色彩过于浓烈的形容词、副词，应控制使用；对简称之类特殊的词语形式，应慎重使用。反过来，有些词语，如文言词语的适当使用，会使文章显得更有庄重感。

总之，主旨单一、集中、明确，材料多样、真实、典型，结构合理、谨严、固定，语言准确、简明、平易、庄重，是财经应用文所应具备的特征，也是对财经应用文各要素的要求。

三、提高财经应用文写作水平的途径

写作是一项复杂的综合性精神劳动，写作水平的提高，需要从多方面多作出努力，以下所谈到的是提高财经应用文写作的主要途径。

（一）领会政策，熟悉业务

为指导经济工作，推动经济建设，国家常常要制定颁布一系列的经济政策。正确的经济政策是对经济规律深刻认识的产物，代表着广大人民群众的愿望和需要，预示着经济生活发展的方向，反映了经济活动的客观规律。各经济部门都应把它作为在一定时期内做好各项工作的指针。财经应用文要有效地服务于经济工作，就应符合国家的经济政策，为经济政策的贯彻和落实服务，否则，就会适得其反，引起种种不良后果。正因为如此，领会政策精神，对于财经应用文的作者来说，是不容忽视的一项工作。

一切文章都是内容和形式的统一，而且内容是主导与决定的因素，在文章写作中，内容的形成是第一位的。财经应用文的内容是经济工作内容的反映，财经应用文的写作同业务工作的进行有着密切的联系。作者如果对业务不够熟悉，内容的形成和文章的完成就成了一句空话。这里所说的熟悉业务，既包括对专业知识的钻研，也包括对实际工作情况的透彻了解及对经济工作本质的认识。

“无本不立，无文不行”，了解政策，熟悉业务，便是从根本上提高财经应用文的质量及其写作水平的途径。

（二）锤炼思维能力，加强语言修养

文章是客观事物的反映，但不是消极、被动、机械的反映，而是人脑对客观事物进行深入思考的结果，是作者思维同外界事物相互作用的产物。人是写作的主体，人的主体作用又恰恰最集中体现在思维的作用上。主体思维在写作的任何一个阶段都是至关紧要的，从资料的搜集到选取，从观点的形成到表达，每一个环节都离不开作者的思维活动。作者的思维水平低下，即便有再好的条件，下再多的功夫，也很难写出一篇像样的文章。有人认为，写作问题，归根结底是思想问题。提高写作水平，最终应着眼于思想水平的提高，仔细想想，这话确实很有道理。

语言修养是一种较高的利用语言材料表情达意的能力，是一种措词造句，为思想内容谋求精美的语言表达形式的功夫。值得提及的是古人曾经说过的一句话，那便是“辞不足，不足以文”，这是对语言的作用的最好说明。显而易见，没有足够的语言储存，或者缺乏得心应手地驾驭语言的能力，就写不成文章，即便勉强成文，写出的也不可能是一篇高质量的文章。

写作能力是由多方面、多层次的要素构成的，思维能力和语言能力是其中最为重要的两个要素。同时，思维同语言又是交织在一起，密不可分的，它们的相互作用贯穿于整个写作过程之中。对于一个人来说，思维能力和语言能力不是一成不变的，只要有意识地以正确的方法多加训练，这两方面的能力就能得到磨砺和发展。

（三）掌握规律，了解规定

“思无定契，理有恒存”，文思虽没有一定之规，但规律却是永远存在的。探寻写作规律，是写作理论研究的任务，有关财经应用文写作的理论知识，是对财经应用文写作规律的总结。要写好财经应用文，先从理论上认识规律，把握各种文体的特点和写法，是非常必要的，这是减少摸索时间，尽快把文章写得规范的捷径。

有关一些文体的写作的规定，是以另外一种形式对文章的构成规律的总结。了解了这些规定，才能在写作中有所依循，也才容易把文章写得规范。

（四）善于借鉴，勤于实践

“熟读唐诗三百首，不会作诗也会吟”，是前人的写作经验之谈。这里说的是写诗，

却道出了写作的普遍规律，各种文体的写作莫不如此，通过范文的阅读，可以潜移默化，逐渐把他人的经验变成自己的体会，在自己的写作活动中产生作用。学习写作，不读文章，不熟悉文章，实际就无法形成对一种文体的最基本、最全面的认识，这样即便学习了写作理论，也不可能在写作中灵活地运用它，难以使之成为"活"的知识。阅读是写作的先导和基础，多读范文，多接触文章实际，是获得对文章的感性认识，并有所借鉴，有所提高的重要途径。

勤写多练，在写作实践中掌握写作技巧，自古至今，一直是备受推崇的学习写作的方法。宋代文学家欧阳修在被问到怎样才能写好文章时回答："无它术，惟勤读而多为之，自工。"（《东坡志林》）"勤读"指多读书，"多为之"则是指多写多练，他的意思是说只要多读多练，文章自然就能工巧。语文教育学家叶圣陶先生在谈到如何才能打好读和写这些语文基本功时说："一定要把知识和实践结合起来。""不断学，不断练，才能养成好习惯，才能真正得到本领。"（《认真学习语文》）在同一篇文章中，他还很形象地说："凡是习惯都不是几天功夫能够养成的。比方说学游泳。先看讲游泳的书，什么蛙式、自由式，都知道了。可是光看书不下水不行，得下水，初下水的时候很勉强，一次勉强，二次勉强，勉强浮起来了，一个不小心又沉下去了。要到勉强阶段过去了，不用再想手该怎么样，自然而然能浮在水面上，能往前游，这才叫养成了习惯。学语文也是这样，也要养成习惯才行。"写作是一种能力，而能力的获得仅靠读几本讲授知识的书籍是无济于事的，知识向能力的转化，必须凭借着实践的环节，只有通过写作实践，人们才能把自己所掌握的写作知识演化为写作能力，形成良好的写作习惯和可用的熟练技巧，人们常说的"熟能生巧"，就是这个道理。

第一编

公务文书

对人们通常所说的公务文书这个概念，可有广义和狭义两种理解。广义的公务文书是指党政机关、企事业单位及社会团体在公务活动所用的各类文字材料。概括地说，主要包括两大类：一类为法定公文，即国家有关部门正式规定的公文文种，它又称通用公文；一类为事务文书，即机关、单位、团体为处理工作而普遍使用的法定公文之外的文书，它又称常用文书。

包括法定公文和事务文书在内的公务文书具有应用范围广、使用频率高的特点，在各个社会行业和部门，它都有着极其广泛的用途，甚至可以说是不可缺少的工具，财经领域当然也不例外。同时，经济活动是人类的主要社会活动，经济工作是机关的重要工作。各种机关所形成的公务文书，很多都是直接或间接同经济活动有关的。同经济活动有关的法定公文的事务文书，是财经应用文的一大门类。从日常经济工作的角度来说，其作用可能比一般财经专业文书还要更大一些。学习财经写作知识，对此必须给以高度重视。

第一章 行政机关公文

一、概 述

（一）公文的概念及特点

“公文”也即公务文书，对人们通常所说的公务文书这个概念，可有广义和狭义两种理解。广义的公务文书是指党政机关、企事业单位及社会团体在公务活动中所用的各类文字材料。概括地说，主要包括以下几大类公务文书：一类是党政机关公文，即有关机构与部门正式规定的公文文种。由于对其种类、用途、格式及处理办法等，有关机构或部门均有专门规定，所以这类公务文书又称法定公文；第二类为事务文书，即机关、单位、团体为处理工作而普遍使用的法定公文之外的文书，它又称常用文书。这两类公务文书均有较强的通用性，适用于不同的社会行业或领域，所以合称通用文书。第三类为专用文书，即在不同的社会行业、专业领域或特定的场合专门应用的文书。专用文书是与通用文书相对而言的。

这里所说的公文是指狭义的公文而言的。狭义的公文俗称法定公文，是指有关机构或部门对其种类、用途及格式等专门做出规定的公务文书。长期以来，“党”、“政”机关的公文处理工作有着各自的规范或称规定。例如，国务院 2000 年 8 月 24 日发布的《国家行政机关公文处理办法》列出十三类公文：命令（令）、决定、公告、通告、通知、通报、议案、报告、请示、批复、意见、函、会议纪要，这是行政机关在行政管理过程中所形成的具有法定效力和规范体式的文书，是依法行政和进行公务活动的重要工具。中共中央办公厅 1996 年 5 月 3 日制发的《中国共产党各级领导机关文件处理条例》列出十四类正式文件：决议、决定、指示、意见、通知、通报、公报、报告、请示、批复、条例、规定、函、会议纪要。这是党的机关实施领导、处理公务的具有特定效力和规范格式的文书，是传达贯彻党的路线、方针、政策，指导、布置和商洽工作，请示和答复问题，报告和交流情况的工具。

为了适应中国共产党机关和国家行政机关（简称党政机关）工作需要，推进党政机关公文处理工作科学化、制度化、规范化，2012 年 4 月 6 日中共中央办公厅、国务院办公厅联合印发《党政机关公文处理工作条例》（自 2012 年 7 月 1 日起执行）。该条例首次统一党政机关公文处理规范，适用于各级党政机关公文处理工作。前文所述及的《国家行政机关公文处理办法》和《中国共产党各级领导机关文件处理条例》，自该条例开始执行之日停止执行。

《党政机关公文处理工作条例》规定："党政机关公文是党政机关实施领导、履行职能、处理公务的具有特定效力和规范体式的文书，是传达贯彻党和国家方针政策，公布法规和规章，指导、布置和商洽工作，请示和答复问题，报告、通报和交流情况等的重要工具。"这是对党政机关公文这一概念的阐释，同时也是对其基本功用的说明。

概括地说，公文从内容到形式至少应当具备两大特征：一是从内容方面来看，公文的内容必须是公务活动内容的反映。写作是一项目的性极强的活动，为达到不同的目的而撰写的文种必定有着不同的用途和内容。公文就是特定的作者为处理公务活动中的问题而撰写的具有特定效力的公务文书；二是从形式方面来看，公文有着固定的体式。对一份公文包括哪些要素以及这些要素怎样排列，均有具体规定或要求。就其形式而言，应当说，在各类文章中，公文是一类程式化程度最高的文种。

具体地说，公文主要具有以下特点：

1. 法定性

公文是由法定机关或组织制发的，代表着法定机关或组织的意图，在法定机关或组织的权限范围内具有法定的权威性和约束力。所谓的法定机关或组织，主要是指根据《中华人民共和国宪法》和《中华人民共和国地方各级人民代表大会和地方各级人民政府组织法》等有关法律规定而设立的各级机关、团体和机构以及各企事业单位，只有这些机关或组织才有权制发文件，也只有这些机关或组织制发的文件，才能发挥相应的效力。另外，有些公文需以特定机关或组织的领导人的名义行文，这是领导人的法定职权的体现，公文所反映的同样也是领导人所在机关或组织的集体意图。

2. 政策性

公文是处理公务问题的工具，其内容必须完全符合党和国家的各项方针、政策，也唯有如此，才能借助于公文这一有力的工具，把党和国家的方针、政策精神切实贯彻、落实到具体工作中去。相反，如果公文内容同党和国家的方针、政策精神有相违背之处，那么，公文就不仅无法发挥应有的作用，还会给公务活动造成混乱，使工作产生失误，使国家或集体蒙受损失 。党和国家的方针、政策是各项工作的指针，是各级机关开展工作的基本依据，而公文作为人们在工作中所使用的一种行政工具，必须与其保持高度一致。

3. 实用性

公文是为完成某项工作，或者针对公务活动中的某个问题而制发的，制发公文的目的就是解决实际问题，推动工作的顺利进行，每一份公文都有其具体的制发目的和公务职能。公文的针对性越强，内容越是明确、具体，就越能得到受文机关的重视，实际作用也就越大。

4. 时效性

时效性是与实用性联系在一起的。制发公文是为了处理公务活动中的实际问题，而公务问题的处理必须迅速、及时，所以，对公文的制发和实施通常有着严格的时间要求，公文的效用也常常是有时间限制的。当然，由于各类公文的内容和用途不同，其时效性的表现形式也就不尽相同。

5. 规范性

公文不是可以任意撰写的文种。为维护公文的权威性和严肃性，从文种名称到行文关系，从制发程序到构成体式，国家有关部门都作过严格规定。公文的拟稿人不得随心所欲地使用文种名称、设置行文关系或更改其固定的制发程序和构成体式。公文不规范，不仅会给文书工作带来麻烦，还会影响其正常运转及其效用的切实发挥。

总之，法定性、政策性、实用性、时效性及规范性是公文的几个主要特点，也是一份合格的公文所必须具备的条件。

（二）公文的基本功用

上面对公文概念的阐释，其实已经包含了对这种文体的功用的说明。具体地说，公文的功用主要体现在以下几个方面：

1. 颁布法规，传达指示

为使国家机器正常运转，为维护社会生活的正常秩序，国家各级行政机关经常需要颁布某些法令、法规及规定，有些公文就是为此而制发的，如为颁布《中华人民共和国未成年人保护法》而制发的《中华人民共和国主席令》（2006 年 12 月 29 日）等。这类法规性公文一经发布，便具有相应的法律效力，必须遵照执行，不得违反。也有一些公文的内容本身就是对有关事项作出的带有强制作用的规定，如《国务院关于加强食品安全工作的决定（国发［2012］20 号）等，就是就某一事项作出规定的公文，这些规定在公文生效的范围内，要求人们必须严格遵守。

在国家行政系统中，上级机关同下级机关有领导与被领导的关系，上级机关有对下级机关的工作发出指令或提出指导性意见的权利和责任，上下级机关之间领导与被领导的关系及上级机关对下级机关的指挥、指导作用，通常就是凭借公文的制发、运转形成和实现的。

2. 反映情况，请示工作

在工作中，下级机关经常会遇到一些问题、情况或产生一些意见、要求，需要上级机关了解或给予具体批示；上级机关为了能够根据实际情况制定正确的工作方针，作出合理的工作布署，也需要经常了解基层单位的情况。情况的反映、工作的请示，通常都要借助于公文。《党政机关公文处理工作条例》中所列的第十类公文“报告”和第十一类公文“请示”，就是专门用来反映情况、请示工作的文种。除此之外，函、纪要等有时也能起到向有关机关或部门通报情况、传递信息的作用。

3. 联系工作、商洽公务

有些工作需要几个平行机关合作完成，有些公务问题需要几个部门协同处理，合作完成工作或协同处理问题，就必然需要取得联系或进行商洽，而联系工作，商洽公务，是离不开公文的制发的。起联系工作、商洽公务作用的公文，主要有函等。

4. 宣传教育

党和国家的方针政策，只有为广大人民群众所了解、所领会，才会被贯彻、落实到各行各业的工作中去，才会对国家的政治生活、经济生活及文化生活等各个领域产生重要影响。许多文件的制发传达，就是为了明确和宣传党和国家的方针、政策；一些政策性文件和反映政治教育内容、奖惩内容的文件的宣传教育作用就更为直接了，如《中共中央国务院关于反腐败斗争近期抓好几项工作的决定》、《国务院办公厅关于表彰奖励中国女子足球队的通报》等文件，在公布有关事项的同时，具有宣传教育广大干部、群众的意义。

5. 依据凭证

公文是有关公务活动开展的依据，也是公务活动的真实记录和凭证。公文内容是发文机关的意图的体现，受文机关可以据此安排工作，制定措施，根据已存档的公文，还可以了解以往的公务活动情况。有了公文这种书面材料，各项工作的进行才能做到有据可查，有案可考，才能避免采用不讲政策、不讲根据的非正规化的工作方式，也才能防止在工作中犯错误、走弯路。

总之，颁布法规、传达指示，反映情况、请示工作，联系工作、商洽公务以及宣传教育、依据凭证是行政公文的几项主要功用。有的公文可能只具备其中某一项功用，是单一功能的公文；也有的公文兼有几种功用，是多功能的公文。多功能公文比较常见，适用及影响的范围也较为宽泛。

（三）公文的分类

从不同的角度，依照不同的标准，可以对公文进行不同的分类，比较常见的分类方法有以下几种。

1. 按照行文关系和行文方向分类

按照行文关系和行文方向的不同，将公文分为上行文、平行文和下行文三种。

（1）上行文

上行文是指下级机关向所属上级机关呈送的公文，主要有报告、请示等。

（2）平行文

平行文是指向同级机关或不相隶属的机关送交的公文，主要有函等。

（3）下行文

下行文是指上级机关向下级机关发送的公文，主要有命令（令）、决定、通报、通知、批复、意见等。

有些公文的行文方向并不十分固定，在不同的情况下有着不同的归属，例如：函。

2. 按照紧急程度分类

按照紧急程度的不同，将公文分为紧急公文和普通公文。紧急公文还分“特急”和“加急”两类，电报则应当分别标注“特提”、“特急”、“加急”、“平急”。

3. 按照有无保密要求及机密等级分类

按照有无保密要求的不同，将公文分为无保密要求的普通文件和有保密要求的涉密文件两类。按照涉密程度的不同，还可以将涉密文件分为绝密文件、机密文件和秘密文件三种。

（1）绝密文件

绝密文件是秘密等级最高的文件，它所反映的通常是党和国家的核心秘密。其内容一旦泄露，便会给党和国家的事业造成非常严重的损失。

（2）机密文件

机密文件是秘密等级较高的文件，它包含着党和国家的重要秘密。其内容一旦泄露，会使党和国家的事业蒙受重大损失。

（3）秘密文件

秘密文件是秘密等级较低的文件，它所反映的是党和国家的一般秘密。其内容也是不能随意泄露的，否则，也会给党和国家的事业或某项具体的工作带来一定程度的损失。

此外，还有其他一些分类方法。比如，按其具体职能的不同，可将公文分为法规性公文、指挥性公文、报请性公文、知照性公文、联系性公文、实录性公文等几类。再如，按照传阅范围限定与否，把公文分为内部文件和公开发布的公文两种。对于公文写作来说，有些分类方法的实际意义不是很大，这里就不一一例举了。

二、公文的构成要素

中华人民共和国国家标准（GB/T9704—2012）《党政机关公文格式》将公文的构成要素划分为眉首、主体、版记三个部分，置于公文首页红色反线以上的各要素统称公文眉首；置于公文首页红色反线（不含）以下至抄送机关（不含）之间的各要素统称主体；置于抄送机关以下的各要素统称版记。在三个部分中，共含有公文份号、密级和保密期限、紧急程度、发文机关标识、发文字号、签发人、标题、主送机关、正文、附件说明、发文机关署名、成文日期、印章、附注、附件、抄送机关、印发机关和印发日期、页码等要素。下面就按《党政机关公文格式》的规定，依次介绍公文的各构成要素。

（一）眉首部分

眉首部分又称文头部分，通常是由公文份数序号、秘密等级和保密期限、紧急程度、发文机关标识、发文字号、签发人诸要素构成的。

1. 份 号

份号又称印制编号，是公文印制份数的顺序号，也就是将同一文稿印制若干份时，每份公文的顺序编号。涉密文件应当标注份号。

2. 秘密等级和保密期限

涉密文件要注明密级，密级标识有“绝密”、“机密”、“秘密”三种。不涉及保密内容的普通文件，则没有这个项目。

3. 紧急程度

这是对公文送达和办理的时限要求。在紧急公文的文头部分要根据紧急程度分别标注“特急”或“加急”的字样；紧急电报应当分别标明“特提”、“特急”、“加急”、“平急”。对有紧急程度标识的公文，要作紧急处理；没有紧急程度标识的公文，则是可按一般程序和方式处理的普通公文。

4. 发文机关标识

发文机关标识又称文件版头或“文头”，由发文机关全称或规范化简称后加“文件”组成，如“国务院文件”、“市人民政府文件”、“部办公厅文件”、“大学文件”等。

发文机关标识一般要用红色字体标识，人们常把法定公文称为“红头文件”，就是由此而来的。

联合行文时，发文机关标志可以并用联合发文机关名称，也可以单独使用主办机关名称，“文件”二字置于发文机关名称右侧，上下居中排布；如果联合行文机关过多，则要注意公文首页显示正文的问题。

5. 发文字号

发文字号简称文号，又称公文编号，是发文机关按照发文顺序编排的顺序号，由发文机关代字、年份和序号组成。例如，国务院文件中的“国发［2006］2号”，“国发”是发文机关代字，“2006”是发文年份，“2号”为文件序号，表明这份文件是国务院在2006年度制发的第2号文件。发文字号置于发文机关标识下空两行，用六角括号括入；序号不编虚位，不加“第”字。几个机关联合行文，只注明主办机关的发文字号即可。

6. 签发人

在上行文也就是报送上级机关的公文中，要标识批准签发的领导人姓名，平行排列于发文字号右侧。

如有多个签发人，主办单位签发人姓名置于第1行，其他签发人姓名从第2行起在主办单位签发人姓名之下按发文机关顺序依次顺排。

（二）主体部分

主体部分又称行文部分，这一部分通常是由公文标题、主送机关、正文、附件说明、成文日期、印章、附注、附件等要素构成的。

1. 标题

公文的标题要能准确、简要地揭示公文的主要内容，并能透视文种。发文机关名称、事由和文种是构成公文标题的三个基本要素，例如《国务院关于解决当前供销合作社几个突出问题的通知》，“国务院”是发文机关；“解决当前供销合作社几个突出问题”是发文事由，是对公文内容的高度概括，“事由”一项常常加有介词“关于”；“通知”是文种。公文的标题要能够非常清楚地说明这是哪个机关为什么事由而制发的哪类公文。

公文标题应在红色反线下空 2 行，用 2 号小标宋体字，成一行或分多行居中排布；回行时，要做到词意完整，排列对称，间距恰当。

除法规、规章名称等可加书名号外，公文标题一般不用标点符号。

有些法规性公文在标题之下还有题注一项，用以说明某项法令、规定等通过或批准的时间、程序或开始生效的时间。题注一项的内容要写在括号内。

2. 主送机关

主送机关是负有公文办理或答复责任的受文机关，是公文的主要受理机关，应当使用机关全称、规范化简称或者同类型机关统称。

上行文一般只写一个主送机关，如果还有其他机关需要掌握有关情况，应以抄报的形式发送公文。下行文有专发性的和普发性的两种，专发性的公文是专门向某一个机关下发的公文，这种公文的主送机关只能有一个；普发性的公文是指内容的涉及面较广，因而需向多个机关下发的公文，这种公文的主送机关不止一个，在排列主送机关名称时，要确定一个合理的顺序。有时，一份公文有多个主送机关，为使行文简洁，可用统称统指受文机关，甚至可以不写主送机关，公开发布的普发性公文通常就不写主送机关。

3. 正文

正文是一份公文的核心部分。公文质量的高低，公文能否产生应有的功用，主要取决于这一部分写得如何，拟稿人的工作能力和文字水平也主要体现在这一部分的撰写中。

在一份比较复杂的公文中，正文一般包括开头、主体、结尾三个部分。

（1）开头

公文的开头方式有许多种，常见的有目的式、根据式和缘由式等。

① 目的式

在写明具体事项之前，先写明发文目的，以引起受文者的注意，这是一种最为常见的开头方式，其他开头方式也常常是同目的式混合使用的。例如《国家旅游局农业部关于大力推进全国乡村旅游发展的通知》（旅发［2007］14 号）的开头部分：

为深入贯彻党中央、国务院关于社会主义新农村建设的战略部署和中共中央 2007 年 1 号文件精神，充分利用“三农”资源发展旅游业，全面拓宽农业功能和领域，积极促进农民致富增收，国家旅游局、农业部决定大力推进全国乡村旅游工作。现将有关工作部署通知如下:

目的式开头，常用表示目的的介词“为”、“为了”等领起下文。

② 根据式

在公文正文的开头，写明作为行文依据的方针、政策、法规、规定及上级指示精神或其他事项，以增加公文的权威性、严肃性和说服力。例如《农业部关于推荐第二届中华农业英才奖候选人的通知》（农人发［2007］4 号的开头部分）：

根据《中华农业英才奖暂行办法》的有关规定，我部定于2007年下半年组织开展第二届中华农业英才奖评选工作。现将候选人推荐工作的有关事项通知如下：

根据式开头，常用介词“根据”、“遵照”、“按照 ”、“依照”等领起下文。

在实际写作中，根据式同目的式混合使用的公文开头方式用得较多，例如《国务院关于实行分税制管理体制的决定》的开头部分：

根据党的十四届三中全会的决定，为了进一步理顺中央与地方的财政分配关系，更好地发挥国家财政的职能作用，增强中央的宏观调控能力，促进社会主义市场经济体制的建立和国民经济持续、快速、健康的发展，国家院决定，从一九九四年一月一日起改革现行地方财政包干体制，对各省、自治区、直辖市以及计划单列市实行分税制财政管理体制。

先写明发文根据，再说明发文目的，然后点明决定的核心内容，简洁明了。

缘由式。缘由式也叫原因式，即通过情况的介绍、问题的提出或意义的明确，使受文者了解行文的缘由，从而引起受文者对文件内容的重视。例如《国务院关于加强职业培训促进就业的意见》（国发［2010］36 号）的开头部分：

改革开放以来，我国职业培训工作取得了显著成效，职业培训体系初步建立，政策措施逐步完善，培训规模不断扩大，劳动者职业素质和就业能力得到不断提高，对促进就业和经济社会发展发挥了重要作用。与此同时，职业培训工作仍不适应社会经济发展、产业结构调整和劳动者素质提高的需要，职业培训的制度需要进一步健全、工作力度需要进一步加大、针对性和有效性需要进一步增强。为认真落实《国家中长期人才发展规划纲要（2010—2020 年）》、《国家中长期教育改革和发展规划纲要（2010—2020 年）》要求，全面提高劳动者职业技能水平，加快技能人才队伍建设，现就加强职业培训促进就业提出如下意见：

这段话主要用以介绍情况，指明问题，从而使人们对制发公文的背景、原因有所了解。在写完发文缘由之后，还对发文目的加以说明，所以例文其实应当算是缘由式和目的式混合使用的开头方式。

同其他类型的文章一样，公文的开头也并无一个固定的写作模式，上面所例举的开头方式只是几种比较常见的形式。究竟怎样撰写公文的开头，最终还要根据实际需要确定。而无论哪种形式的公文开头，都必须符合开门见山、简明扼要的原则。

（2）主体

正文的主体部分可以说是核心中的核心，因为公文的主要事项要写入这一部分，或者说公文的基本内容是在这一部分中被表述出来的。内容充实，中心突出，表意明确，条理清楚，是对所有公文的主体部分的写作要求。这一部分的写法多种多样，后面将结合具体文例加以介绍。

（3）结尾

结尾部分又称结束语，公文结尾的写法也是不尽相同的，其中以下几种结尾方式用得较多：

① 说明式

在公文正文的结尾处，对与正文内容有关的事项作一个交代，如“以上事项，应公告全体公民周知、遵守”、“本通告自公布之日起生效”、“凡与本意见的规定内容不一致的，今后以意见内容为准”、“这个通知的精神，适用于县以下的企事业单位和城市街道的党组织的整顿。军队团以下党组织的整党工作，由中央军委负责部署”之类的结尾语句，都是对有关事项的说明。

② 期望式

期望式是指在正文的结尾处提出要求和希望，以敦促受文者采取相应的行动的结尾方式，这是下行文特别是各种公开发布的下行文常用的结尾方式，“以上各点，望遵照办理 ”、“以上规定，望遵照执行”之类的语句是期望式结尾惯用的语句。有的公文的结尾不用此类惯用的概括性语句，而是提出具体的希望、要求。

③ 祈请式。祈请式是上行文常用的结尾方式。在报告、请示等上行文中，常用“妥否，请审查批示”、“以上意见，如无不妥，请批转各地执行” 等带有祈请意思的语句，作正文的结束语。

此外，公文还有一些比较常用的结尾方式。例如，在结束正文时，进一步指明发文的意义，或者重申发文机关对有关事项的看法、意见，以起到明确和强调某些内容的作用。这种结尾方式可被称为申明式；在写明主要事项之后，对全文的内容作一个简单的总结，以加深读者对公文内容的印象。这种归结式写法多见于篇幅较长的公文的结尾部分。

许多公文不设结尾部分，而是把可写入结尾部分的事项作为一个条目放在主体部分的最后。目前这种写法用得越来越多，这大概也是简化行文、缩短篇幅的一种需要。也有许多公文写完主体部分之后，便自然而然地结束全文，没有任何需作附带交代的事项。

行文简洁，收束有力，是对所有公文正文结尾的要求。

按照《党政机关公文格式》的规定，正文置于主送机关下一行，每自然段左空 2 字，回行顶格，数字、年份不回行。正文以 3 号仿宋体字，一般每面排 22 行，每行排

28 个字。文中如有小标题可用 3 号小标宋体字或黑体字。

4. 附件说明

附件是附在主件之后，对文件内容起说明和补充作用的文字材料，主要包括随文转发、报送的文件，随文颁发的规章、制度，以及文件中的报表、统计数字、人员名单等。有些公文的附件甚至可以说是反映公文的主要内容的部分，而主件只起发布或转发附件的作用。

附件说明一项应当注明公文附件的顺序号和名称，即公文如有附件，要在正文下空一行左空 2 字用 3 号仿宋体字标识“附件”，后标全角冒号和名称。附件如有序号使用阿拉伯数码标注；附件名称后不加标点符号。

5. 发文机关署名

这是公文新增加的构成要素。《党政机关公文处理工作条例》规定，公文应当签署发文机关全称或者规范化简称。

6. 成文日期

公文上标注的成文时间也就是公文生效的时间，应以会议通过或者机关负责人签发的日期为准；联合行文，以最后签发机关负责人的签发日期为准。

7. 印章

公文中有发文机关署名的，应当加盖发文机关印章，印章要与署名机关相符。有特定发文机关标志的普发性公文和电报可以不加盖印章。联合上报的公文，要由主办机关加盖印章，联合下发的公文，发文机关都应加盖印章。

单一机关制发的公文在落款处不署发文机关名称，只标识成文时间。加盖印章应上距正文 2mm ~ 4mm，端正、居中、下压成文时间，印章用红色。

当印章下弧无文字时，采用下套方式，即仅以下弧压在成文时间上；当印章下弧有文字时，采用中套方式，即印章中心线压在成文时间上。

当联合行文需加盖两个印章时，应将成文时间拉开，左右各空 7 个字；主办机关印章在前；两个印章均压成文时间，印章用红色。只能采用同种加盖印章方式，以保证印章排列整齐。两印章间互不相交或相切，相距不超过 3mm 。

当联合行文需加盖 3 个以上印章时，为防止出现空白印章，应将各发文机关名称（可用简称）排在发文时间和正文之间。主办机关印章在前，每排最多排 3 个印章，两端不得超出版心；最后一排如余一个或两个印章，均居中排布；印章之间互不相交或相切；在最后一排印章之下右空 2 个字标识成文时间。

当公文排版后所剩空白处不能容下印章位置时，应采取调整行距、字距的措施加以解决，务使印章与正文同处一面，不得采取标识“此页无正文”的方法解决。

8. 附注

附注是说明在公文的其他部分不便说明的各种事项的项目，一般是对文件的发放范围、使用方法的规定及有关联系人和联系方式的说明等，比如，有的公文要标明发至哪一级，有的公文需标明可否张贴或登报，这些都可在附注一项中写明。

9. 附件

附件是公文正文的说明、补充或者参考资料。附件应与公文正文一起装订，并在附件左上角第 1 行顶格标识“附件”，有序号时要标识序号；附件的序号和名称前后标识应一致。如附件与公文正文不能一起装订，应在附件左上角第 1 行顶格标识公文的发文字号并在其后标识附件（或带序号）。

（三）版记部分

版记部分又称文尾部分，通常包括抄送机关、印发机关和印发日期等项目。

1. 抄送机关

抄送机关是指主送机关之外需要执行或知晓公文内容的其他机关。确定公文的抄送机关，要从实际工作需要出发，而不能乱抄乱送，免得给自己和对方增加不必要的工作负担。

2. 印发机关和印发时间

印发机关是印制公文的主管部门，公文的印制工作一般由发文机关的具体办公部门承担。

印发时间不同于发文时间，是指公文付印的具体时间，要用阿拉伯数码标识。

3. 反线

版记中各要素之下均应加上一条反线，宽度同版心。

以上所列的公文份号、密级和保密期限、紧急程度、发文机关标识、发文字号、签发人、标题、主送机关、正文、附件说明、发文机关署名、成文日期、印章、附注、附件、抄送机关、印发机关和印发日期、页码等项目，是《党政机关公文处理工作条例》及《党政机关公文格式》所列出的现行公文的全部构成要素。

为提高办公自动化的程度和机关文书工作的质量，实现信息的快速、高效传递，国家标准《党政机关公文格式》（GB/T9704－2012），不仅对公文的构成要素及排列格式作出了明确规定，而且对公文的印装规格也有详细说明，对此应当有所了解。

三、公文写作的基本要求

要写出一份合格的公文，在公文的撰写中就必须依循以下各项要求。

（一）要熟悉党和国家的方针政策及有关法规、规定

前面说过，政策性是公文的特点之一。要使公文具有较强的政策性，使公文内容同党和国家的方针政策及有关法规、规定的精神相一致，公文的撰写者就必须熟悉党和国家的方针政策及有关法规、规定的内容。这里所说的“熟悉”，并不仅限于条条框框的熟记，而是要吃透精神，领会实质，在问题的提出、分析与解决中，切实贯彻、落实其内容。

（二）要了解实际情况

制发公文是为了反映并解决实际工作中出现的问题，为确保公文内容的客观和处理意见的正确，就必须深入实际，调查研究，全面了解情况，实事求是地分析问题，在此基础上才能写出内容真实可靠、意见切实可行的公文来。人们常说，撰写公文要"吃透两头"，所谓"吃透两头"，就是指"上头"要领会上级指示精神，"下头"要了解实际情况，只有把"上下两头"结合起来，才能避免盲目行文，错误决策，才能使公文的效用得以充分发挥。

（三）要考虑行文的必要性和实效性

如前所述，实用性是公文的重要特点之一，每一份公文都应有其具体的制发目的，都应在实际工作中发挥特有的效用。为切实提高公务活动的效率，杜绝"文山会海"现象，《党政机关公文处理工作条例》在"行文规则"部分首先指明："行文应当确有必要，讲求实效，注重针对性和可操作性。"

（四）要遵循各项行文规则

由于对公文的规范化要求极高，在这种文种的撰写中，必须严格遵循各项行文规则。其中，有些规则是国家有关部门以规定的形式正式颁行的，有些则是在公文的长期应用中约定俗成的。

1. 文种的选用要正确

不同种类的公文有着不同的功能特点和适用范围，在撰写公文时，首先就要对每一种公文名称的涵义和每一种公文的具体功用有所了解，以便根据行文的需要，正确选用文种。

文种的选用，主要应当考虑两个因素：一是行文关系，二是发文目的和公文内容。如果向下级机关发文，就应该考虑选用下行文范围内的公文文种；如果向平行机关或没有隶属关系的机关发文，就应该考虑选用一种平行文；如果向上级机关发文，则应考虑选用属于上行文的公文文种。上行文、平行文、下行文都不止一种，甚至有些文种的性质是十分相近的，这就要求公文的拟写者认真了解各类公文的用途，并根据发文目的和公文内容，选用一种功能特点、适用范围同发文目的、公文内容相切合的文种。

公文文种的界限非常明确，文种的选用也是非常严格的，误用、混用文种，会使公文的质量和效用受到严重影响。

2. 行文关系的确定要妥当

按照行文制度，公文的行文关系有上行、下行和平行三种，公文也相应地分为上行文、下行文和平行文三类。具体地说，妥善处理行文关系，主要应当注意以下几点：

第一，行文关系要根据隶属关系和职权范围确定。一般不得越级行文，特殊情况需要越级行文的，应当同时抄送被越过的机关。

第二，向上级机关行文，原则上主送一个上级机关，根据需要同时抄送相关上级机关和同级机关，不得抄送下级机关。党委、政府的部门向上级主管部门请示、报告重大事项，应当经本级党委、政府同意或者授权；属于部门职权范围内的事项应当直接报送上级主管部门。下级机关的请示事项如需以本机关名义向上级机关请示，应当提出倾向性意见后上报，不得原文转报上级机关。请示应当一文一事。不得在报告等非请示性公文中夹带请示事项。除上级机关负责人直接交办事项外，不得以本机关名义向上级机关负责人报送公文，也不得以本机关负责人名义向上级机关报送公文。受双重领导的机关向一个上级机关行文，必要时抄送另一个上级机关。

第三，向下级机关行文，主送受理机关，根据需要抄送相关机关。重要行文应当同时抄送发文机关的直接上级机关。党委、政府的办公厅（室）根据本级党委、政府授权，可以向下级党委、政府行文，其他部门和单位不得向下级党委、政府发布指令性公文或者在公文中向下级党委、政府提出指令性要求。需经政府审批的具体事项，经政府同意后可以由政府职能部门行文，文中须注明已经政府同意。党委、政府的部门在各自职权范围内可以向下级党委、政府的相关部门行文。涉及多个部门职权范围内的事务，部门之间未协商一致的，不得向下行文；擅自行文的，上级机关应当责令其纠正或者撤销。上级机关向受双重领导的下级机关行文，必要时抄送该下级机关的另一个上级机关。

第四，同级党政机关、党政机关与其他同级机关必要时可以联合行文。属于党委、政府各自职权范围内的工作，不得联合行文。党委、政府的部门依据职权可以相互行文。部门内设机构除办公厅（室）外不得对外正式行文。

行文关系的确定是否妥当，直接关系到文中所反映的公务问题能否得到顺利解决，发文目的能否得以实现。行文关系混乱，会影响工作效率，甚至会贻误工作。

3. 制发程序的安排要合理

公文的制发也即发文办理，是指以本机关名义制发公文的过程，主要包括公文的起草、审核、签发等拟制环节的程序及复核、登记、印制、核发等狭义的发文办理环节的程序。

（1）起草

起草又称拟稿，是指公文文稿的草拟。

《党政机关公文处理工作条例》就公文的起草提出如下要求：一是符合国家法律法规和党的路线方针政策，完整准确体现发文机关意图，并同现行有关公文相衔接；二是一切从实际出发，分析问题实事求是，所提政策措施和办法切实可行；三是内容简洁，主题突出，观点鲜明，结构严谨，表述准确，文字精炼；四是文种正确，格式规范；五是深入调查研究，充分进行论证，广泛听取意见；六是公文涉及其他地区或者部门职权范围内的事项，起草单位必须征求相关地区或者部门意见，力求达成一致；七是机关负责人应当主持、指导重要公文起草工作。

国家标准《党政机关公文格式》就公文的书写形式做出如下规定：从左至右横排、横写。

结构层次序数标识第一层为“一”，第二层为“（一）”，第三层为“1”，第四层为“（1）”。

同其他文章的写作一样，公文的拟稿也要经过起草前的准备、起草、修改等几个阶段。

（2）审核

公文文稿在送交负责人签发之前，应当由发文机关办公厅（室）进行审核。公文从内容到形式所有的构成要素都在审核的范围之内，其中，审核的重点是：行文理由是否充分，行文依据是否准确；内容是否符合国家法律法规和党的路线方针政策，是否完整准确体现发文机关意图，是否同现行有关公文相衔接，所提政策措施和办法是否切实可行；涉及有关地区或者部门职权范围内的事项是否经过充分协商并达成一致意见；文种是否正确，格式是否规范，人名、地名、时间、数字、段落顺序、引文等是否准确，文字、数字、计量单位和标点符号等用法是否规范；其他内容是否符合公文起草的有关要求。

需要发文机关审议的重要公文文稿，审议前由发文机关办公厅（室）进行初核。经审核不宜发文的公文文稿，应当退回起草单位并说明理由；符合发文条件但内容需作进一步研究和修改的，由起草单位修改后重新报送。

（3）签发

签发是发文机关负责人在同意发出的文稿上签字的步骤。

公文应当经本机关负责人审批签发。重要公文和上行文由机关主要负责人签发，党委、政府的办公厅（室）根据党委、政府授权制发的公文，由受权机关主要负责人签发或者按照有关规定签发。签发人签发公文，应当签署意见、姓名和完整日期；圈阅或者签名的，视为同意。联合发文由所有联署机关的负责人会签。

（4）复核

已经发文机关负责人签批的公文正式印制前，应由文秘部门对公文的审批手续、内容、文种、格式等进行复核；需作实质性修改的，应报原签批人复审。

（5）登记

对复核后的公文，应当确定发文字号、分送范围和印制份数并详细记载。

（6）印制

公文印制必须确保质量和时效。涉密公文应当在符合保密要求的场所印制。

（7）核发

公文印制完毕，应当在对公文的文字、格式和印刷质量进行检查后分发。

四、公文的写作要领

《党政机关公文处理工作条例》共列出决议、决定、命令（令）、公报、公告、通告、意见、通知、通报、报告、请示、批复、议案、函、纪要等十五个公文文种，对其用途和写法，都应当有所了解。其中，有些文种基层单位很少用到，有些文种则经常会有使用的机会。下面就结合具体文例的分析，着重介绍一下后一类常用公文的写法。需要说明的是，有的例文篇幅较长，在不影响其全貌的前提下，略加删节或加以摘要。另外，所引例文大都只保留标题、正文、落款等同公文的撰写直接相关的部分。出于表述形式的需要，本应置于发文机关标识之下、标题之上的发文字号，大都改置标题之下；印章形式的公文生效标识大都以文字落款的形式显示。

（一）决定

1. 决定的用途

《党政机关公文处理工作条例》规定：决定适用于对重要事项作出决策和部署、奖惩有关单位和人员、变更或者撤销下级机关不适当的决定事项。

决定是一种比较常用的指挥性和约束性公文。党政机关、社会团体或企事业单位对某些重要事项或重大行动作出安排，都可以用决定，因此，决定的用途还是非常广泛的。决定可用以安排重要会议的召开，例如《全国人民代表大会常务委员会关于召开第七届全国人民代表大会的决定》；可以在设立行政区划或设置重要机构时使用，例如《关于成立中华人民共和国澳门特别行政区基本法起草委员会的决定》；可以在表彰先进时使用，例如《国务院关于授予赵春娥、罗健夫、蒋筑英全国劳动模范称号的决定》；决定还可以在处理特大事故时使用，例如《国务院关于大兴安岭特大森林火灾的处理决定》等等。

2. 决定的主要种类及其一般写法

按其具体用途和内容的不同，可将决定大致划分为两类：一类是对重要事项作出安排的决定，一类是对重大行动作出安排的决定。下面就结合例文，看看这两类决定的一般写法。

（1）对重要事项作出安排的决定

决定所反映的事项多种多样，常用的对重要事项作出安排的决定主要有表彰决定、惩处决定、机构设置决定、人事安排决定、授权决定及发布法规性事项的决定等。例如：

关于批准发布北京市故宫博物院等66家景区为国家5A级旅游景区公告的决定

各省、自治区、直辖市旅游局（委）：

依照《旅游景区质量等级的划分与评定》国家标准与《旅游景区质量等级评定管理办法》，2006年3月我局下发了《关于开展5A级旅游景区创建试点工作有关事项的通知》（旅办发［2006］18号），组织开展5A级旅游景区创建试点工作。

一年来，在各级党委政府的高度重视下，在相关部门积极支持和各级旅游部门的持续指导下，各试点景区认识到位，措施得力；严格按照标准开展得富有成效的创建工作，使试点景区的服务质量和环境质量得到明显的改善和提高，取得了良好的经济效益和社会效益，为全面提升中国旅游景区的行业素质、推出一批具有国际水准的旅游景区发挥了积极作用。

各试点单位在开展扎实有效创建工作的基础上，提出了申报国家5A级旅游景区的申请；经有关省、自治区、直辖市旅游景区质量等级评定委员会初评，全国旅游景区质量等级评定委员会组织现场评定小组验收并统一研究，北京故宫博物院等66家试点景区达到国家5A级旅游景区标准的要求，被批准为国家5A级旅游景区，现决定予以公告。

希望被批准的国家5A级旅游景区珍惜荣誉，巩固成绩，改进不足，持续开展创建工作，不断提高管理水平和服务质量，为建设世界旅游强国做出更大贡献。

附：全国旅游景区质量等级评定委员会公告

国家旅游局

二〇〇七年五月八日

例文的标题字数较多，事由写得非常具体。正文的内容可以划分两个部分。第一个部分是在说明情况的基础上宣布决定事项；第二个部分也即结尾部分，主要是提出工作要求。

（2）对重大行动作出安排的决定

这是一种事先对某项重要工作的开展进行部署的决定，指挥性和指示性极强。例如：

国务院关于加强食品安全工作的决定

国发［2012］20号

各省、自治区、直辖市人民政府，国务院各部委、各直属机构：

食品安全是重大的民生问题，关系人民群众身体健康和生命安全，关系社会和谐稳定。党中央、国务院对此高度重视，近年来制定实施了一系列政策措施。各地区、各部门认真抓好贯彻落实，不断加大工作力度，食品安全形势总体上是稳定的。但当前我国食品安全的基础仍然薄弱，违法违规行为时有发生，制约食品安全的深层次问题尚未得到根本解决。随着生活水平的不断提高，人民群众对食品安全更为关注，食以安为先的要求更为迫切，全面提高食品安全保障水平，已成为我国经济社会发展中一项重大而紧迫的任务。为进一步加强食品安全工作，现作出如下决定。

一、明确加强食品安全工作的指导思想、总体要求和工作目标

（一）指导思想。以邓小平理论和“三个代表”重要思想为指导，深入贯彻落实科学发展观，从维护人民群众根本利益出发，进一步加强对食品安全工作的组织领导，完善食品安全监管体制机制，健全政策法规体系，强化监管手段，提高执法能力，落实企业主体责任，提升诚信守法水平，动员社会各界积极参与，促进我国食品安全形势持续稳定好转。

（二）总体要求。坚持统一协调与分工负责相结合，严格落实监管责任，强化协作配合，形成全程监管合力。坚持集中治理整顿与严格日常监管相结合，严厉惩处食品安全违法犯罪行为，规范食品生产经营秩序，强化执法力量和技术支撑，切实提高食品安全监管水平。坚持加强政府监管与落实企业主体责任相结合，强化激励约束，治理道德失范，培育诚信守法环境，提升企业管理水平，夯实食品安全基础。坚持执法监督与社会监督相结合，加强宣传教育培训，积极引导社会力量参与，充分发挥群众监督与舆论监督的作用，营造良好社会氛围。

（三）工作目标。通过不懈努力，用3年左右的时间，使我国食品安全治理整顿工作取得明显成效，违法犯罪行为得到有效遏制，突出问题得到有效解决；用5年左右的时间，使我国食品安全监管体制机制、食品安全法律法规和标准体系、检验检测和风险监测等技术支撑体系更加科学完善，生产经营者的食品安全管理水平和诚信意识普遍增强，社会各方广泛参与的食品安全工作格局基本形成，食品安全总体水平得到较大幅度提高。

二、进一步健全食品安全监管体系

（四）完善食品安全监管体制。进一步健全科学合理、职能清晰、权责一致的食品安全部门监管分工，加强综合协调，完善监管制度，优化监管方式，强化生产

经营各环节监管，形成相互衔接、运转高效的食品安全监管格局。按照统筹规划、科学规范的原则，加快完善食品安全标准、风险监测评估、检验检测等的管理体制。县级以上地方政府统一负责本地区食品安全工作，要加快建立健全食品安全综合协调机构，强化食品安全保障措施，完善地方食品安全监管工作体系。结合本地区实际，细化部门职责分工，发挥监管合力，堵塞监管漏洞，着力解决监管空白、边界不清等问题。及时总结实践经验，逐步完善符合我国国情的食品安全监管体制。

（五）健全食品安全工作机制。建立健全跨部门、跨地区食品安全信息通报、联合执法、隐患排查、事故处置等协调联动机制，有效整合各类资源，提高监管效能。加强食品生产经营各环节监管执法的密切协作，发现问题迅速调查处理，及时通知上游环节查明原因、下游环节控制危害。推动食品安全全程追溯、检验检测互认和监管执法等方面的区域合作，强化风险防范和控制的支持配合。健全行政执法与刑事司法衔接机制，依法从严惩治食品安全违法犯罪行为。规范食品安全信息报告和信息公布程序，重视舆情反映，增强分析处置能力，及时回应社会关切。加大对食品安全的督促检查和考核评价力度，完善食品安全工作奖惩约束机制。

（六）强化基层食品安全管理工作体系。推进食品安全工作重心下移、力量配置下移，强化基层食品安全管理责任。乡（镇）政府和街道办事处要将食品安全工作列为重要职责内容，主要负责人要切实负起责任，并明确专门人员具体负责，做好食品安全隐患排查、信息报告、协助执法和宣传教育等工作。乡（镇）政府、街道办事处要与各行政管理派出机构密切协作，形成分区划片、包干负责的食品安全工作责任网。在城市社区和农村建立食品安全信息员、协管员等队伍，充分发挥群众监督作用。基层政府及有关部门要加强对社区和乡村食品安全专、兼职队伍的培训和指导。

三、加大食品安全监管力度

（七）深入开展食品安全治理整顿。深化食用农产品和食品生产经营各环节的整治，重点排查和治理带有行业共性的隐患和“潜规则”问题，坚决查处食品非法添加等各类违法违规行为，防范系统性风险；进一步规范生产经营秩序，清理整顿不符合食品安全条件的生产经营单位。以日常消费的大宗食品和婴幼儿食品、保健食品等为重点，深入开展食品安全综合治理，强化全链条安全保障措施，切实解决人民群众反映强烈的突出问题。加大对食品集中交易市场、城乡结合部、中小学校园及周边等重点区域和场所的整治力度，组织经常性检查，及时发现、坚决取缔制售有毒有害食品的“黑工厂”、“黑作坊”和“黑窝点”，依法查处非法食品经营单位。

（八）严厉打击食品安全违法犯罪行为。各级监管部门要切实履行法定职责，进一步改进执法手段、提高执法效率，大力排查食品安全隐患，依法从严处罚违法违规企业及有关人员。对涉嫌犯罪案件，要及时移送立案，并积极主动配合司法机关调查取证，严禁罚过放行、以罚代刑，确保对犯罪分子的刑事责任追究到位。加强案件查处监督，对食品安全违法犯罪案件未及时查处、重大案件久拖不结的，上级政府和有关部门要组织力量直接查办。各级公安机关要明确机构和人员负责打击食品安全违法犯罪，对隐蔽性强、危害大、涉嫌犯罪的案件，根据需要提前介入，依法采取相应措施。公安机关在案件查处中需要技术鉴定的，监管部门要给予支持。坚持重典治乱，始终保持严厉打击食品安全违法犯罪的高压态势，使严惩重处成为食品安全治理常态。

（九）加强食用农产品监管。完善农产品质量安全监管体系，加快推进乡镇农产品质量安全监管公共服务机构建设，开展农产品质量安全监管示范县创建，着力提高县级农产品质量安全监管执法能力。严格农业投入品生产经营管理，加强对食用农产品种植养殖活动的规范指导，督促农产品标准化生产示范园（区、场）、农民专业合作经济组织、食用农产品生产企业落实投入品使用记录制度。扩大对食用农产品的例行监测、监督抽查范围，严防不合格产品流入市场和生产加工环节。加强对农产品批发商、经纪人的管理，强化农产品运输、仓储等过程的质量安全监管。加大农产品质量安全培训和先进适用技术推广力度，建立健全农产品产地准出、市场准入制度和农产品质量安全追溯体系，强化农产品包装标识管理。健全畜禽疫病防控体系，规范畜禽屠宰管理，完善畜禽产品检验检疫制度和无害化处理补贴政策，严防病死病害畜禽进入屠宰和肉制品加工环节。加强农产品产地环境监管，加大对农产品产地环境污染治理和污染区域种植结构调整的力度。

（十）加强食品生产经营监管。严格实施食品生产经营许可制度，对食品生产经营新业态要依法及时纳入许可管理。不能持续达到食品安全条件、整改后仍不符合要求的生产经营单位，依法撤销其相关许可。强化新资源食品、食品添加剂、食品相关产品新品种的安全性评估审查。加强监督抽检、执法检查和日常巡查，完善现场检查制度，加大对食品生产经营单位的监管力度。建立健全食品退市、召回和销毁管理制度，防止过期食品等不合格食品回流食品生产经营环节。依法查处食品和保健食品虚假宣传以及在商标、包装和标签标识等方面的违法行为。严格进口食品检验检疫准入管理，加强对进出口食品生产企业、进口商、代理商的注册、备案和监管。加强食品认证机构资质管理，严厉查处伪造冒用认证证书和标志等违法行为。加快推进餐饮服务单位量化分级管理和监督检查结果公示制度，建立与餐饮服务业相适应的监督抽检快速检测筛查模式。切实加强对食品生产加工小作坊、食品摊贩、小餐饮单位、小集贸市场及农村食品加工场所等的监管。

四、落实食品生产经营单位的主体责任（略）

五、加强食品安全监管能力和技术支撑体系建设（略）

六、完善相关保障措施（略）

七、动员全社会广泛参与（略）

八、加强食品安全工作的组织领导

（二十七）加强组织领导。地方各级政府要把食品安全工作摆上重要议事日程，主要负责同志亲自抓，切实加强统一领导和组织协调。要认真分析评估本地区食品安全状况，加强工作指导，及时采取有针对性的措施，解决影响本地区食品安全的重点难点问题和人民群众反映的突出问题。要细化、明确各级各类食品安全监管岗位的监管职责，主动防范、及早介入，使工作真正落实到基层，力争将各类风险隐患消除在萌芽阶段，守住不发生区域性、系统性食品安全风险的底线。国务院各有关部门要认真履行职责，加强对地方的监督检查和指导。对在食品安全工作中取得显著成绩的单位和个人，要给予表彰。

（二十八）严格责任追究。建立健全食品安全责任制，上级政府要对下级政府进行年度食品安全绩效考核，并将考核结果作为地方领导班子和领导干部综合考核评价的重要内容。发生重大食品安全事故的地方在文明城市、卫生城市等评优创建活动中实行一票否决。完善食品安全责任追究制，加大行政问责力度，加快制定关于食品安全责任追究的具体规定，明确细化责任追究对象、方式、程序等，确保责任追究到位。

国务院

二〇一二年六月二十三日

例文正文的开头部分（第一个自然段）概述情况，指明问题，说明就有关事项作出决定的目的，文中所用的“现作出如下决定:”及“现决定如下:”、“……决定:”、“特作如下决定:”等语句是常用于决定的开头和主体部分之间的过渡性语句；主体部分分条列项地写明决定事项，内容既具体又明了，层次清楚，要点明确。其中，最后一条事项便是对落实工作的要求，因而例文没有再设通常用以申明工作原则、提出工作要求的结尾部分。

3. 决定的写作注意事项

撰写决定必须注意以下两点：

第一，要作好调查研究。在起草决定之前，要就决定所涉及的问题，认真查找有关法律条款和政策规定，并广泛听取各方面意见。在此基础上深思熟虑，充分考虑作出的决定是否切合实际情况，能否妥善地解决实际问题。

第二，要做到事项明确。决定作出之后，要求下级机关正确执行，不得有误，因此，在决定中所提出的看法必须十分明确，这样才便于理解和执行。语言的运用也要注意不能含糊其词，更不能使用有歧义和有可能引起别人误解的语句。

（二）公告

1. 公告的用途

《党政机关公文处理工作条例》规定：公告适用于向国内外宣布重要事项或者法定

事项。

公告通常在以国家的名义，向国内外宣布重大事件、重要事项或法定事项时使用。某些部门经授权，也可以代表国家对内或对外发表公告。一些地方的权力机构公布非常重要的事项或法定事项，如省人民代表大会公布选举结果，也往往使用公告。比如，《中华人民共和国全国人民代表大会公告》（1991 年 4 月 8 日）宣布补选周南为全国人大常委这一事项，这是发布选举结果的公告；《中共中央、全国人大常委会、国务院关于宋庆龄副委员长病情的公告》，是告知国内外公众普遍关心的情况的公告；《中华人民共和国海关关于简化进出口旅客通关手续的公告》，是海关总署向国内外有关人士宣布重大事宜的公告。

2. 公告的一般写法

公告标题的写法主要有两种。第一种是发文机关加上公文文种，如《中华人民共和国全国人民代表大会公告》、《国务院公告》等；第二种是发文机关、事由再加上公文文种，如《中华人民共和国海关关于简化进出口旅客通关手续的公告》，“中华人民共和国海关”是发文机关，“关于简化进出口旅客通关手续”是事由，“公告”是文种名称。

公告正文的内容一般比较单一，篇幅比较简短。正文以发布公告事项为主，公告事项所涉及的具体内容以附件的形式发布。例如：

全国旅游景区质量等级评定委员会公告

（2007 年第 2 号）

依照中华人民共和国国家标准《旅游景区质量等级的划分与评定》与《旅游景区质量等级评定管理办法》，经有关省、自治区、直辖市旅游景区质量等级评定委员会推荐和辅导创建，全国旅游景区质量等级评定委员会组织评定，以下 66 家试点景区达到国家 5A 级旅游景区标准的要求，批准为国家 5A 级旅游景区，现予公告。

附件：66 家国家 5A 级旅游景区名单

全国旅游景区质量等级评定委员会
二〇〇七年五月八日

例文的正文部分只有一段话，主要包含两层意思：一是说明确定公告事项的依据，二是宣布公告事项。

有的公告的正文相对复杂一些，即包括发文缘由和依据、事项及结语三项内容，每项内容自成一个部分；很多公告的正文，省去结语，只有发文缘由和根据及公布的事项两个部分。例如：

中华人民共和国海关总署公告

2007年第19号

经国务院有关部门共同研究修订的《国内投资项目不予免税的进口商品目录（2006年修订）》已经财政部对外发布，并于2007年3月1日起实施。为保证相关政策的平稳过渡，对2007年2月28日及以前批准的国内投资项目项下在2007年12月31日及以前申报进口的设备，仍按照2002年调整后的《国内投资项目不予免税的进口商品目录（2000年修订）》（以下简称《2000年不予免税商品目录》）执行。为此，根据2007年版《中华人民共和国进出口税则》的税目调整情况，针对原《2000年不予免税商品目录》在实施中存在的问题，对原《2000年不予免税商品目录》进行了调整（详见附件1、2）。经商财政部，现将有关事宜公告如下：

一、此次调整，除根据上述税则税目的调整及原《2000年不予免税商品目录》所列税则号列不够准确等情况调整了相关商品的税则号列外，同时对其中个别商品的名称等内容进行了适当修正。

二、自2007年5月25日起，对于仍需按照《2000年不予免税商品目录》执行的，应以此次调整后的《2000年不予免税商品目录》为准。对于本公告发布前海关已出具的《进出口货物征免税证明》尚在有效期内的，仍然继续有效。货物已经征税或免税进口的，不再予以调整。

三、执行此次调整后的《2000年不予免税商品目录》的有关问题，仍按照《国务院关于调整进口设备税收政策的通知》（国发［1997］37号）、《海关总署关于贯彻〈国务院关于调整进口设备税收政策的通知〉的紧急通知》（署税［1997］1062号）和《海关总署关于执行〈国内投资项目不予免税的进口商品目录（2006年修订）〉的有关问题的通知》（署税发［2007］90号）的有关规定执行。

四、自2007年5月25日起，原《2000年不予免税商品目录》同时废止。

特此公告。

附件：1.《国内投资项目不予免税的进口商品目录（2000年修订）》2007年调整对照表

2.《国内投资项目不予免税的进口商品目录（2000年修订）》（2007年调整）

二○○七年五月十六日

例文正文的第一个部分写明发布公告的缘由和目的，“现将有关事宜公告如下:”之类的语句，是公告的开头部分的最后惯用的用以引出公告事项的过渡性语句；主体部分共写了四条事项，各条事项写清之后，这一部分便结束；“特此公告”是常见于公告的结束语。

另外，还有一种同公告有一定的相通之处的文种，即公报。《中国共产党机关文件处理条例》将公报列为党的机关的正式的文件文种，并规定：公报“用于公开发布重要决定或者重大事件”。公告和公报都可以用于向国内外公开宣布重要事件或重大事项，两者的主要区别就在于：公告往往带有消息的特点，内容单一，字数不多；公报内容具体，字数较多，如会议公报、统计数字公报、外交会谈公报等。

（三）通告

1. 通告的用途

《党政机关公文处理工作条例》规定：通告适用于在一定范围内公布应当遵守或者周知的事项。

通告通常用于发布就某一事项作出的规定，写入通告的事项要求人民群众或有关人员普遍了解或遵照执行。比如，《中华人民共和国关于发行四种金属人民币的通告》所公布的是广大人民群众应该普遍了解的事项；《深圳市人民政府关于严格禁止擅自以股票债券等形式集资的通告》所公布的就是需要有关部门和人员遵照执行的事项。

2. 通告的一般写法

通告的标题主要有两种写法。第一种是发文机关、事由和文种几个要素俱全的标题，如《中国人民银行关于发行四种金属人民币的通告》；第二种是由发文机关和文种名称两个要素构成的标题，如《中华人民共和国公安部通告》。

通告的正文通常包括发布通告的目的或根据、通告事项及结语等几个方面的内容，有时也可以采用比较简略的写法。

例如：

工业和信息化部关于网站备案管理系统升级的通告

为贯彻落实国家关于加强互联网基础管理、净化网络环境、促进行业发展的总体要求，进一步向网站主办者提供更加便捷、高效的网站备案服务，提高网站备案工作效率，我部完成了对网站备案管理系统的改造，并将于2010年6月启动网站备案管理系统升级工作。现将有关事项通告如下：

一、升级后的网站备案管理系统实现了工业和信息化部、各通信管理局、接入服务企业三级备案管理的服务模式，在原网站备案管理系统服务功能基础上，增加了通信管理局级和接入服务企业级网站备案管理系统。网站主办者仅需向接入服务企业提交备案申请，即可办理相关业务。

二、系统升级时间为2010年6月19日18时至2010年7月25日24时。在此期间，原网站备案管理系统（http://www.miibeian.gov.cn）停止接收新的网站备案业务，仅提供系统查询服务。6月20日起，新申请网站备案的网站主办者，通过新系统（http://www.miitbeian.gov.cn）办理网站备案业务。6月20日至7月5日，暂停办理网站备案变更申请。

三、网站主办者可通过新系统主页面“自行备案导航”栏目获取为您网站提供接入服务的企业名单，并进入企业级备案系统办理网站备案业务。

四、网站备案管理系统升级期间，可能会给您办理网站备案业务带来不便，请予谅解。如有问题，请与为您提供服务的接入服务企业联系或拨打备案咨询电话：010－95169001咨询。

特此通告

工业和信息化部
二〇一〇年六月十日

例文的标题是由发文机关、事由和文种名称三个要素构成的。正文的开头部分（第一自然段）介绍情况，说明发文缘由，“现将有关事项通告如下：”是公告的开头部分常用的过渡性语句，其作用便是引出通告事项；主体部分以分条列项的形式写明通告事项；“特此通告”是常见于通告的结束语。

3. 公告、通告的写作注意事项

通告及前面讲过的公告都属于公开发布的告知性文书。撰写公告和通告，主要应该做到以下几点：

第一，要写得通俗。由于公告、通告的读者范围十分宽泛，读者对象常常是广大群众，因此在起草这类文件时，要特别讲究语言的简明和平易，要使用通俗易懂的语言把事项交代清楚。

第二，要写得具体。公告、通告事项的说明，不能笼统，而要具体，要使人们易于了解行文意图，以此突出公告、通告的实用性。

第三，要写得清楚。公告、通告往往采用分条列项的形式将事项写明，条分缕析，层次分明。

（四）意见

1. 意见的用途

《党政机关公文处理工作条例》规定：意见适用于对重要问题提出见解和处理办法。

“意见”被列为正式的公文文种，始于2000年8月24日发布、2001年1月1日起施行的《国家行政机关公文处理办法》。此前，“意见”通常被作为规章制度的一种列入事务文书。删除“指示”，增加“意见”，是《国家行政机关公文处理办法》比较重要的变化之一。

2. 意见的一般写法

意见的写法同各类公文大体相同，即包括开头、主体和结尾三个部分。开头部分一般简要说明提出意见的目的、根据及背景；主体部分分条列项写明工作意见，从总体目标和要求到具体措施和步骤，从各个角度、各个方面对有关工作如何进行提出指示性或建议性意见；结尾部分大都是就意见的实施作出说明，该项内容也常常作为一个条目，置于主体部分的最后。例如：

国务院关于加快发展服务业的若干意见

国发［2007］7号

各省、自治区、直辖市人民政府，国务院各部委、各直属机构：

根据“十一五”规划纲要确定的服务业发展总体方向和基本思路，为加快发展服务业，现提出以下意见：

一、充分认识加快发展服务业的重大意义

服务业是国民经济的重要组成部分，服务业的发展水平是衡量现代社会经济发达程度的重要标志。我国正处于全面建设小康社会和工业化、城镇化、市场化、国际化加速发展时期，已初步具备支撑经济又好又快发展的诸多条件。加快发展服务业，提高服务业在三次产业结构中的比重，尽快使服务业成为国民经济的主导产业，是推进经济结构调整、加快转变经济增长方式的必由之路，是有效缓解能源资源短缺的瓶颈制约、提高资源利用效率的迫切需要，是适应对外开放新形势、实现综合国力整体跃升的有效途径。加快发展服务业，形成较为完备的服务业体系，提供满足人民群众物质文化生活需要的丰富产品，并成为吸纳城乡新增就业的主要渠道，也是解决民生问题、促进社会和谐、全面建设小康社会的内在要求。为此，必须从贯彻落实科学发展观和构建社会主义和谐社会战略思想的高度，把加快发展服务业作为一项重大而长期的战略任务抓紧抓好。

党中央、国务院历来重视服务业发展，制定了一系列鼓励和支持发展的政策措施，取得了明显成效。特别是党的十六大以来，服务业规模继续扩大，结构和质量得到改善，服务领域改革开放不断深化，在促进经济平稳较快发展、扩大就业等方面发挥了重要作用。但是，当前在服务业发展中还存在不容忽视的问题，特别是一些地方过于看重发展工业尤其是重工业，对发展服务业重视不够。我国服务业总体上供给不足，结构不合理，服务水平低，竞争力不强，对国民经济发展的贡献率不高，与经济社会加快发展、产业结构调整升级不相适应，与全面建设小康社会和构建社会主义和谐社会的要求不相适应，与经济全球化和全面对外开放的新形势不相适应。各地区、各部门要进一步提高认识，切实把思想统一到中央的决策和部署上来，转变发展观念，拓宽发展思路，着力解决存在的问题，加快把服务业提高到一个新的水平，推动经济社会走上科学发展的轨道，促进国民经济又好又快发展。

二、加快发展服务业的总体要求和主要目标

当前和今后一个时期，发展服务业的总体要求是：以邓小平理论和“三个代表”重要思想为指导，全面贯彻落实科学发展观和构建社会主义和谐社会的重要战略思想，将发展服务业作为加快推进产业结构调整、转变经济增长方式、提高国民经济整体素质、实现全面协调可持续发展的重要途径，坚持以人为本、普惠公平，进一步完善覆盖城乡、功能合理的公共服务体系和机制，不断提高公共服务的供给能力和水平；坚持市场化、产业化、社会化的方向，促进服务业拓宽领域、增强功能、优化结构；坚持统筹协调、分类指导，发挥比较优势，合理规划布局，构建充满活力、特色明显、优势互补的服务业发展格局；坚持创新发展，扩大对外开放，吸收发达国家的先进经验、技术和管理方式，提高服务业国际竞争力，实现服务业又好又快发展。

根据“十一五”规划纲要，“十一五”时期服务业发展的主要目标是：到2010年，服务业增加值占国内生产总值的比重比2005年提高3个百分点，服务业从业人员占全社会从业人员的比重比2005年提高4个百分点，服务贸易总额达到4000亿美元；有条件的大中城市形成以服务经济为主的产业结构，服务业增加值增长速度超过国内生产总值和第二产业增长速度。到2020年，基本实现经济结构向以服务经济为主的转变，服务业增加值占国内生产总值的比重超过50%，服务业结构显著优化，就业容量显著增加，公共服务均等化程度显著提高，市场竞争力显著增强，总体发展水平基本与全面建设小康社会的要求相适应。

三、大力优化服务业发展结构

适应新型工业化和居民消费结构升级的新形势，重点发展现代服务业，规范提升传统服务业，充分发挥服务业吸纳就业的作用，优化行业结构，提升技术结构，改善组织结构，全面提高服务业发展水平。

大力发展面向生产的服务业，促进现代制造业与服务业有机融合、互动发展。细化深化专业分工，鼓励生产制造企业改造现有业务流程，推进业务外包，加强核心竞争力，同时加快从生产加工环节向自主研发、品牌营销等服务环节延伸，降低资源消耗，提高产品的附加值。优先发展运输业，提升物流的专业化、社会化服务水平，大力发展第三方物流；积极发展信息服务业，加快发展软件业，坚持以信息化带动工业化，完善信息基础设施，积极推进“三网”融合，发展增值和互联网业务，推进电子商务和电子政务；有序发展金融服务业，健全金融市场体系，加快产品、服务和管理创新；大力发展科技服务业，充分发挥科技对服务业发展的支撑和引领作用，鼓励发展专业化的科技研发、技术推广、工业设计和节能服务业；规范发展法律咨询、会计审计、工程咨询、认证认可、信用评估、广告会展等商务服务业；提升改造商贸流通业，推广连锁经营、特许经营等现代经营方式和新型业态。通过发展服务业实现物尽其用、货畅其流、人尽其才，降低社会交易成本，提高资源配置效率，加快走上新型工业化发展道路。

大力发展面向民生的服务业，积极拓展新型服务领域，不断培育形成服务业新的增长点。围绕城镇化和人口老龄化的要求，大力发展市政公用事业、房地产和物业服务、社区服务、家政服务和社会化养老等服务业。围绕构建和谐社会的要求，大力发展教育、医疗卫生、新闻出版、邮政、电信、广播影视等服务事业，以农村和欠发达地区为重点，加强公共服务体系建设，优化城乡区域服务业结构，逐步实现公共服务的均等化。围绕小康社会建设目标和消费结构转型升级的要求，大力发展旅游、文化、体育和休闲娱乐等服务业，优化服务消费结构，丰富人民群众精神文化生活。服务业是今后我国扩大就业的主要渠道，要着重发展就业容量大的服务业，鼓励其他服务业更多吸纳就业，充分挖掘服务业安置就业的巨大潜力。

大力培育服务业市场主体，优化服务业组织结构。鼓励服务业企业增强自主创新能力，通过技术进步提高整体素质和竞争力，不断进行管理创新、服务创新、产品创新。依托有竞争力的企业，通过兼并、联合、重组、上市等方式，促进规模化、品牌化、网络化经营，形成一批拥有自主知识产权和知名品牌、具有较强竞争力的大型服务企业或企业集团。鼓励和引导非公有制经济发展服务业，积极扶持中小服务企业发展，发挥其在自主创业、吸纳就业等方面的优势。

四、科学调整服务业发展布局（略）

五、积极发展农村服务业（略）

六、着力提高服务业对外开放水平（略）

七、加快推进服务领域改革（略）

八、加大投入和政策扶持力度（略）

九、不断优化服务业发展环境（略）

十、加强对服务业发展工作的组织领导

加快发展服务业是一项紧迫、艰巨、长期的重要任务，既要坚持发挥市场在资源配置中的基础性作用，又要加强政府宏观调控和政策引导。国务院成立全国服务业发展领导小组，指导和协调服务业发展和改革中的重大问题，提出促进加快服务业发展的方针政策，部署涉及全局的重大任务。全国服务业发展领导小组办公室设在发展改革委，负责日常工作。国务院有关部门和单位要按照全国服务业发展领导小组的统一部署，加强协调配合，积极开展工作。各省级人民政府也应建立相应领导机制，加强对服务业工作的领导，推动本地服务业加快发展。

加强公共服务既是加快发展服务业的重要组成部分，又是推动各项服务业加快发展的重要保障，同时也是转变政府职能、建设和谐社会的内在要求。要进一步明确中央、地方在提供公共服务、发展社会事业方面的责权范围，强化各级人民政府在教育、文化、医疗卫生、人口和计划生育、社会保障等方面的公共服务职能，不断加大财政投入，扩大服务供给，提高公共服务的覆盖面和社会满意水平，同时为各类服务业的发展提供强有力的支撑。

尽快建立科学、统一、全面、协调的服务业统计调查制度和信息管理制度，完善服务业统计调查方法和指标体系，充实服务业统计力量，增加经费投入。充分发挥各部门和行业协会的作用，促进服务行业统计信息交流，建立健全共享机制，提高统计数据的准确性和及时性，为国家宏观调控和制定规划、政策提供依据。各地区要逐步将服务业重要指标纳入本地经济社会发展的考核体系，针对不同地区、不同类别服务业的具体要求，实行分类考核，确保责任到位，任务落实，抓出实绩，取得成效。

各地区、各部门要根据本意见要求，按照各自的职责范围，抓紧制定加快发展服务业的配套实施方案和具体政策措施。发展改革委要会同有关部门和单位对落实本意见的情况进行监督检查，及时向国务院报告。

国务院

二〇〇七年三月十九日

例文的标题是由发文机关、事由和文种三个要素构成的。正文包括开头、主体和结尾三个部分，开头部分（第一自然段）简要说明发布意见的根据和目的，“现提出以下意见:”、“现就……提出如下意见:”是意见的开头和主体部分之间常用的过渡性语句；主体部分逐条写明各项工作意见，从工作意义到总体要求、主要目标，再到具体要求、措施和办法等，逻辑性和条理性很强。目标和要求明确，措施和办法得当，便于人们领会并施行文件内容。结尾部分（最后一个自然段）提出落实意见的要求和希望。意见要就工作或问题提出见解和处理办法，所以通常内容比较详实、复杂，篇幅较长，例文就是这样（引文已有删节）。

3. 意见的写作注意事项

意见是对工作进行指导和部署的指示性文件，撰写意见，必须注意以下两点。

第一，看法要明确。意见要能反映有关机关或部门对问题的看法和认识，主张做什么，不主张做什么，要清清楚楚，一目了然。

第二，办法要具体。意见一般要写明解决问题、处理工作的要求和措施，各项要求和措施都应写得实实在在，条分缕析，并且要切实可行。

（五）通知

1. 通知的用途

《党政机关公文处理工作条例》规定：通知适用于发布、传达要求下级机关执行和有关单位周知或者执行的事项，批转、转发公文。

在现行公文中，可以说通知的用途是最为广泛的。它既可用于批转下级机关的公文，起到批准和指导的作用，如《国务院批转中国人民银行关于调整银行存款、贷款利息的报告的通知》，又可以用于转发上级机关和不相隶属机关的公文，起到传达或联系的作用；既可以用来发布行政规章，起到指挥和约束的作用，如《国务院办公厅关于发布〈国家行政机关公文处理办法〉的通知》，又可以用来下发本机关起草的计划、总结、会议纪要等文件，起到文件运载的作用；既可以用来提出要求下级机关认真办理或遵照执行的事项，起到法规作用，如《关于证券营业部审批工作有关问题的通知》，又可以用来布置工作，安排活动，起到指示的作用，如《市关于开展全市夏季爱国卫生运动的通知》；既可以用来向下级机关或相关机关告知事项，起到传达作用，如《国家科委关于召开全国高新技术产业开发区工作会议的通知》，又可以用来宣布干部的任免和聘用事宜，起到传递信息的作用，如《关于×同志任职的通知》。总之，用途广泛，使用频率高，是通知很重要的特点。

2. 通知的主要种类及其一般写法

按其内容和功用的不同，可将通知分为批示性通知、指示性通知、告知性通知和任免通知等几种，下面就分别介绍一下这几类通知的一般写法。

（1）批示性通知

批示性通知有三种：一为“颁发”型通知，二为“转发”型通知，三为“批转”型通知。

“颁发”型通知是指用来发布行政法规和规章或印发有关文件的通知。例如：

国家发展改革委关于印发高技术产业发展“十一五”规划的通知

发改高技［2007］911号

各省、自治区、直辖市及计划单列市、新疆生产建设兵团发展改革委、经（贸）委，国务院有关部门：

为贯彻落实《国民经济和社会发展第十一个五年规划纲要》和《国家中长期科学和技术发展规划纲要（2006—2010）》，我委组织制定了《高技术产业发展“十一五”规划》（以下简称《规划》）。经报请国务院批准同意，现将《规划》印发你们。

请你们结合本地区、本部门实际情况，按照《规划》的总体部署，坚持自主创新、着力应用、产业集聚、规模发展、国际合作，加强组织协调，强化政策支持，完善体制机制，保障重点投资，切实把发展高技术产业作为本地区、本部门的战略任务抓紧抓好，完成《规划》提出的各项重点任务，做强做大高技术产业，进一步推动高技术产业成为国民经济的战略性先导产业，推进产业结构调整和经济增长方式转变，加快建设创新型国家。

附件：高技术产业发展“十一五”规划

中华人民共和国国家发展和改革委员会
二〇〇七年四月二十八日

例文的标题是由发文机关、事由和文种三个要素构成的。从公文写作实践来看，在事由一项中，公布比较重要的行政法规和规章，一般用“颁发”或“发布”，公布一般的规章或其他文件一般用“印发”。例文的正文包括两个部分，第一个部分首先说明制订相关文件的目的，然后写明发布事项；第二个部分提出落实文件内容、完成工作任务的要求。

“转发”型通知是指用来转发上级机关、同级机关和不相隶属机关的公文的通知。例如：

国务院办公厅转发农业部等部门关于稳定基层农业技术推广体系的意见的通知

国办发［2008］79号

各省、自治区、直辖市人民政府，国务院各部委、各直属机构：

农业部、中发办、人事部、财政部《关于稳定基层农业技术推广体系的意见》经国务院同意，现转发给你们，请认真贯彻执行。

基层农业技术推广体系是实施科教兴农战略的基础，也是提高农民科学文化素质的依靠力量。农业技术推广机构要通过改革得到稳定和发展。各级人民政府对农业技术推广工作要予以重视并给予必要的支持，鼓励农业科技人员采取多种形式到农业生产第一线，直接为农民服务，进一步推进农业技术推广事业的发展。对目前一些地方出现的非法拍卖、转租、侵占、平调乡镇农业技术推广机构财产，随意向基层农业技术推广机构安排非专业人员等做法，要立即予以纠正，以保持基层农业技术推广体系的稳定。

国务院办公厅
二〇〇八年八月三十一日

例文的正文包括两个部分，第一个部分宣布转发事项，提出执行要求。文中“现转发给你们……请认真贯彻执行”以及“现将……转发给你们，请遵照执行”、“请结合具体情况，参照执行”、“请按此执行”、“请研究执行”是这类通知惯用的申明要求的语句，可以根据情况，酌情使用；第二个部分进一步强调工作意义，申明工作原则。

“批转”型通知是批示转发下级机关发来的公文的通知，其写法与“转发”型通知基本相同。例如：

国务院批转发展改革委
关于坚决制止电站项目无序建设意见的紧急通知

国发［2004］32号

各省、自治区、直辖市人民政府，国务院各部委、各直属机构：

发展改革委《关于坚决制止电站项目无序建设的意见》已经国务院同意，现转发给你们，请认真贯彻执行。

近几年来，为适应国民经济和社会发展的需要，缓解电力供应紧张的矛盾，国家加大了电力建设力度，新开工建设与投产运行的电站规模逐年增加。2004年已批准新开工发电项目6000万千瓦以上，预计投产5100万千瓦。同时，国家还积极采取措施，努力解决当前煤电油运紧张问题，保障社会正常的生产和生活秩序。

在当前电力供应紧张的情况下，各地区、各部门总体上能够正确把握形势，按照国家规划和有关规定，积极落实各项建设条件，加快电力工程建设，为缓解当前电力供应紧张局面发挥了重要作用。但也必须看到，有些地区和企业没有认真执行国家有关政策和规定，盲目铺摊子上项目，违规建设电站工程。特别是从去年以来，一些地区和企业不顾国家多次重申电力建设必须有序发展的要求，继续违规开工建设了大量电站项目，致使电站在建规模远远超出电力规划确定的目标，同时也超出了资源和环境的承受能力，极易再次形成高耗能工业无序发展的恶性循环。这种情况如果任其发展，势必扰乱国家能源总体战略的实施，引发电力布局混乱，煤炭供应和运输能力失衡，金融风险压力加大，以及电力工业技术水平的倒退等问题，也为今后电力结构和产业结构调整留下隐患。

国务院高度重视当前电力建设中出现的问题。为巩固和扩大宏观调控成果，防止违规建设电站项目影响经济建设正常秩序，当前需要尽快采取措施，坚决制止电站项目无序建设的势头。各地区、各有关部门和单位必须按照通知精神和要求，高度重视，组织力量，认真清理违规建设的电站项目，提出停缓建的处理意见，并负责做好各项善后工作。对少数大规模违规建设电站的地区，发展改革委要会同有关部门进行专项重点检查，有关省级人民政府要认真向国务院作出说明。

各地区、各有关部门和单位要牢固树立和认真落实科学发展观，把经济发展的着力点放在调整结构、深化改革、转变经济增长方式上，努力提高能源利用效率，节约资源，正确处理好电力建设局部与全局、近期与长远的关系，切实促进电力工业的健康有序发展。

各省级人民政府和国家电网公司、中国南方电网有限责任公司、有关电力集团公司要在2004年12月31日之前，将清理情况和处理意见报国务院并抄送发展改革委等有关部门。发展改革委要会同有关部门对清理工作进行指导，加强监督检查。

二〇〇四年十一月二十四日

例文的标题是由发文机关、事由和文种三个要素构成的，在“事由”中写明随文下发的文件的标题，由于问题严重，事关紧急，所以在文种名称“通知”前还冠以“紧急”二字，以引起受文单位的高度重视。相对而言，这份“批转”型通知的正文的内容是比较复杂的，但所述均为常见于“批转”型通知的事项。归结起来，主要包含下述几项内容：首先表明态度，宣布转发，明确要求，这是“批转”型通知开头部分常写的内容，例文写得言简意赅，措辞极为果断、简练；然后概述情况，指明问题，并针对问题提出采取措施，解决问题及遵照通知精神，做好相关工作的要求；最后是对后续工作的具体安排。

随“批转”型通知下发的公文应是反映带有普遍性的问题或具有普遍指导意义的公文。下级机关所制定的政策和拟采取的行政措施，如已超出本机关职权范围，或在实施时需要得到同级机关的支持和帮助，就要报请上级机关批准。上级机关在批准的同时，可将其随“批转”型通知下发。表明态度，宣布转发，指明意义，提出要求，是常见于“批转”型通知的几项内容。

（2）指示性通知

上级机关宣布要求下级机关遵照执行或办理的有关事项，但限于发文机关的权限，或因其内容不宜用命令（令）、决定等下行文文种的，都可以使用指示性通知。这类通知又称规定性通知或布置性通知。例如：

国家旅游局　农业部
关于大力推进全国乡村旅游发展的通知

旅发［2007］14号

各省、自治区、直辖市旅游局（委）、农业厅（委、办、局），新疆生产建设兵团旅游局、农业局：

为深入贯彻党中央、国务院关于社会主义新农村建设的战略部署和中共中央2007年1号文件精神，充分利用“三农”资源发展旅游业，全面拓展农业功能和领域，积极促进农民致富增收，国家旅游局、农业部决定大力推进全国乡村旅游工作。现将有关工作部署通知如下：

一、指导思想

以邓小平理论和“三个代表”重要思想为指导，牢固树立和落实科学发展观，围绕社会主义新农村建设的总体目标，充分发挥农业和旅游两个行业的优势，统筹安排，加强服务，因地制宜，分类指导，通过开展“百千万工程”建设，进一步推动乡村旅游发展，加快传统农业转型升级，促进农村生态和村容村貌改善，吸纳农民就业，增加农民收入，为社会主义新农村建设作出积极贡献。

二、基本原则

（一）坚持服从于社会主义新农村建设的总体部署。贯彻落实中央和各地新农村建设的总体部署和具体要求，把发展乡村旅游作为建设社会主义新农村的有效途径之一，通盘考虑，整体规划。乡村旅游发展的目标、政策、措施都要与社会主义新农村建设的实践相结合，在充分发挥旅游业综合带动功能的同时，探索乡村旅游发展的新机制、新路子。

（二）坚持按农村实际和旅游经济规律办事。从农村实际和旅游市场需求出发，以培育乡村旅游产业为主要任务，指导各地乡村旅游向市场化、产业化方向发展。坚持不脱离农民、不脱离乡土、不脱离当地资源条件、不脱离旅游消费水平、不脱离发展阶段，始终把农民利益放在第一位，充分尊重农民意愿和发展实践，不贪大求洋，不盲目提升档次。

（三）坚持可持续发展。在充分利用和开发乡村旅游资源的同时，积极探索科学保护生态环境、文物古迹、非物质文化遗产、民族民俗文化的新途径。综合协调乡村旅游资源的合理开发利用关系，避免因盲目发展和低层次竞争造成的环境污染和资源破坏。

（四）坚持把加强服务放在工作首位。树立以服务促发展的理念，提升服务意识、创新服务手段。加强协调、规划、信息、促销和培训等服务工作，拓宽乡村旅游的公共服务领域，逐步建立面向农村和农民的旅游服务体系，提高乡村旅游的公共服务水平。

三、工作目标

通过大力推进乡村旅游发展，“十一五”期间，使已有乡村旅游项目得到明显提升和完善，基本形成种类丰富、档次适中的乡村旅游产品体系和特色突出、发展规范的乡村旅游格局，满足人民生活水平提高对旅游消费的需求。争取每年新增乡村旅游就业30万人以上，间接就业150万人；每年旅游从业农民人均纯收入增长5%；在全国建成具有乡村旅游示范意义的100个县、1000个乡（镇）、10000个村，为社会主义新农村建设做出积极贡献。

四、工作要求

（一）加大乡村旅游扶持力度。要依靠各级党委和政府加强领导，把发展乡村旅游纳入各地社会主义新农村建设的整体布局中，给予必要的扶持。要加强乡村旅游相关政策研究，为发展乡村旅游创造宽松的政策环境。

（二）积极促进乡村旅游服务体系建设。要协调各相关部门，促进政府有关公共服务向乡村旅游延伸。要进一步加大区县旅游、农业部门的一线服务力度，积极争取扩展范围和职责。探索建立乡村旅游的统计体系，提高乡村旅游的科学统计水平。当前的重点是要为农村提供专业的乡村旅游开发规划和项目指导，帮助农民利用和保护好旅游资源，克服开发雷同化，增强市场经营意识；抓紧制订基本的乡村旅游设施标准和接待服务标准，帮助农民改善卫生条件和接待条件，提高经营管理水平；切实加强乡村旅游的安全监督和管理。

（三）加强乡村旅游调查研究。要深入开展乡村旅游调研，全面把握和密切跟踪乡村旅游发展情况，重视研究乡村旅游的新发展、新趋势，制定促进乡村旅游发展的政策措施。

在各种具体矛盾和纠纷处理中，保障农民以各种方式投入旅游开发经营的所有权和实际收益。在农民合作经营的旅游开发中，引导探索发挥合作组织自律、协调和服务的作用。完善乡村旅游合作社章程，探索建立公司制的运作机制。

（四）解决制约乡村旅游发展的瓶颈性因素。要加强乡村旅游环境、道路、饮水等基础条件建设。农村沼气、乡村道路、人畜饮水、乡村清洁等支农工程项目要向乡村旅游点倾斜，推动乡村旅游开发项目和各种支农资金挂钩。争取把支持农村发展的小额贷款用于乡村旅游户，多渠道多方式筹集资金。

（五）做好乡村旅游市场开拓工作。各级旅游部门要结合乡村旅游产品开发，帮助设计和提升乡村旅游产品的市场形象，推动分散的乡村旅游产品走向市场。要开发一批完善成熟、文明健康的乡村旅游新产品，逐步培育乡村旅游精品，满足国内外不同层次的休闲度假需求。要鼓励旅行社等企业和有条件的各类旅游集散中心，开展专业的市场销售和网络促销，拓宽乡村旅游销售渠道。

（六）探索各种类型的乡村旅游模式。要围绕当地特色资源和市场需求，发展各种类型的乡村旅游。对各地涌现出的乡村旅游发展典型，要注意总结共性和个性化发展规律，推动各种模式间的优势互补。

（七）组织实施乡村旅游“百千万工程”。国家旅游局、农业部将出台乡村旅游县、乡、村示范性标准。各地要事先做好本行政区域内乡村旅游先进典型的摸底调查，待有关标准出台后，做好标准的组织实施工作。到“十一五”期末，全国争取推出乡村旅游100个示范县、1000个示范乡、10000个示范村。

五、组织保障

（一）把乡村旅游纳入重要工作日程。国家旅游局、农业部已签署了联合推动全国乡村旅游发展的协议，并将联合开展乡村旅游的工作调研。各级旅游、农业部门要把大力发展乡村旅游作为贯彻中央1号文件的具体要求，纳入“十一五”的重要工作部署中，加强对乡村旅游的工作指导和政策扶持，全面推进乡村旅游发展上台阶、上水平。

（二）成立乡村旅游工作领导机构。国家旅游局、农业部已成立“全国乡村旅游工作领导小组”，共同推进全国乡村旅游工作，邵琪伟局长、张宝文副部长任领导小组组长，领导小组办公室设在国家旅游局综合协调司，具体工作由国家旅游局综合协调司、农业部发展计划司承担。省以下各级旅游、农业部门也要成立相应的领导工作机构，建立紧密型工作机制，共同承担组织推动、工作指导、服务协调、政策研究、解决困难、标准贯彻、典型推广等工作。

（三）实行分级、分工责任制。国家旅游局、农业部负责全国乡村旅游的组织、筹划、指导和协调工作；省以下旅游、农业部门负责指导开展本行政区域内的乡村旅游工作。旅游部门要着重做好开发指导、完善服务、市场开拓、宣传促销、人才培训等工作；农业部门要推动乡村旅游纳入新农村建设的整体工作布局中，指导和扶持有条件的乡村发展“一村一品”，培育主导产业，建设生态农业，推进村容整洁。

（四）给予必要的经费保障和政策扶持。旅游和农业部门要对乡村旅游工作给予必要的经费支持和保障，支持新农村建设的政策措施要向乡村旅游示范县、乡、村倾斜。

请各省（自治区、直辖市）旅游局（委）、农业厅（委、办、局）根据本通知要求，联合开展乡村旅游调研，全面加强乡村旅游工作，并请于5月1日前，将各省（自治区、直辖市）成立的乡村旅游工作领导机构和工作机构情况和各省（自治区、直辖市）乡村旅游发展现状、主要问题、制约因素、工作措施、典型经验、已有政策、发展建议的综合材料，报送“全国乡村旅游工作领导小组办公室”，其中国家旅游局综合协调司和农业部发展计划司各2份。

国家旅游局综合协调司联系人：（略）

电话：（略）

传真：（略）

电子信箱：（略）

农业部发展计划司联系人：（略）

电话：（略）

传真：（略）

国家旅游局农业部

二〇〇七年三月十六日

例文的正文包括三个部分，开头部分（第一自然段）写明作出有关工作部署的目的，概述决定要点。“现将有关工作部署通知如下：”及“现将有关事项通知如下”之类的语句，是这类通知的开头和主体部分之间惯用的过渡性语句，以此可以很自然地引出下文。主体部分是写明通知事项的部分，例文采用分条列项的写法，将工作的指导思想、原则、目标、要求及保障措施等一一写明，内容具体，条理清楚。结尾部分（最后一个自然段）提出落实文件内容，安排相关事项的要求。“特此通知，望认真执行”、“本通知自下发之日起施行”等语句，也是这类通知惯用的结语。

（3）告知性通知

告知某一具体事项，可用告知性通知，这类通知是机关日常工作经常会用到的公文文种。比如，设立或撤销机构、迁移办公地点、启用或更换印章、修改行政规章、修正或补充文件内容、调整办公时间等各种事项，都可以写入告知性通知。例如：

国务院办公厅关于调整
国家防汛抗旱总指挥部成员的通知

国办发［2007］29号

各省、自治区、直辖市人民政府，国务院各部委、各直属机构：

根据人员变动情况和工作需要，国务院决定对国家防汛抗旱总指挥部的组成人员进行相应调整。现将调整后的名单通知如下：

总 指 挥：回良玉　国务院副总理

副总指挥：陈　雷　水利部部长

　　　　　张　勇　国务院副秘书长

秘 书 长：鄂竟平　水利部副部长

副秘书长：戚建国　总参作战部部长

成　　员：（略）

国家防汛抗旱总指挥部在水利部单设办事机构，鄂竟平兼任办公室主任。

二〇〇七年五月二日

例文正文的开头部分写明发文机关的决定事项及作出该项决定的根据，“现将……通知如下”是常用的过渡性语句；主体部分写明通知事项也即国家防汛抗旱总指挥部的人员安排。这类通知的写法大都比较简单，发文缘由和应知事项是常写的两项内容。另外，“特此通知”、“以上事项望周知”等，是告知性通知常用的结语。

会议通知是告知性通知的一个重要的类别，也是使用频率较高的一类通知。下面就看一份会议通知：

关于召开全国水利安全生产工作会议的通知

办安监函［2010］702号

部直属各单位，各省、自治区、直辖市水利（水务）厅（局），各计划单列市水利（水务）局，新疆生产建设兵团水利局：

为认真贯彻学习中央关于安全生产工作的指示和部署，总结交流水利安全生产工作的有益经验和做法，研究分析水利安全生产工作的新形势和新任务，理清思路，明确任务，切实做好水利安全生产工作，经部领导同意，拟于近期召开全国水利安全生产工作会议，部领导将出席会议并作重要讲话。现将会议有关事项通知如下：

一、会议内容

1. 总结近年来水利安全生产工作，分析存在突出问题；

2. 交流各地水利安全生产工作开展情况和经验做法；

3. 研究分析水利安全生产面临的形势，提出进一步加强水利安全生产工作的目标和工作任务。

二、会议时间和地点

1. 时间：拟于2010年10月底召开，会期2天。

2. 地点：湖北省宜昌市。

会议具体时间和地点另行通知。

三、参会人员

1. 各流域机构安全生产分管领导和安全监督局（处）负责同志各1人；其他部直属单位安全生产分管领导。

2. 各省（自治区、直辖市）水利（水务）厅（局）、各计划单列市水利（水务）局、新疆生产建设兵团水利局安全生产分管领导和负责安全生产监督管理部门的负责同志各1人。

四、有关要求

1. 请各参会单位高度重视，按照会议主题认真准备会议交流材料，主要包括以下内容：

（1）近两年来水利安全生产工作的基本情况；

（2）水利安全生产工作的突出特点、主要做法及经验和存在的问题；

（3）下一步加强水利安全生产工作、促进水利安全生产形势持续稳定向好的具体措施和打算；

（4）对水利安全生产工作的意见和建议。

材料要求结合本地实际，突出重点，文字精简，4000字左右。

2. 请各单位于2010年9月25日前将参会人员名单、会议交流材料（以电子邮件方式）报部安全监督司。

五、联系人及电话

联 系 人：（略）

联系电话：（略）

电子邮件：（略）

传　　真：（略）

附件：全国水利安全生产工作会议报名回执

中华人民共和国水利部办公厅

二〇一〇年九月六日

这份会议通知的正文包括开头和主体两个部分，开头部分说明召开会议的目的，并以过渡性语句“现将会议有关事项通知如下：”引出下文；主体部分写明会议须知事项，主要包括会议内容、会议时间和地点、参会人员及会议材料的准备、联系方式等，这些都是会议通知常写的事项。

3. 通知的写作注意事项

前面说过，通知的用途很广，种类很多，各类不同的通知不仅在写法上有一定的差异，在写作中也需要注意不同的问题。对通知的写作要领，应当结合各类通知的具体写法加以领会。而从总体上看，通知还是有其共同的文种特征的。概括地说，无论撰写哪一类通知，都应注意以下几点：

第一，事项要明确、具体。公文的撰写都是以实用为目的的，而通知的实用目的通常要更直接、突出一些。通知所写事项通常不是一些原则性的指示意见，而是需要立即落实的工作安排，不仅会议通知之类的事务性通知如此，就是政策性较强的指示性通知也同样如此。通知所写事项准确明了、齐全详尽，才能使人有所依循，通知也才能发挥应有的实用功能。

第二，表述要清楚、直接。从根本上说，撰写通知都要告知事项，“告知性”是各类通知都应具备的特征。通知所写事项必须清清楚楚，一目了然，不能含而不露或模糊不清。另外，除了内容比较简单的批示性通知和任免性通知之外，通知大都采用分条列项的方式逐项写明通知事项。

（六）通报

1. 通报的用途和种类

《党政机关公文处理工作条例》规定：通报适用于表彰先进，批评错误，传达重要精神和告知重要情况。

从功能类别上说，通报应为知照类公文。一般来说，通报主要用来传达情况，告知事项，但通过通报所写内容，也能够了解发文机关的态度、立场和主张，而且在一些通报中，发文机关在写明事项的同时，也会结合事项提出某些要求，或对有关事项作出规定。

2. 通报的主要种类和一般写法

根据通报的具体用途的不同，可将通报分为三类：第一类是表彰先进的表彰性通报；第二类是批评错误的批评性通报；第三类是传达重要精神或情况的传达性通报。人们平时所说的通报表扬、通报批评和通报情况，就是对三类通报的用途的概括。

（1）表彰性通报

表彰性通报的具体用途是表扬好人好事，树立典型，推广经验，号召人们向先进集体或个人学习，把工作做得更好。例如：

河南省农业厅关于表彰农资打假工作先进单位和先进个人的通报

各省辖市农业局：

2005年全省认真贯彻中央十六届四中、五中全会和省委1号文件精神，按照国务院整顿和规范市场经济秩序的总体部署以及农业部等六部、委、局《关于做好2005年农资打假工作的意见》的要求，大力开展了农资连锁经营，组织开展了“放心农资下乡进村”宣传周活动，加强了源头综合治理、狠抓了市场监管、强化了服务指导、提高了监管能力，农资打假工作取得了显著成绩，有力地保护了广大农民群众的合法权益。为肯定成绩，表彰先进，进一步调动各级农业部门的积极性，根据《河南省农资打假工作记分考核评比办法》（豫农市［2005］13号），经对各省辖市农业局农资打假工作以及信息报送工作综合考评，评选出了洛阳市农业局等7个先进单位和许新皎等31个先进个人，现予以通报表彰。

希望受表彰的单位和个人戒骄戒躁，发扬成绩，再创佳绩。各级农业部门要以先进单位为榜样，认真贯彻落实农业部农资打假工作部署和要求，紧密结合当地实际，不断创新工作思路，狠抓工作落实，继续深入细致地开展农资打假专项整治活动，为维持好我省农资市场秩序做出新的贡献。

附件：河南省农资打假先进单位和先进个人

河南省农业厅市场与经济信息处
二〇〇六年一月六日

例文的标题是由发文机关、事由和文种几个要素构成的。正文的第一个部分在介绍情况，指明成绩，并说明目的和根据的基础上，宣布表彰决定；第二个部分向表彰对象提出希望，向有关部门发出学习号召。写明成绩或事迹，宣布表彰决定，提出希望，发出号召，也就是表彰性通报常写的几项内容。成绩或事迹无论是写得概括，还是写得具体，都必须注意详略得当，既不能过于笼统，又不能面面俱到，要突出主要事实。写成绩或事迹还必须做到实事求是，不能随意编造情况；对表彰对象的评价要做到恰如其分，力戒浮夸，力求中肯。表彰决定要简单、明确，如果奖励事项较多，要分条写出。希望和号召要紧扣表彰对象的成绩或事迹，避免写上一些没有实际意义的空话、套话。

（2）批评性通报

批评性通报是用得较多的一类通报。这类通报主要用来批评后进，处罚错误，以使广大干部群众或有关部门、人员引以为戒，吸取教训，防止类似问题的出现。例如：

卫生部办公厅关于广西桂林市人民医院和福建省连江县医院两起医疗事件的通报

各省、自治区、直辖市卫生厅局，新疆生产建设兵团卫生局：

2005 年 7 月 25 日广西桂林市人民医院发生一起因规章制度执行不力、急诊危重患者抢救不及时，医院管理存在漏洞，导致患者死亡的事件；同年 8 月 2 日，福建省福州市连江县医院发生一起因医院首诊负责制落实不到位，接诊医师没有采取有效治疗措施，患者死亡的事件。对上述两起事件，我部非常重视，分别责成广西壮族自治区卫生厅和福建省卫生厅进行查处。日前，广西壮族自治区卫生厅和福建省卫生厅已根据调查结果对相关医疗机构和责任人作出了严肃处理。取消广西桂林市人民医院一年内参加卫生系统的评优资格。对该院外一科值班医师进行吊销《医师执业证书》的处罚，对急诊接诊医师×进行暂停一年执业活动的处罚，对试用期医师予以调离工作岗位、停职检查的处理。对福建省连江县医院，免去×同志中共连江县医院支部委员会书记、院长职务；免去××连江县医院副院长职务；对急诊科接诊医师×、ICU 接诊医师×、ICU 二线医师、血库当班检验师×等医务人员分别予以行政警告处分，推迟晋升专业技术职务一年，并按医院有关规定，给予相应的经济处罚。对急诊科副主任、医务科长×通报批评。

各级卫生行政部门和各级各类医疗机构一定要从这两起事件中吸取教训，引以为戒。进一步加强医院管理，确保医疗安全，维护病人权益。为此，特重申以下要求：

一、严格执行医院各项规章制度和人员岗位责任制度。各级各类医院要对全体工作人员进行医院规章制度和人员岗位责任制度的再教育，特别是医疗质量和医疗安全的核心制度，如首诊负责制度、三级医师查房制度、危重患者抢救制度和交接班制度等。医院要采取考试、演练、检查等多种方式保证各项制度和人员岗位责任落实到位。卫生行政部门要对规章制度和人员岗位责任制度的执行情况进行检查，并公示结果。

二、切实加强急诊科（室）建设，确保急救绿色通道畅通。医疗机构要加强急诊科（室）能力建设，做到专业设置、人员配备合理，抢救设备设施齐备、完好。急诊科（室）人员要相对固定，值班医师能够胜任急诊抢救工作，医院值班人员和各相关科室要做到急诊会诊及时迅速到位。对于接诊的急诊患者，尤其是危重患者，医疗机构要首先采取积极有效措施进行救治，挽救生命，不得以任何理由拒绝或延误抢救，确保急诊科（室）、入院、手术“绿色通道”畅通。

三、强化医疗机构主要负责人的医疗管理职责，保障医疗安全。医疗机构要按照医院管理年活动的要求，建立医院领导定期研究提高医疗质量和保证医疗安全的制度，定期总结分析本单位医疗安全形势，及时发现和消除医疗安全隐患。医疗机构主要负责人作为医疗质量管理的第一责任人，要切实履行职责，强化医疗质量管理领导工作，坚持医疗质量持续改进。对于因管理不到位发生重大医疗过失或医疗事故的，卫生行政部门除按照有关规定处理外，要严肃追究医疗机构负责人的责任。

四、各级卫生行政部门要依法加强对各级各类医疗机构执业行为的监督管理，督促医疗机构建立健全各项规章制度，规范医务人员的诊疗行为，不断提高医疗质量和服务水平。对于片面追求经济利益，严重损害人民群众利益的行为，要坚决纠正；对于违反法律、法规的医疗机构和医务人员，要依法严肃处理。

二〇〇五年十二月二十三日

例文的正文主要写了两部分内容：第一部分（第一自然段）先概述情况，指明责任，这是发布批评性通报的事实基础；然后写明处罚事项。由于通报事件较为复杂，涉及人员较多，因而处罚事项写得比较细致、具体。为杜绝类似事件的发生，例文的第二部分很有针对性地提出了四项工作要求也即防范措施，各项要求和措施都非常明确，便于落实。写明事实、危害及责任，申明通报决定或处罚事项，提出引以为戒的要求和切实可行的防范措施等，是批评性通报常写的几项内容。

（3）情况通报

情况通报是向有关部门和人员传达重要情况，发布重要信息，以使人们掌握情况，明确问题，了解形势，便于统一思想和行动，使工作协调发展的通报。例如：

关于各地区贯彻落实房地产市场调控政策情况的通报

建住房［2006］283号

各省、自治区、直辖市人民政府，国务院各部委、各直属机构：

按照《国务院办公厅关于开展房地产市场调控政策检查工作的通知》（国办发明电［2006］38号）要求，各省（区、市）对房地产市场调控工作进行了认真检查，上报了自查结果；国务院有关部门组成联合检查组，对北京、天津、内蒙古、辽宁、江苏、江西、山东、湖北、广东、四川、陕西等11个省（区、市）进行了检查。经国务院同意，现就各地区贯彻落实房地产市场调控政策的检查结果通报如下：

一、各地贯彻落实调控政策的总体情况

《国务院办公厅关于切实稳定住房价格的通知》（国办发明电［2005］8号）、《国务院办公厅转发建设部等部门关于做好稳定住房价格工作意见的通知》（国办发［2005］26号）和《国务院办公厅转发建设部等部门关于调整住房供应结构稳定住房价格意见的通知》（国办发［2006］37号）下发以来，各地区和有关部门认真贯彻执行各项政策措施，在调整住房供应结构、稳定住房价格方面做了大量的工作。当前，全国房地产市场情况总体上是好的，并且出现了一些积极的变化：

（一）住房供应结构调整有了好的开端。一是住房建设规划编制工作取得初步成果。截至2006年9月底，全国已有276个城市（含地级以上城市101个）按期公布了住房建设规划，明确了普通商品住房、经济适用住房和廉租住房的建设目标。36个直辖市、计划单列市、省会城市中，有35个城市完成了住房建设规划的公布和备案工作。二是落实新建住房套型结构比例工作开始启动。28个上报数据的直辖市、计划单列市、省会城市，新出让土地的商品住房项目中套型建筑面积90平方米以下的比重占75%；6月1日以后核发施工许可证的商品住房项目套型建筑面积90平方米以下的比重明显提高，其中13个城市超过70%。

（二）住房保障工作力度逐步加大。一是城镇廉租住房制度建设加快推进。截至2006年9月底，已有26个省（区、市）将廉租住房制度纳入目标责任制管理。268个地级以上城市建立并实施了廉租住房制度。10个省（区、市）明确了土地出让净收益用于廉租住房建设的具体比例，其中一些城市明确的比例比较高，青岛、深圳、长沙市分别为15%、10%、10%。北京市扩大了廉租住房制度覆盖面，福建省建立了省级财政廉租住房专项补助资金，云南省计划每年财政列支5500万元支持各市县建立廉租住房制度，广东省财政列支3000万元专项用于对部分财政困难市、县的补助。二是经济适用住房管理有所加强。浙江、四川、北京、天津、辽宁等省（市）经济适用住房竣工面积占商品住房的比重超过10%。辽宁、黑龙江、浙江、北京、天津、江西、甘肃等省（市）已相继停止审批党政机关集资合作建房项目。

（三）税收信贷土地政策稳步落实。一是各地财政、税务、房管等有关部门加强协调配合，实行房地产税收一体化管理，一窗式征收，落实住房转让环节营业税调整政策。二是金融部门督促商业银行及时制订实施办法，落实新的住房信贷政策，加大对房地产信贷业务的监督检查力度。三是进一步加强土地供应管理。江苏省已清理闲置土地近5.7万亩，收回2.5万亩。四川、江西等地对单宗房地产开发用地出让规模进行规范，严格控制一次性大面积出让。北京、南京、苏州、广州、大连、泉州等城市积极开展“限套型、限房价、竞地价、竞房价”（以下简称“两限两竞”）普通商品住房建设管理试点。

（四）房地产市场秩序有所好转。一是加强了房地产开发建设全过程监管。天津市整合项目监管程序，建立了规划、建设、国土房管等部门的项目审批结果交换制度，各环节审批信息共享，实现了对项目全过程监管。二是查处了一批违法违规案件。福州市查处违法违规建设项目32个，处罚建设单位28家、施工单位68家；查处违规预售项目19个，清退定金3187万元。北京市开通网上投诉窗口，对投诉问题较多的141个项目进行了现场巡查，对20家企业的违规行为进行了通报处理。

（五）城镇房屋拆迁工作进展平稳。一是拆迁规模得到合理控制。全国城镇房屋拆迁面积在2004、2005年同比分别下降13.59%、40%的基础上，2006年上半年同比下降15%。二是进一步加强拆迁管理，规范拆迁行为，拆迁矛盾和纠纷明显减少。2005年，因拆迁问题到建设部上访的人数比2004年下降了78.58%，2006年上半年比2005年同期又下降了29%。因拆迁问题到各省（区、市）建设部门上访的人数也呈下降趋势。

二、目前存在的主要问题

当前房地产市场运行中还存在不少困难和问题，主要是部分地区政策未落实、管理不到位，突出表现在以下方面：

（一）对政策的认识存在一定差距。有的地区在落实住房套型结构比例要求时，过分强调地方特点、短期利益和困难因素。有的地区强调当地房价基数低，虽然涨幅较大，但绝对水平不高。有的地区认为房地产价格上涨有利于促进当地经济的发展等。认识上的差距是造成部分地区落实政策不坚决、调控措施不到位的根本原因。

（二）住房结构调整工作处于起步阶段。截至2006年9月底，全国还有65%的地级以上城市、91.1%的县级城市未公布住房建设规划。规划已报建设部备案的35个直辖市、计划单列市和省会城市中，有22个城市仅提出总量控制要求，没有将住房套型结构比例要求落实到今明两年的住房建设项目。目前还有12.2%的地级以上城市、45.6%的县级城市未采取有效措施落实住房套型结构比例要求。

（三）部分城市住房价格涨幅仍然偏高。2006年10月，全国70个大中城市新建商品住房销售价格同比上涨6.6%，涨幅比上月提高0.3个百分点，其中，较为突出的有：北京10.7%、厦门10.5%、深圳9.9%、福州9.6%、沈阳9%、广州8.8%。二手住房销售价格同比上涨5.2%，涨幅比上月提高0.3个百分点，其中，大连12.7%、深圳12.4%、北京10.2%、郑州8.7%。

（四）部分地区住房保障制度建设滞后。截至2006年9月底，尚有5个省（区、市）没有建立廉租住房制度目标责任制，19个地级以上城市没有建立廉租住房制度。部分城市还未确定用于廉租住房建设的土地出让净收益比例，或未落实住房公积金增值收益用于廉租住房建设的有关规定。部分地区对经济适用住房管理不到位，供应对象、面积标准不明确，审查不严格；有的地方未将集资合作建房纳入当地经济适用住房统一管理。

此外，落实土地、信贷政策的具体措施有待完善，“两限两竞”政策在大部分地方尚未具体实施，对购买第二套住房执行差别信贷政策的情况不理想。部分地区房地产交易秩序专项整治工作滞后，房地产市场出现了新的不规范行为。

三、下一步工作要求

（一）统一思想，提高认识。虽然前一段时期，贯彻落实房地产市场调控政策工作取得了一定成绩，但当前宏观调控的任务依然比较艰巨。各地区、各有关部门要按照统一认识、稳定政策、完善配套、狠抓落实的原则，进一步严格贯彻国务院关于房地产市场调控的各项政策措施，尽快完善配套政策，突出重点、远近结合、标本兼治，继续做好调控工作。要把房地产市场调控与深化住房制度改革、完善社会保障制度结合起来，切实稳定住房价格。少数房价上涨过快的城市，一定要加大工作力度，坚决遏制房价过快增长的势头。

（二）加快住房结构调整。(略)

（三）完善住房保障制度。(略)

（四）大力规范市场秩序。(略)

（五）继续抓好督促检查。各地区要切实负起责任，增强贯彻落实房地产市场调控政策的主动性和积极性，把调整住房供应结构、控制住房价格过快上涨纳入政府工作的目标责任制。建设部会同有关部门要继续加强督促检查工作，狠抓落实不动摇。2007年一季度，建设部将会同全国房地产市场宏观调控部际联席会议成员单位，对各地落实住房建设规划尤其是廉租住房开工建设等情况进行检查。对调控政策落实不到位、房价涨幅没有得到有效控制、结构性矛盾突出、拆迁问题较多及未把新建住房套型结构比例分解到区域，未落实到具体地块、项目的城市，要限期整改并追究有关领导责任。

附件：1. 房地产市场调控政策落实情况表（略）

2. 廉租住房制度建设不到位的地区名单（略）

中华人民共和国建设部
中华人民共和国国家发展和改革委员会
中华人民共和国监察部
中华人民共和国财政部
中华人民共和国国土资源部
二〇〇六年十一月二十四日

这份通报的开头部分（第一自然段）主要说明发文缘起，并以过渡性语句引出下文。主体部分共写了三个方面的内容，首先写明总体情况，着重反映工作成效；然后集中指出问题，指明有待加强和改进的工作；最后针对问题，明确各项工作要求和措施。在“情况”和“问题”部分，使用了一些实例和数据，内容十分翔实、具体。另外，无论是“情况”，还是“问题”，都是采用分门别类、分条列项的形式写出的，非常清楚。

3. 通报的写作注意事项

在通报的撰写中，要注意突出通报以下几个方面的特点。

（1）严肃性

无论哪一种通报都要涉及到情况的说明，说明情况要慎重，要以确凿无误为前提。对情况的分析、判断也是通报要写的一项内容，分析、判断要以事实为基础，以有关法律、规定为依据，而不能妄下结论。情况准确和结论严谨，应是通报的严肃性最为突出的两点表现。

（2）教育性

使人们受到激励，得到启发，或使人们有所借鉴或警戒，以不断提高思想认识，改进工作，是通报的重要作用。

（3）典型性

通报的撰写通常都要涉及到事例的选择问题，写通报要善于选择典型事例，以使通报内容具有广泛的指导性和普遍的适用性。

（4）时间性

制发通报是为了有利于当前工作的进行，因此无论是先进典型，还是错误事实，或是重要情况，一旦出现就要及时反映，免得时过境迁，使得通报失去应有的作用。

（七）报告

1. 报告的用途

《党政机关公文处理工作条例》规定：报告适用于向上级机关汇报工作，反映情况，回复上级机关的询问。

在各公文文种中，报告的用途也是比较广泛的。具体地说，报告可以用来向上级机关汇报工作，比如，《大兴安岭恢复生产重建家园工作总结报告》，是国务院大兴安岭恢复生产重建家园领导小组写给国务院的报告，其作用就是使国务院全面掌握大兴安岭火灾之后，恢复生产重建家园工作进行的状况；报告也可以用来向上级机关反映情况，比如，《铁道部关于193次旅客快车发生重大颠覆事故的报告》，是铁道部写给国务院的报告，其作用是使国务院及时了解193次旅客快车发生重大颠覆事故的原因、损失及应吸取的教训和对责任者的处分等有关情况。此外，报告还可以用来答复上级机关的询问。比如，《关于×同志提职的报告》，就是就上级机关对某一事项的询问，告知上级机关本单位对这一事项的安排的报告。

报告是下级机关呈送上级机关的上行文种，中下级机关特别是基层单位和部门常用到这一文种。

2. 报告的主要种类和一般写法

从不同的角度，可对报告进行不同的分类。比如，按其性质和内容的不同，可将报告分为综合报告和专题报告两类。综合报告是为使上级机关全面了解工作状况或有关情况而制发的报告，内容全面，带有工作总结的某些特征，是这类报告的特点；专题报告是专门反映某一事项或某一方面的工作情况的报告，内容集中、单一，常常写在上级机关部署某项工作任务或某一事件出现之后，是这类报告同前面一类报告的主要区别。按其行文的直接目的的不同，可将报告分为呈报性报告和呈转性报告两类。呈报性报告是单纯向上级机关汇报工作，反映情况，而不要求转发的报告；呈转性报告是指针对涉及面广，特别是涉及其他平行机关或不相隶属机关的工作的问题，提出处理意见或建议，请上级机关审阅并批转有关机关的报告。需要注意的是，2001年1月1日开始施行的《国家行政机关公文处理办法》取消了报告原有的“提出建议”的功能，而从公文实践来看，呈转性报告的主要功能通常就是提出工作建议，由此看来，这类报告可能会用得越来越少。提出建议并请求批转的报告将由请示替代，这会使得报告和请示的界限更加明确。

不同类型的报告在写法上并没有太大的区别，下面就结合例文，看看报告的一般写法。例如：

关于安全生产检查情况的报告

市政府：

为了切实做好经济局系统的安全生产工作，认真落实好安全生产责任制，加大隐患的排查和整改，防止安全生产事故的发生。经济局组成检查组于8月4日至11日对全系统所属25户企业，逐户进行了全面检查，现将检查情况报告如下：

一、基本情况

×××××有限公司安全生产事故发生后，经济局领导非常重视，认真贯彻落实市政府的指示精神，局长×××主持召开会议，对在全系统开展一次安全生产大检查进行了全面部署，认真进行了安全检查。8月4日，局主要领导和分管领导率领有关科室人员到×××××有限公司进行现场办公，帮助企业查找隐患，落实整改措施，对企业存在的安全生产管理制度、岗位操作规程不健全、特种作业人员不经培训上岗作业、危化原料库存不符合要求，电器、线路不规范等问题提出了整改意见。××公司现场办公后，我们立即组成检查组，由局长亲自带队分管局长、办公室、技改科、道口办（负责安全生产）的负责同志，对全系统逐户企业开展了全面安全生产大检查。从检查的情况看，企业领导对安全生产工作都非常重视，按照经济局提出的要求，在企业内部开展了安全检查，并进行了整改。但个别企业在安全生产工作中还存在一些问题，如：岗位责任制不落实，安全隐患整改不到位等。对存在的问题，检查组提出了限期整改意见。

二、存在问题

在这次安全生产大检查中，共发现问题77项，当即整改9项，限期整改68项。检查中发现的主要问题是：

1. 安全生产管理制度、岗位操作规程、安全管理机构不健全，责任没落实到人。

2. 企业对从业人员进行安全教育和培训不到位，特种作业人员不按规定培训，取得特种作业资格证书，上岗作业。

3. 电器、线路不进行经常性检查，线路老化、布线不规范，临时用电私接乱扯，刀闸无盖等等。

4. 危险化学品的使用单位、企业停产后，没有将危化原料及时处理，留有事故隐患；生产企业危化原料没有专库专储。

5. 灭火器材配备不足、过期，未放明显位置。

三、整改措施

针对以上检查出的问题，在下一步工作中，我们要强化措施，督促企业按时整改，按期复查，跟踪整治，确保整改到位。

1. 加强领导，树立安全生产意识。要强化措施，认真落实安全生产责任制，各企业的主要领导要把安全生产工作纳入重要日程，一把手要亲自抓。要加大安全生产工作力度，认真贯彻落实“安全第一、预防为主”的方针，坚持谁主管谁负责的原则，把安全生产工作责任制层层落实，切实做到抓实、抓细。特别是停产、半停产企业及安全防火重点单位，要严格按照有关规定做好安全生产和安全防火工作。

2. 遵章守法，建立健全安全生产规章制度。各企业要按照市委、市政府及有关部门对安全生产工作的要求，把安全生产工作规章制度、岗位操作规程，组织机构建立健全，真正做到有章可循，有法可依，组织落实，制度落实，措施落实。同时，要抓好安全生产的宣传教育培训工作，增强领导和职工的安全生产意识和法制观念。

3. 经常检查，认真排查隐患整改隐患。我们对安全生产的检查工作要做到经常化、制度化、规范化，在工作中主要体现一个“勤”字上。要勤过问、勤督促、勤检查。对检查中提出的安全隐患问题要督促企业加快整改，把隐患消灭在萌芽中，减少安全生产事故的发生。

4. 严明纪律，严肃责任追究。企业要做好安全生产事故防范工作，杜绝各类事故的发生。一旦发生事故，要认真执行事故报告制度，要逐级及时上报，对发生安全生产事故的单位要按照“四不放过“的原则，严肃追究企业主要负责人和相关责任人的责任，确保国家和人民生命财产安全。

××市经济局

二〇〇七年××月××日

例文的标题是由事由和文种两个要素构成的，正文则包括开头和主体两个部分。正文的开头部分（第一自然段）说明开展专项检查工作的目的，简述工作时间和范围，以“现将……情况报告如下：”引出下文，这是常用于报告的开头和主体部分之间过渡性语句；主体部分首先总述基本情况，先后集中反映问题，最后针对问题提出整改措施。最后一条措施写完之后，整篇报告也就自然而然地结束，没有专设一个结尾部分，也没有使用报告常用的结语。“特此报告，请审阅”之类的语句，是报告常用的结语。简单说明发文缘由，具体反映情况和问题，提出工作打算或安排，是报告常见的写法。

2. 报告的写作注意事项

报告是一种比较常用也比较典型的上行文，在报告的撰写中，主要应当注意以下几点：

第一，用途要合理、明确。《党政机关公文处理工作条例》专门规定：不得在报告等非请示性公文中夹带请示事项。报告和请示虽然均为常用的上行文种，但二者的用途是完全不同的。撰写报告是为了使上级机关了解情况，因而一般不要求答复；而撰写请示是为了向上级机关请求指示、批准，一般都要求予以答复。如果把请示事项写入报告，上级机关无法及时作出回复，就有可能贻误工作，造成损失。

第二，内容要客观、真实。汇报工作，反映情况，是报告的主要用途。只有实事求是地写明工作状况或其他有关情况，上级机关才能据此正确决策，作出合理的工作布署和安排。撰写报告必须杜绝弄虚作假，要把最真实的情况反映出来，同时也要避免夹杂过多的主观判断，避免按主观意愿取舍材料。另外，报告“提出建议”的功能已被取消，其内容的客观性应当越来越强。

（八）请示

1. 请示的用途

《党政机关公文处理工作条例》规定：请示适用于向上级机关请求指示、批准。

下级机关遇到各种无权处理或无力解决的问题，都可以通过向上级机关呈送请示的形式，请求上级机关予以批准或者给予指示。上级机关通过对请示的答复，能够及时肯定下级机关正确的意见和作法，纠正其不当的意见和作法，从而有效地帮助下级机关解决问题，推动工作的顺利进行。

凡属本机关职权范围之内，并已有明确的方针、政策或法规、规定为处理依据的一般问题，都应当自行处理，而不必向上级机关请示。

2. 请示的主要种类和一般写法

按照请示内容和请示目的的不同，可将请示分为请求指示的请示和请求批准的请示两类。

（1）请求指示的请示

请求指示的请示是指针对工作中出现的具体问题，向上级机关申明情况，请求予以答复或下达处理意见的请示。这类请示主要应在遇到现有的方针、政策及法规、规定所不曾涉及的新情况、新问题，或政策界限难以把握时使用，写作重点应放在情况的陈述和问题的强调上。例如：

辽宁省人民政府法制办公室关于辽宁省采煤沉陷区房屋拆迁适用法律问题的请示

辽政法［2003］12号

国务院法制办：

由于长期受采煤活动的影响，我省抚顺市部分地区地面塌陷，致使部分房屋遭到破坏，居民生命财产安全受到严重威胁，对此，党中央、国务院和辽宁省委、省政府十分重视，拨付了专项资金，对处于采煤沉陷区的居民实施房屋拆迁。在拆迁过程中，该地区居民认为，采煤沉陷区是由于煤炭开采形成的，其拆迁不应当适用国务院《城市房屋拆迁管理条例》，而应当适用《中华人民共和国煤炭法》。抚顺市有关部门认为，只要在城市规划区内国有土地上实施房屋拆迁，并需要对被拆迁人补偿、安置的，就一律适用国务院《城市房屋拆迁管理条例》，并考虑具体情况，采取特殊安置政策，保护被拆迁人的合法权益。我办经研究后，倾向于第二种意见。由于事关广大群众切身利益，必须认真对待，故此，特提出请示，请予以批复。

辽宁省人民政府法制办公室

二〇〇三年十月二十日

例文的标题是由发文机关、事由和文种三个要素构成的，其中“事由”一项写得非常具体，已经基本上把所请示的问题反映出来了。正文着重陈述事实，提出问题，并明确问题的焦点之所在，而未提出决定性的处理意见。“特提出请示，请予以回复”

之类的语句，是这类请示所惯用的结束语。

（2）请求批准的请示

请求批准的请示是就某一问题或事项提出本机关的处理意见，请求上级机关给予批准或表明态度的请示。这类请示主要应在遇到超越本机关的职权范围，或本机关人员对之看法、意见不是完全一致的问题时使用。另外，某些业务主管部门就一些带有普遍意义的问题提出处理意见，希望领导机关批转有关机关时，也可以使用请示。写请求批准的请示，要把重点放在意见、办法的说明上。例如：

××街道办事处关于给予经费补助的请示

区人民政府：

近期不法分子利用晚上等时间，对长龙山区块矿产资源进行非法挖采，如不及时采取措施，会进一步助长不法分子的开采活动。为切实保护好该区块的矿产资源，有效扼制非法开采活动，防止国有资源流失，经街道党工委研究，决定加大投入保护国有矿产资源的人力财力，加强打击力度。据初步预算，约需投入经费25万元。鉴于街道财政经费有限，恳求区政府补助该项经费10万元。

以上请示，当否，请批复。

××街道办事处

二〇〇九年四月十日

例文的标题是由发文机关、事由和文种名称三个要素构成的，请示标题中的事由一项，往往写得比较具体。正文只有短短的一个段落，但包含几层意思，即首先简述情况，然而说明工作安排及目的，并着重明确资金缺口，最后提出请求事项。例文所写的“以上请示，当否，请批复。”以及“以上意见当否，请审核指示”、“当否，请指示”之类的语句，是请求批准的请示惯用的结束语。写请示的结束语，要注意语言的妥当、得体，既不要用“请尽快批复”或“请立即审批”之类不太礼貌的语气说话，也不要用“敬请赐复”之类过于谦恭的措辞。同时，“请审查”、“请审阅”等报告类公文惯用的结束语也不宜用在请示中。

3. 请示的写作注意事项

《党政机关公文处理工作条例》对请示的制发有一些具体要求，在写作时必须依循。归结起来，撰写请示应当遵循以下要求。

第一，要正确选用文种。在公文的运用中，与请示有关的错用文种现象时有出现。有时向上级机关请求指示、批准，不用请示，却错用了函或报告，后一种情况尤为多见。例如，县局向县政府呈送的一份公文，标题为《关于请求拨款维修房屋的报告》，内容写的却是由于台风的袭击，部分房屋受损，请求上级机关拨款维修。按其内容，本应用请示，却写为报告。文种的错用，会影响工作的及时处理。

第二，要做到一文一事。一份请示只集中写一件事，便于上级机关研究答复，有利于问题的解决；如果把几件事写到一份请示中，即一文数事，就会使受文机关无从下手，难以答复问题，至少会在文件的处理中产生一些麻烦。如果几件事情是同一问题的不同侧面或不同环节，而且情况又不太复杂，上级机关可以一并研究批复，才可以考虑在一份请示中把它们反映出来。

第三，要避免多头请示。制发请示要坚持“谁主管就请示谁”的原则，只确定一个主送机关。如有其他需要了解请示内容的上级机关，那么就应以抄报的形式将请示送阅。有人以为多写主送机关，让更多的上级机关或同一上级机关的几个部门都负有答复的责任，就能引起对请示工作的重视，能使问题迅速得到解决，其实是不对的。多头请示有时难免会造成受文机关互相推诿责任，谁也不作答复，或者几个受文机关都作批复，但批复意见不一致，发文机关无所适从。

第四，要避免越级请示。按照公文行文规则，在一般情况下不得越级报告或请示。只有遇到极特殊情况，才可以考虑越级行文。所谓特殊情况主要是指下述几种情况：事关紧急，逐级行文有可能耽误时机，造成严重后果；反映或揭发直接上级机关的问题和错误；与直接上级机关产生争议或直接上级机关对急需解决的问题没有及时处理；回复非直接上级机关询问或交办的事项，等等。没有正当理由便随意越级行文，不但会浪费人力财力，而且容易误时误事，影响办文效率，增加受文机关的工作负担，对哪一方面都没有好处。如确属情况特殊，必须越级行文，也应当抄报越过的机关。

4. 报告与请示的区别

报告与请示是在机关工作中用得较多的两类上行文文种，要注意区别使用。1951年9月政务院发布的《公文处理暂行办法》规定：“对上级陈述或请示事项”要用报告。也就是说，当时不管是报告情况还是请示工作，都要使用“报告”这个文种。与这种历史原因有关，时至今日还经常有人把本应写成请示的公文错写成报告，或把请示与报告混用，写为“请示报告”。

报告与请示虽然都是上行文，但二者的区别还是非常明显的，主要体现为：

第一，具体功用不同。报告是呈阅性公文，主要用途是向上级机关汇报工作、反映情况，陈述的特点比较突出。在报告中不能夹带请示事项；而请示则为呈批性公文，主要作用是向上级机关请求指示或批准。在请示中虽然也可以陈述情况，但这是次要的，大都是用做提出请示事项的前提的。

第二，内容含量不同。综合性报告大都涉及多个事项，即使是专题性报告，也往往要涉及一个事项的几个方面，内容含量大、篇幅较长的报告比较多见；而请示的撰写则强调一事一文，内容单一、篇幅较短的请示比较多见。

第三，行文时机不同。报告可以在工作进行之前行文，也可以在工作进行当中行文，而更多的是在工作完成之后行文；而请示则必须事前行文，不能“边干边请示”，更不能“先斩后奏”。

（九）批复

1. 批复的用途

《党政机关公文处理工作条例》规定：批复适用于答复下级机关请示事项。

对下级机关的请示，一般可用批复来答复。以批复的形式答复的请示事项，一般是比较重要但涉及面不是很广的事项。除了批复之外，答复请示事项还可以考虑选用其他文种。例如，国家工商行政管理局呈报国务院的《关于在全国逐步推行经济合同示范文本制度的请示》，所写事项意义重大，涉及面广，所以国务院没有以批复的形式单独回复来文机关，而是由办公厅制发通知，将国家工商行政管理局的请示转发给有关机关、部门和单位，在要求执行的同时，也就表明了对请示事项的态度和意见。

2. 批复的一般写法

批复是一种“被动”制发的公文文种，针对性和指挥性很强。通过下面的例文，可以大致了解批复的写作要领。例如：

国务院关于宁波市城市总体规划的批复

国函［2006］69号

浙江省人民政府：

你省《关于要求审批〈宁波市城市总体规划（2004—2020）〉的请示》收悉。现批复如下：

一、原则同意修订后的《宁波市城市总体规划（2006年—2020年）》（以下简称《总体规划》）。

二、宁波市是我国东南沿海重要的港口城市，长江三角洲南翼经济中心，国家历史文化名城。宁波市的建设与发展要遵循经济、社会、人口、资源和环境相协调的可持续发展战略，转变经济增长方式，调整产业结构和布局，充分发挥港口和对外贸易口岸的优势，发展先进制造业和现代物流业，不断完善城市功能，逐步把宁波市建设成为经济繁荣、社会和谐、设施完善、生态良好，具有国际港口和江南水乡特色的现代化城市。

三、有序引导城市空间布局。在《总体规划》确定的2560平方公里的城市规划区范围内，要实行城乡统一规划管理。要保持中心城区三江片、镇海片、北仑片相对独立的组团式布局结构，强化中心城区的集聚和辐射功能，防止城市无序蔓延发展。要在市域城镇体系规划指导下，做好村庄和集镇规划，加强村镇建设，促进城乡协调发展。

四、合理确定城市人口和建设用地规模。到2020年，中心城区实际居住人口要控制在250万人左右，城镇建设用地控制在312平方公里以内。要根据《总体规划》确定的空间布局，积极引导产业与人口的合理分布，着力提高人口素质，防止人口规模盲目扩大。要坚持集中紧凑的发展模式，切实做好耕地特别是基本农田的保护工作。

五、完善城市基础设施体系。要加快交通基础设施建设，建立公路、铁路、民航、水运相协调的对外交通运输体系。要坚持公共交通优先的原则，逐步建立包括轨道交通在内的各种交通方式相结合的公共客运服务系统。要充分重视城市防灾工作，加强大型防灾骨干工程和防灾信息系统的建设，建立包括防洪、防潮、抗震、防治地质灾害、消防、人防等在内的城市综合防灾体系。

六、建设资源节约型和环境友好型城市。(略)

七、切实改善城市人居环境。(略)

八、重视历史文化和风貌特色保护。(略)

九、严格实施《总体规划》。《总体规划》是宁波市城市发展、建设和管理的基本依据，城市规划区内的一切建设活动都必须符合《总体规划》的要求。要结合国民经济和社会发展“十一五”规划，明确实施《总体规划》的重点和建设时序。城市规划行政主管部门要依法对城市规划区，包括各类开发区在内的一切建设用地与建设活动实行统一、严格的规划管理，切实保障规划的实施，市级城市规划管理权不得下放。要加强公众和社会监督，提高全社会遵守城市规划的意识。驻宁波市各单位都要遵守有关法规及《总体规划》，支持宁波市人民政府的工作，共同努力，把宁波市规划好、建设好、管理好。

宁波市人民政府要根据本批复精神，认真组织实施《总体规划》，任何单位和个人不得随意改变。你省和建设部要加强对《总体规划》实施工作的指导、监督和检查。

国务院

二〇〇六年八月三日

例文是一份篇幅较长、内容较为复杂的批复。标题是由发文机关、事由和文种名称三个要素构成的。正文是由开头、主体和结尾构成的，写法非常规范。开头部分（第一自然段）引述来文的标题和字号，这是对批复缘由和根据的说明。引述来文，有的不仅写出标题、发文字号，还要写出制发时间。“现批复如下”是常用于批复的开头和主体部分之间的过渡性语句；主体部分写了九条批复意见，首先表明对请示事项的态度，然后写明对下一步工作的指示。对下一步工作的指示，既有总体原则，也有具体部署，条分缕析，便于执行。批复就请示事项作出明确答复，有同意和不同意两种情况。如果同意请示事项，则既可以只表示肯定性意见，也可以在此基础上提出指示事项和要求；如不同意请示事项，则既可以只表示否定性意见，也可以在此基础上说明理由。如对请示事项部分肯定，部分否定，则要把肯定和否定意见分别写清，或同时写上对不妥之处的修正或补充意见；结尾部分（最后一个自然段）简要申明工作要求。例文没有使用“特此批复”、“此复”等批复惯用的结束语，篇幅较短、内容较为单一的批复常用此类结语。

3. 批复的写作注意事项

批复是答复下级机关来文并要求下级机关遵照办理的指示性文件，政策性强，因此，撰写批复，应当注意以下几点：

第一，答复要及时。请示是下级机关在遇到无法解决的问题时才制发的，上级机关不作答复，问题就无法得到解决。对请示要尽可能迅速批复，拖拖拉拉会使工作受到影响，甚至会给工作带来重大损失。

第二，态度要明确。制发批复，必须开门见山地表明态度，究竟同意还是不同意，批准还是不批准，措辞都要十分果断、坚决，语气都要十分肯定，而不能含含糊糊，模棱两可，更不能闪烁其词，回避问题。

第三，内容要全面。请示的事项尽管应是单一的，但也可能包含密切相关的几个方面的问题，在批复时要对所有问题都有交代，而不能有所遗漏。批复意见要经过慎重研究，要在认真分析各方面情况之后提出，免得顾此失彼，无法正确地指导工作。

4. 批复同复函的区别

顾名思义，复函即答复性函，是专为答复问题而制发的函。批复同复函虽然都属于回复性公文，但毕竟是完全不同的两个文种。二者的区别体现在许多方面，以下两点是较为突出的区别：

（1）行文方向和行文关系有所不同。批复的行文方向单一，均为上级机关发给下级机关的下行文；而复函的行文方向比较灵活，它通常是在同级机关或不相隶属机关之间使用，有时也在上下级机关之间使用。需要注意的是，即便处理的是同样的问题，由于行文方向不同，在文种的选择上也会有所不同。例如，某国家部委向国务院请示问题，受文机关如果以国务院的名义答复，一般会用“批复”；如果国家院办公厅经授权，代表国务院予以答复，则一般要用“函”。

（2）涉及事项和重要程度有所不同。批复往往用于答复比较重要的事项，而复函则经常用于答复一般性问题。实际上，这一区别同前面的区别是相关联的。对重大或重要事项，上级机关往往会直接答复；对一些一般性问题，上级机关经常会委托职能部门或办公部门予以答复。

（十）议案

1. 议案的用途

《党政机关公文处理工作条例》规定：议案适用于各级人民政府按照法律程序向同级人民代表大会或人民代表大会常务委员会提请审议事项。

上面一段文字指明作为国家行政机关公文的一个文种，议案的发文机关为各级人民政府，受文机关是同级人民代表大会或人民代表大会常务委员会，功用是提出审议事项和审议请求。

将议案列为国家行政机关公文文种，始自1993年11月修订、发布的《国家行政机关公文处理办法》。将议案正式列为国家行政机关公文文种，说明议案的作用越来越大，也越来越受重视。

2. 议案的一般写法

由于议案是新近列出的公文文种，对其写法尚未有太多的总结和说明。下面就结合一篇例文，看看议案的一般写法。例如：

国务院关于提请审议《中华人民共和国反不正当竞争法》的议案

全国人民代表大会常务委员会：

为了维护社会主义市场经济秩序，鼓励和保护公平竞争，制止不正当竞争行为，保障经营者的合法权益，国家工商行政管理局经过调查研究，广泛征求意见，草拟了《中华人民共和国反不正当竞争法（草案）》。这个草案业经国务院常务会议讨论通过，现提请审议。

附：《中华人民共和国反不正当竞争法（草案）》（略）

国务院总理　李　鹏
一九九三年六月十日

例文是一份提请审议法规的议案。标题由提出议案机关即“国务院”、事由即“关于提请审议《中华人民共和国反不正当竞争法（草案）》”和文种名称“议案”三个要素组成；正文写明提交议案的缘由以及提请审议的事项。例文中提交议案的缘由写得十分简要，提请审议的事项很单一。有的议案提请审议的事项较多，内容较具体，就要分条列项地写出。

3. 议案的写作注意事项

第一，要依照国家法律规定的职权范围行文。一个事项是否应作为议案提出，首先应按法定的职权范围明确其归属。如果该事项的审议权属于同级“人大”或其常委会，则必须将其作为议案提出；如果该事项可在政府职权范围内处理，则不必提出。应当提请审议却未提出是不对的，同样，不必提请审议却作为议案提出也是不妥的，受文机关将不予受理。

第二，要言之有理。议案提出后，要经过严格的审议程序，因此，提交议案一定要把理由和根据写清楚，要有说服力。有的议案是提请审议法规或条约的，这就需要将法规或条约的草案作为附件一并送审。由于提请审议的内容主要反映在附件中，议案的正文可以从简。前面的例文就是这样。

（十一）函

1. 函的用途

《党政机关公文处理工作条例》规定：函适用于不相隶属机关之间商洽工作、询问和答复问题、请求批准和答复审批事项。

在实际工作中，函的用途也是比较广泛的。不相隶属机关之间商谈公务、接洽工作，询问事情、征求意见，答复问题、请求帮助及告知情况、催办事务等等，都可以使用函；向有关职能或管理部门请求对某一事项予以批准，也可以使用函。函经常在平行机关及不相隶属机关之间使用，有时也在上下级机关之间使用。

2. 函的主要种类和一般写法

以往人们一般将属于公文文种的函分为公函和便函两种。1951 年 9 月政务院颁布的《公文处理暂行办法》规定："平行机关及不相隶属的机关行文时用'公函'"，"介绍、商洽、询问、催办等事得用'便函'，只须个人署名或盖用机关长戳、圆章即可。"1981 年国务院办公厅发布的《国家行政机关公文处理暂行办法》取消了公函和便函的划分，只列"函"一个文种。此后发布的《国家行政机关公文处理办法》一直沿用这种提法。

按行文方向的不同划分，可将函分为去函和复函。去函，是指本机关为询问事项或请求批准而主动制发的函；复函，是指为答复受文机关所提出的问题或回复批准事项而被动制发的函。按内容的不同划分，可将目前经常使用的函划分为商洽性函、询问性函、答复性函和请求性函等几种。

下面就结合例文，看看各类函的一般写法。

（1）商洽性函

不相隶属机关之间商量或接洽工作，可以使用商洽性函。

例如：

北京市食品安全委员会
关于北京市实行蔬菜市场准入制度的函

各省、自治区、直辖市人民政府办公厅：

为保证首都食品安全，根据《中华人民共和国农产品质量安全法》及食品安全的有关法律、法规和规定，北京市食品安全委员会决定，从 2006 年 11 月 1 日起，在北京市实行蔬菜市场准入制度，届时进入北京市场销售的蔬菜，必须经检测机构检测合格达到安全要求。

贵地符合安全要求的蔬菜，须凭有效的产地证明及产品质量证明方可进京。产品质量证明包括产品检测证明、无公害农产品证明、绿色食品证明、有机农产品证明。

对未取得相关证明的蔬菜，暂实行入市登记现场检测制度。现场检测合格的蔬菜，允许进入北京市场销售；检测不合格的蔬菜禁止在北京市场销售，并就地进行无害化处理。

对半年内连续三次抽检不合格的蔬菜品种，其产区的相应品种六个月内禁止进入北京市场销售，并在新闻媒体上公布。

为保证贵地农民和经销商的利益不受损害，请协助我们做好以下工作：

一、建立蔬菜安全质量检测体系，及时为进京蔬菜进行检测，并提供质量合格证明。

（一）检测证明可以由有资质的检测机构出具，也可以由具有一定条件的单位采用速测法出具（农产品快速检测质量证明参考格式见附件2）。

（二）获得无公害农产品、绿色食品、有机农产品认证的蔬菜，可由被认证单位出具认证证书的复印件作为产品质量证明。包装蔬菜的无公害农产品、绿色食品、有机农产品认证标识也可作为产品质量证明。

二、建立产地确认体系，及时为生产者提供产地证明

（一）获得无公害农产品、绿色食品、有机农产品认证的蔬菜，可由被认证单位出具产地证明。

（二）蔬菜批发市场销售的蔬菜，由市场主办单位出具产地证明。

（三）未获得无公害农产品、绿色食品、有机农产品认证的蔬菜，由县级以上人民政府指定有关部门或委托乡（镇）人民政府、村委会、农村经济合作组织出具产地证明。

（四）包装蔬菜规范的产品追溯标签（由北京市农业局与外埠农业主管部门共同确认），可作为产地证明。

（五）产地证明可参照北京市食品安全委员会提供的农产品产地证明参考格式（见附件3、4、5）开具。

三、建立《蔬菜产地和质量证明出具单位统计表》

为保证有关证明真实有效，请各省、自治区、直辖市主管部门将本行政区内县级以上人民政府指定的检测单位和产地证明出具单位的名单，以电子表格格式（见附件6）送达北京市农业局。

请各地加强对蔬菜生产基地和产地证明、产品质量证明出具单位的管理，并协助北京市相关部门，指导向北京市场供应蔬菜的生产基地、批发市场及经销商落实提供产地证明及有关产品质量证明的工作，逐步规范蔬菜产地证明和产品质量证明的管理，确保贵地生产的蔬菜顺利进入北京市场。

感谢贵办公厅多年来对北京市农产品质量安全工作特别是蔬菜供应的大力支持。

特此函告。

联系人：（略）

附件：1. 关于进一步完善北京蔬菜市场准入制度的意见

2. 农产品快速检测质量证明参考格式

3. 农产品产地证明参考格式 1

4. 农产品产地证明参考格式 2

5. 农产品产地证明参考格式 3

北京市食品安全委员会

二〇〇六年十一月六日

例文是互不隶属的机关之间用以商洽工作、告知事项的函，这类函在实际工作中用的还是比较多的。例文的正文部分主要写了以下内容：主体部分首先说明建立相关制度的目的、根据及规定要点，然后写明商请受文机关协助做好的工作，最后表示谢意并以结束语“特此函告”结束全文。“妥否，请函复”、“专此函达，请答复”等，也是商洽函惯用的结束语。

（2）询问性函

不相隶属机关之间询问问题，征求意见，可以使用询问性函。例如：

关于征求二级建造师考试命题方式意见的函

建办市函［2005］147 号

各省、自治区建设厅，直辖市建委：

按照《关于印发〈建造师执业资格制度暂行规定〉的通知》（人发［2002］111 号）的规定，二级建造师执业资格考试实行全国统一大纲，由各省、自治区、直辖市命题并组织考试的制度。目前，二级建造师执业资格考试大纲已经颁布。为确保各地顺利组织实施二级建造师执业资格考试工作，同时考虑到部分地区自行组织命题存在一定难度的实际情况，经商人事部有关部门同意，现就二级建造师执业资格考试工作提出以下两个方案：

一、由各省、自治区、直辖市按照国家确定的考试大纲和有关规定，自行组织本地区二级建造师执业资格命题和考试工作。

二、由建设部提供二级建造师执业资格考试试题库，各省、自治区、直辖市在规定时间内，使用题库中的试题自行组织考试。编制试题库的费用由使用单位分担。

请各省、自治区、直辖市建设行政部门根据本地实际情况商人事行政部门确定选用的方案，于2005年4月20日前将书面意见告建设部建筑市场管理司。

中华人民共和国建设部办公厅
二〇〇五年三月二十五日

例文标题中的“关于征求……意见”及“关于询问……问题”是这类函的标题常用的说明事由的形式。正文部分首先说明发文缘由，然后写明征求意见的方案内容，这也就是例文所要反映的具体事项，最后提出回复要求。由于主体部分已经写入了回复要求，所以最后没有再写这类函常用的“请研究函复”、“以上意见，请予函复”、“盼复”之类的结束语。

（3）请求性函

不相隶属机关之间请求帮助以及向有关主管部门请求批准等，可以使用请求性函。例如：

××省人民政府办公厅关于申请拨款维修省府机关办公室的函

省财政厅：

省政府机关办公室多是五六十年代修建的，不少门窗破烂，漏水严重，急需维修。为保证省府机关正常办公，请拨给房屋修缮费十万元。

可否，请予回复。

××省人民政府办公厅
二〇〇七年一月五日

例文是省政府办公厅向省财政主管部门财政厅提出拨款申请的函，是不相隶属机关之间用以请求批准的函。正文部分的第一句话概述情况，说明提出申请的理由；第二句话写明请求批准的事项。不相隶属的机关之间请求批准，不宜用请示，而一般要用函。

（4）答复性函

不相隶属机关之间回复事项，答复问题，可以使用答复性函。例如：

国务院办公厅关于鼓励服务外包产业加快发展的复函

国办函［2010］69号

你部关于鼓励服务外包产业加快发展政策建议的请示收悉。经国务院批准，现函复如下：

一、国务院同意完善支持中国服务外包示范城市（以下简称示范城市）发展服务外包产业的政策措施。

（一）完善技术先进型服务企业所得税优惠政策。放宽认定条件，将技术先进型服务业务收入占本企业总收入70%的比例降低到50%；取消企业需获得国际资质认证的要求；简化申报核准程序，认定工作由示范城市人民政府科技部门会同相关部门组织实施，加快技术先进型服务企业认定工作。

（二）将营业税免税政策扩大到示范城市所有离岸服务外包业务。

（三）对于全部面向国外市场的服务外包企业经营呼叫中心业务（即最终服务对象和委托客户均在境外），在示范城市实施不设外资股权比例限制的试点。创新服务外包海关监管模式，推广实施服务外包保税监管。

（四）2010年到2012年，中央财政每年安排示范城市各500万元资金用于服务外包公共平台建设。

二、加大财政资金支持力度。2010年中央财政安排500万元资金用于服务外包境外投资促进活动，并通过中小企业国际市场开拓资金等支持服务外包企业开拓国际市场。扩大服务外包人才培训资金支持范围，促进大学生就业。放宽服务外包企业及培训机构申请服务外包人才培训资金的条件，将服务外包业务额由150万美元下调至50万美元，离岸业务额占服务外包业务额比例由70%下调至50%。鼓励服务外包企业取得国际资质认证，扩大国际资质认证资金支持范围。改进上述资金申报核准程序，由原来每年1次改为每年2次拨付，使企业加快获得资金支持。

三、做好有关金融服务工作。各金融机构要认真落实金融支持服务外包产业发展的各项措施，积极开展适合服务外包企业特点的金融产品和服务方式创新，拓宽服务外包企业的融资渠道。努力解决服务外包企业特别是中小企业融资难的问题。大力支持符合条件的服务外包企业境内外特别是创业板上市。

四、为服务外包企业做大做强营造良好环境。减轻服务外包企业负担，将符合人力资源社会保障部门规定条件的服务外包企业均纳入“五缓四减三补贴”政策范围之内。将示范城市技术先进型服务企业实行的特殊工时制度推广到全国其他地区符合条件的服务外包企业。鼓励服务外包企业海外并购，开拓国际市场，并为服务外包企业员工境外工作提供签证便利。结合我国国际采购安排，将外国供应商须向中国企业发包一定比例的服务外包业务作为大宗商品采购的条件。通过体制改革和组织制度创新，积极培育在岸服务外包市场，促进国际国内服务外包业务协调发展。整合利用现有公共技术服务平台资源，避免重复建设。创新服务模式，支持专业化服务企业发展。

五、加强服务外包人才培养和引进。改进、加强大学服务外包课程体系和实践教学基地建设，鼓励充分利用各种培训资源，多形式、多渠道加快服务外包人才培养，为服务外包企业提供合格的实用型人才。加大海外高层次服务外包人才引进力度，并在落户、子女入学等方面提供便利。

六、商务部要会同有关部门加强对示范城市发展服务外包产业的指导和服务，同时搭建服务于全国的服务外包投资促进平台，制定我国国际服务外包产业发展规划（2011—2015年），完善服务外包统计制度。示范城市人民政府要加强规划，突出特点，强化服务，营造环境，增强聚集效应，推动服务外包产业量的扩张和质的提升。

国务院办公厅

二〇一〇年四月七日

这是一份答复请示的函，而很多答复性函是对函的答复。由于发文机关同受文机关没有直接的行政隶属关系，或者说不存在上下级关系，所以不宜使用批复，而要用函答复问题。同样是答复请示事项，究竟是用批复，还是用函，通常应当根据行文关系来确定。

例文正文的开头部分非常简短，首先引述对方来文的标题，以明确发文缘由，然后以“现函复如下”这一惯用的过渡性语句领起下文，这是答复性函的开头部分最为常见的写法；主体部分条列项地写明答复事项。写完答复事项，全文也就结束，而没有使用这类函常用的“特此函复”、“此复”之类的结束语。

从以上例文可以看出，不同类型的函在写法上还是有一定的区别的。其实，函的写法多种多样，在写作时应当根据发文目的、行文方向和所谈事项，选用一种最恰当的写法。

3. 函的写作注意事项

在函的写作中，主要应当注意以下几点。

第一，文种的选用要正确。反过来说，也就是不要错用文种。当前，在公文文种的使用中，有两种与函有关的错用现象最值得注意。一是应当用函却用了其他文种，比如，有的机关只要有求于人，一律用请示，即使请求同级甚至下级归口主管部门准许某一事项也同样用请示，其实这是不对的，是无视不同公文文种的特定效用，并且会引起行文关系混乱的一种作法。另一种现象是应当使用其他文种，如请示、报告、通知等，却错用了函。比如，某省卫生厅为申请购置进口医疗器械，向省政府呈送了一份函。从行文关系及申请事项来看，在此不应当用函，而应当用请示。省政府同省卫生厅是有着隶属关系的上下级机关，请求所属上级机关给予指示或批准，应当用请示。

第二，内容要简洁。一份函一般只能写一件事。由于事项比较单一，函的篇幅往往也就比较短小。写函要开门见山，直陈其事，不兜圈子，不绕弯子，不写没有意义的套话、空话及寒暄用语。也不要借题发挥，大发议论，或如私人书信那样表达。简便、灵活是函的一大特色。

第三，措辞要得体。无论写哪类函，都要注意语言的得体。对上级机关，用语要注意谦恭、谨慎，对同级或不相隶属机关，要友好、诚恳，对下级机关也要尊重、平和。相反，过于生硬、严厉、盛气凌人或恭维逢迎、庸俗陈腐的言辞，是不能在函中使用的。

（十二）纪要

1. 纪要的用途

《党政机关公文处理工作条例》规定：纪要适用于记载会议主要情况和议定事项。

会议纪要被列入正式的公文文种，始于 1987 年国务院办公厅颁发的《国家行政机关公文处理办法》。此后，这一文种用得逐渐多了起来。《党政机关公文处理工作条例》将“会议纪要”简称为“纪要”。

就其基本特征而言，纪要应当算是一种实录性公文，是在对会议事项加以归纳、整理的基础上，将其反映出来的公文文种。这一文种除了能够起到通报会议内容的作用，上报上级机关的纪要，还能起到反映情况、汇报工作的作用；下发下级机关的纪要，具有统一认识、指导工作的作用；抄送平行机关或不相隶属机关的纪要，则能起到交流信息、沟通情况、知照事项的作用。纪要是会议文件，但并非所有的会议都要形成纪要。通常只有大中型会议或比较重要的会议，才要求编写纪要。特别是那些尚未形成正式决定，而讨论事项又要求有关人员了解的会议，则更需要编写纪要。

2. 纪要的种类

按其内容和功用的不同，可将常见的纪要分为以下三类：

（1）指示性纪要

这类纪要是指反映工作安排事宜，对工作具有指导作用的纪要。如 1982 年中共中央转发的《全国农村工作会议纪要》，正确分析农村形势，总结在实行农业生产责任制、改善农村商品流通、推广农业科学技术、加强思想政治工作和基层组织建设等方面的经验，阐明党和国家的农村工作政策，明确工作任务和工作方法。总之，这份纪要就全国农村工作的进一步开展作出部署，因而成为农村工作的重要指导文件。

（2）通报性会议纪要

有关领导同志主持召开的委员会或者办公会，对所讨论的一些问题作出了决定，可用纪要的形式发至一定范围，使受文对象了解会议精神和决定事项，以便贯彻执行。如《××省省长办公会议纪要》、《××部部务会议纪要》等等。

（3）消息性会议纪要

这类纪要是指只传达会议情况，也就是说只起消息报道作用，而没有指示作用的纪要。在使人们对会议情况有所了解的同时，它也能在某种程度上起到统一认识的作用。

按照会议性质的不同，可将纪要分为以下两类：

（1）日常行政工作会议纪要

日常行政工作会议是指行政机关为研究处理行政事务或解决某些实际问题而召开的常规性工作会议，反映此类会议的情况的纪要，就是日常行政工作会议纪要。这类纪要在机关工作中是经常会用到的，越是大型机关用得越多。它的写法较为简单，写清会议时间、地点、主持人、出席人及议题、讨论结果等内容即可，把会议一般情况、主要精神或议定事项准确、清楚地反映出来，是对这类纪要的基本要求。

（2）大型专题工作会议纪要

大型专题工作会议是指为处理某一重大问题或某一方面的工作而专门召开的规模较大的会议。由于这类会议涉及的面比较广，内容比较复杂，所以编写这类会议纪要要在内容的梳理、结构的安排上多下功夫。

3. 纪要的一般写法

纪要的写法是相对灵活的，但大致的结构还是比较固定的。下面就结合例文，看看纪要的一般写法。例如：

全国东西扶贫协作工作会议纪要

2008年3月20至21日，国务院扶贫办在广东省东莞市召开全国东西扶贫协作工作会议，进一步贯彻党的十七大和“两会”精神，深入落实科学发展观，全面总结2007年工作，交流工作经验，重点就贯彻落实《国务院扶贫办关于2008年东西扶贫协作工作的指导意见》进一步统一思想认识，明确工作措施。会议还实地考察了东莞市统筹城乡发展的经验。国务院扶贫办王国良副主任出席会议并讲话。全国26个省区市扶贫协作部门负责人及相关处长参加了会议。

会议认为，在党中央、国务院的正确领导下，各有关省区市党委、政府高度重视，东西部协作双方干部群众共同努力，东西扶贫协作工作取得了显著的成效，有力地推动了我国扶贫开发总体进程，促进了东西部区域协调发展，增强了中华民族的凝聚力和向心力，生动体现了中国特色社会主义的优越性，对于深入贯彻科学发展观，构建社会主义和谐社会，具有不可替代的独特作用和重大战略意义，得到了党中央、国务院的充分肯定和社会各界特别是西部贫困地区广大干部群众的广泛赞誉。2007年4月12日，胡锦涛总书记在宁夏视察扶贫工作时，亲切接见福建对口帮扶宁夏的挂职干部，高度肯定东西扶贫协作工作，明确指示“先发展起来的地区，有责任支持和帮助中西部地区的发展”，并要求东西扶贫协作挂职干部“要把东部发展的经验和做法带到西部贫困地区”。胡锦涛总书记的重要指示对我们进一步做好东西扶贫协作工作具有十分重要的指导意义。

会议分析了我国扶贫开发工作面临的总体形势。2007年是《中国农村扶贫开发纲要（2001—2010年）》实施以来减贫速度最快的一年，全国农村贫困人口减少1378万人，592个国家扶贫开发工作重点县农民人均纯收入从1928元增加到2200元，扣除物价因素比上年增长11.7%，高出全国农村平均水平2.2个百分点。我国扶贫开发工作重点县农民收入首次出现了连续五年增幅在6%以上且高于全国平均水平的局面。这一成绩的取得，是党中央、国务院正确领导的结果，是中央各项支农惠农、社会保障政策与扶贫措施相互促进的结果，是贫困地区广大干部群众艰苦努力的结果，也是中央国家机关各部门、各有关单位和东部各省市以及社会各界通力协作、大力支持的结果。

在充分肯定扶贫工作成绩的同时也必须看到我国扶贫开发面临的严峻形势。一是贫困人口规模较大。2007年底，全国农村绝对和低收入贫困人口总数是4320万，扶贫系统建档立卡的工作对象近1亿人。二是特殊类型贫困问题突出。在15万个贫困村中，贫困人口占33%；在石山区、荒漠区、高寒山区、黄土高原区和地方病高发区、人口较少民族地区、“直过区”和沿边境的扶贫重点县，这一数字超过40%，其中大部分是少数民族聚居区。三是革命老区发展滞后。国家统计局监测的第二次国内革命战争的237个老区县，农民人均纯收入只有全国平均水平的57%。四是返贫现象严重。全国农村每年遭受严重自然灾害的村在10%左右，而扶贫工作重点县一般超过50%。今年初我国南方十几个省区遭受的严重冰雪灾害对贫困地区造成的损失相当严重。五是区域、城乡和居民收入差距继续扩大。2007年全国592个扶贫开发工作重点县农民人均纯收入2200元，仅为全国农民人均纯收入的53.1%，城镇居民可支配收入的15.9%。2006年最低收入20%家庭的人均纯收入仅为最高收入家庭的七分之一。

党的十七大明确要求到2020年要“基本消除绝对贫困现象”，同时要“加大对革命老区、民族地区、边疆地区和贫困地区的扶持力度”，“逐步提高扶贫标准”，“提高扶贫开发水平”。十一届人大一次会议政府工作报告也明确提出要“加大扶贫开发力度，继续减少贫困人口”，“适当提高扶贫的标准”，“进一步加大对革命老区、民族地区、边疆地区、贫困地区发展的扶持力度”。扶贫工作的必要性、重要性和长期性决定了我国东西扶贫协作工作的必要性、重要性和长期性。作为全国扶贫工作的重要组成部分，东西扶贫协作要深入贯彻落实十七大和“两会”精神。

会议全面总结了2007年东西扶贫协作工作。2007年东西部各有关省区市在财政援助、企业协作、人才交流、社会帮扶等方面取得了明显成效。据初步统计，2007年东部省市党政领导到西部贫困地区实地考察达4351人次，比上年增加了80.2%；其中省级领导68人次，比上年增加112.5%；地厅级572人次，比上年增加99.3%。西部省区市党政领导到东部考察3674人次，比上年增加53.7%。东部向西部提供财政援助5.47亿元，社会捐款1.21亿元，两项合计达7.5亿元。东西双方共有4091家企业签订合作协议。东部向西部派出挂职干部359人，西部向东部派出交流干部355人。东部为西部举办党政干部培训班159期，培训干部4181人次；派出专业技术人员738人次，举办专业技术人才培训班317期，共培训5.3万人次。西部贫困地区向东部省市有组织输出劳动力53万人，合作开展劳务培训班668期，培训8.1万人次。

会议也具体分析了工作不足。一是个别西部省区对东西扶贫协作的指导思想存在定位偏差，没有把东西扶贫协作纳入扶贫工作的总体部署。二是部分东部省份存在畏难情绪。对这项工作的长期性、艰巨性认识不足，领导重视不够，有的省市已经连续几年没有主要领导深入西部对口帮扶省区实地考察。三是东西扶贫协作在工作管理规范化、制度化方面还需进一步加强。

会议重点研究了2008年东西扶贫协作工作，并提出了明确要求。

第一，进一步开拓创新，提高认识，解放思想。东西扶贫协作不单是一项经济工作，同时也是一项重要的社会工作、政治工作，集中反映了我们党的根本宗旨和执政理念，体现了科学发展观，是各级党委政府特别是东部地区各级党委政府的重要责任。实践证明，凡是东西扶贫协作工作搞得好的地区和部门，与当地党委政府对这项工作重要性的认识是分不开的。各级扶贫协作部门要继续深入实际，研究把握这项工作的规律，不断总结新经验，取得新成果，通过实际工作赢得当地各级领导的重视和支持。

第二，切实改进工作作风，把各项工作落到实处。东西扶贫协作工作涉及面广，协调任务重。做好这项工作，不但需要有满腔的热情和无私奉献的精神，需要有一定的战略眼光和综合协调能力，同时也需要有脚踏实地的工作作风。2008年要围绕《国务院扶贫办关于2008年东西扶贫协作工作的指导意见》，重点在四个方面抓好落实：一是紧密围绕扶贫开发工作重点安排项目。东西扶贫协作的政府援助资金要重点支持“三个确保”重点村开展整村推进，对口区县要协商确定支持“三个确保”重点村的具体数量和措施；大力支持“扶贫志愿者行动计划”和互助资金等项目；积极支持在扶贫措施和方式上的创新与探索。二是组织开展工作绩效考评。考评方式包括交叉检查、专家评估、年度统计等，探索建立有效的东西扶贫协作工作激励机制。三是探索建立对口帮扶调整机制。在对口省份不变的前提下，要适当调整个别省份2008—2010年东西扶贫协作双方区县级对口帮扶结对关系，调整的具体方案由相关对口省份协商研究提出。四是加大培训和宣传工作。今年全国的培训工作要在总结去年工作的基础上，继续扩大培训到东部地市一级，时间安排要尽量靠前。2008年是我国改革开放三十周年，也是东西扶贫协作工作部署开展12周年。各级扶贫协作部门要高度重视宣传工作，通过多种形式加大宣传力度，努力使全社会进一步了解、支持、参与东西扶贫协作工作。

第三，加大工作力度，争取各项工作上一个新台阶。东西扶贫协作工作要按照对口帮扶、广泛协作、东西互动、共同发展的要求，继续推进扶贫开发、加强经济协作、促进社会发展，重点在政府援助、企业协作、人才交流、社会帮扶等方面扩大规模、拓宽领域，完善政策框架和工作体系。政府财政援助是东西扶贫协作工作的基础，体现了东西扶贫协作工作的性质，要进一步加大投入力度，同时要研究探索建立政府援助的增长机制。进一步推动企业协作、人才交流和社会帮扶工作，积极研究制定相关引导和鼓励政策。

例文是一份专题工作会议纪要。标题是由会议名称和文种名称两个要素构成的，这是纪要标题最常见的写法。正文的开头部分（第一自然段）简要介绍会议情况，主要包括召开会议的时间、地点、与会人员和会议主要内容等。主体部分具体写明各项会议内容，集中反映会议对各个方面的问题所形成的基本认识，其中有对以往工作成效的肯定、对当前工作形势的分析、对以往工作情况（成绩与不足）的总结，最后则是工作要求的明确。研究 2008 年东西扶贫协作工作，做出下一步工作安排，是会议重点，也是会议纪要所要着重记述的事项，例文这部分内容写得比较详细。在全面反映会议内容的基础上有所侧重，从而做到详略得当，“纪实性”和“提要性”并重，是例文所具备的特点。

4. 纪要的写作注意事项

纪要应当具备两大特点：一是纪实性，二是提要性。为使这两大特点得到充分体现，撰写纪要，必须依循以下要求。

第一，要作好会议记录。纪要是实录性公文，纪实性是纪要所不可缺失的性质和特点。纪要必须真实、全面地反映会议情况和内容，而不能凭空杜撰或随意取舍材料。作好会议记录是写好纪要的基础，是使纪要真正具有纪实性的保证。此外，在写纪要时，还要认真阅读会议材料及收集其他有关信息，以便全面掌握会议情况。

第二，要突出会议要点。顾名思义，“纪要”也就是记录要点，提要性是纪要的一个很重要的特征。编写纪要不能有言必录，面面俱到，而要在正确领会会议精神，全面掌握会议情况的前提下，抓住要点，有所侧重地把会议的主要精神、重要问题反映出来。有言必录，面面俱到，会淹没主题，使人不得要领。

第三，要善于整理会议意见。在一次会议上，有时人们的意见相同或相近，也有时与会人员的意见不尽一致，甚至完全相反。因此，对会议所产生的各种意见，要认真分析，一般应按会议确定的宗旨和领导同志的意见加以归纳整理。分歧太大的意见，除纯粹报道性纪要外，一般不宜写入。编写纪要特别是指示性纪要，必须注重其内容的条理性和指导性，这也是纪要同会议记录的一个区别。

第二章 事务文书

一、概　　述

（一）事务文书的特点

广义的事务文书是指党政机关、企事业单位以及社会团体或个人，在日常工作或生活中经常使用的各类文书；狭义的事务文书是指法定公文和专用文书之外的公务文书，是公务文书的一大类别，这里所说的事务文书是指后者而言的。其共同特征是具有实用价值和惯用格式。由于事务文书经常为人们所用，所以它又被称作常用文书。这类文书一般具有以下特点。

1. 对象比较具体

事务文书虽然不像法定公文那样，必须写明负有公文处理责任的主送机关，但其写作对象也是十分明确的。一份事务文书是为哪些人撰写的，要求哪些人了解并使用，都很具体。事务文书的撰写者首先就要对写作对象的范围和特点有充分的了解。

2. 格式比较固定

对事务文书的格式，虽然不像对法定公文那样，有着非常严格的规定，但在长期的应用中，各种事务文书也大都形成了比较固定的惯用格式。各种事务文书的构成要素以及各构成要素的写法，通常是有一定的规则的。在写作中依循这些规则，才能使写出的事务文书合乎规范，便于人们使用。

3. 写法比较实际

各类事务文书都是为解决问题，处理事务而撰写的，撰写事务文书要以能够满足实际需要为原则。观点的确立、材料的使用既要切合实际，又要具体扎实，写作形式的运用，也要讲求实际效果，要有利于文书内容的落实。

4. 时限比较紧迫

同法定公文一样，事务文书也是非常讲求时效性的。一项工作的完成，一个问题的解决，大都有一定的时间要求，为完成工作或解决问题而撰写的事务文书，只有在限定的时间内及时完成，才能发挥应有的作用。比如工作计划必须在工作开展之前写出，否则它就会失去意义；工作总结则必须在工作结束之后马上写出，否则它的价值就会大大降低。

（二）事务文书的作用

事务文书的应用范围极其广泛，其作用也是多方面的，归结起来，主要体现为：

1. 贯彻政策，指导工作

为使党和国家的方针政策真正成为各行各业的工作指针，各级机关常常要通过各种形式将其精神贯彻到实际工作中去，其中一些事务文书，就是体现党和国家的方针政策，指导人们作好工作的重要工具，如计划、规章制度等等。制订计划和规章制度要以党和国家有关的方针政策为依据，科学、正确的计划和规章制度又是指导人们开展工作的依据。

2. 沟通情况，联系工作

在工作的开展中，有许多情况是需要有关机关或部门共同了解的，有许多问题是需要人们协同解决的。沟通情况，联系工作，要有一定的手段和凭借，有些事务文书就能起到这种手段和凭借的作用，如简报、调查报告、合同等等。

3. 积累和提供资料

某些工作的进行，需要人们掌握有关资料，事务文书，特别是有留存价值的事务文书，常常能够起到反映情况，说明问题，从而为人们提供所需资料的作用。

4. 宣传教育

事务文书通过分析形势，申明政策，或者介绍经验、表彰先进及揭露时弊、抨击丑恶，可以起到宣传教育群众，使人们统一认识，并提高政策水平和工作热情的作用。

二、几类常用事务文书的写法

事务文书种类繁多，使用频率极高，大至计划、总结、调查报告，小至便函、条据、一般守则，都属于事务文书。对于事务文书的文种范围，至今并无一个明确的规定，事务文书究竟包括哪些文种，很难一一说清。下面介绍的几种事务文书，就是其中几种使用面较广，写法相对复杂一些的事务文书。

（一）简报

1. 简报的涵义和作用

简报即情况的简要报道，是国家机关、社会团体及企业事业单位内部用来通报情况、交流信息的一种简短的文字材料。

1955 年 6 月 9 日国务院在《关于所属各部门工作报告的规定》中提出：“工作简报：各办、外交、计委、建委、体委、民委、侨委，每两周向总理写一次工作简报，明白、扼要地报告所掌管的范围内重大问题的处理、工作中的重要情况和经验。”编发简报，是为了向领导同志反映情况和问题。随着机关工作发展的需要，简报应用的范围变广了，行文方向变得多样了，它已成为机关中使用频率较高的文书种类之一。简报这个文种还有其他名称，人们平时经常看到的“简迅”、“内部参考”、“情况反映”、“情况交流”等等都是指简报而言的。

2. 简报的格式

机关单位编发的简报，通常有固定的格式，大都由报头、正文、报尾三个部分组成。

（1）报头部分。这个部分包括简报名称、编号、编印单位、印发日期、密级等项目。为使简报名称醒目，一般要用套红大字将其印在简报第一页上方居中的位置；编号一般是指简报的期数，即“第××期”。期数多按年度依次排列，也有的是排总期数的，还有的既有总号又有分号。“增刊”的期数应单独排列。编号通常印在简报名称的正下方；编印单位印在编号的左下方；印发日期印在编号的右下方。密级主要分“内部参考”、“秘密”、“绝密”等几种，印在简报名称右上方。在报头部分与正文部分之间，常用细双红线或粗单红线隔开，以使两个部分的界限更加清晰。

（2）正文部分。正文部分主要包括标题和正文内容，有时，还有编者所加“按语”或“内容提要”。标题要能概括简报的中心意思，正文最好采用新闻消息的写法，将最重要的内容写在最前面。“按语”一般是对正文内容的评述，应印在标题的前面；“内容提要”则是对正文内容的提示，应印在标题的下面，字体与正文不同，以示区别。

（3）报尾部分。这一部分主要包括发送单位和印发份数两项内容，写在简报最后一页的末端。发送单位一般要分别标明“报×××（指上级单位）、送×××（指同级单位或不相隶属的单位）及发×××指下级单位”，也有的简报不加区别，一律写为“发送”。分发单位通常是固定的，如临时增加分发单位，要注明“本期增发×××份”，排印在发送单位的右下端。会议简报如只限于发给与会者，可省去报尾部分，不写发送单位和印发份数。在正文部分和报尾部分之间，也要用横线隔开。

请看一篇例文：

“查细节摆问题找原因补措施创实效”活动简报
第六期

合肥市建设信息中心　　　　　　　　2007年9月14日

为认真落实市建委关于开展“查细节、摆问题、找原因、补措施、创实效”活动查摆剖析阶段工作指导意见（合建效［2007］5号）的文件精神，合肥市建设信息中心（城建档案馆）“查细节、摆问题、找原因、补措施、创实效”活动领导小组结合本单位工作实际，认真研究制定了“关于合肥市建设信息中心（城建档案馆）开展‘查细节、摆问题、找原因、补措施、创实效’活动查摆剖析阶段实施意见”，对查摆阶段的主要任务，关键环节，活动要求等方面作了具体明确的

规定，在上周一系列查摆活动的基础上，本周合肥市建设信息中心（城建档案馆）围绕着六个关键环节，将继续开展组织好以下几个方面的工作：

1. 开展了以科室为单位的围绕以下几个方面的查找活动：一是宗旨意识不强，群众观念淡薄，服务意识不强的问题；二是责任心和执行力不强，工作效率不高的问题；三是干事缺乏激情，精神状态不佳，改革创新意识不强的问题；四是本位主义，部门利益至上，遇事推诿扯皮的问题；五是滥用职权，吃拿卡要，不讲诚信的问题；六是脱离实际，不讲实情，不讲实话，不办实事，不讲实效的问题。

2. 广泛征求群众意见落在实处，组织全体职工认真填写了合肥市建设信息中心（城建档案馆）“查细节、摆问题、找原因、补措施、创实效”活动领导小组印发的“征求意见表”（署名的），于9月7日前投入“查细节、摆问题、找原因、补措施、创实效”活动意见箱，之后，为了不搞形势，不走过场，建设信息中心（城建档案馆）的领导虚心采纳了群众的意见，把署名的提意见改为可以不署名提意见，并规定意见表可于9月12日下班前投入“查细节、摆问题、找原因、补措施、创实效”活动意见箱，在细节上不断改进工作方法。

3. 集思广益，开门纳谏，就合肥市建设信息中心（城建档案馆）的现行体制机制、管理方式方法、工作人员的思想观念、工作作风等方面以及在业务流程、业务规范上是否需要改革完善的问题，开展了“网上问卷调查”活动，提出了“您的需求就是我们努力的方向，您的满意就是我们的服务宗旨”的服务理念，并设置了市建设信息中心（城建档案馆）的传真号码××，热线电话：××，E-mail：××，提供平台，热忱欢迎社会各界提供宝贵意见。

4. 积极开展谈心活动，合肥市建设信息中心（城建档案馆）负责人宋继武同志、汪劲松同志和张顺涛同志分别和全体同志一一谈心，科室负责人和本科室职工也进行了广泛的谈心活动，按照中心的布置，每人认真填写了“查摆剖析阶段谈心记录表”，并于9月12日下班前交到“查细节、摆问题、找原因、补措施、创实效”活动领导小组办公室，通过谈心活动，沟通思想，相互提醒，查找自身工作中存在的问题和不足，开展批评和自我批评，形成良好的工作氛围。

5. 合肥市建设信息中心（城建档案馆）领导班子高度重视查摆、征求意见和谈心工作，为加大“查细节、摆问题、找原因、补措施、创实效”工作力度，加强“查细节、摆问题、找原因、补措施、创实效”活动领导小组的力量，在各科室工作十分繁忙的情况下，专门另抽调了三名同志充实到“查补办”负责专门接听热线电话，整理查摆意见，研究制定相关管理制度，以备下一步制定具体的查摆措施，为下一步补创工作奠定基础。

6. 积极组织参加市建委组织的“细节决定成败，争当效能先锋”征文演讲比赛。

近来，市建设信息中心通过开展以上提意见活动，谈心活动，开设意见箱，开通热线电话，开展网上问卷等活动，广泛征求群众、服务对象和社会各界的意见和建议，为准确查摆问题，改进工作作风，提高行政效能及个人撰写剖析材料打好基础。

报：×××、×××、×××
送：××、×××、×××、××
发：有关处（室）

（印份）

以上简报的报头部分是由文种名称“简报”、期数、编发单位及日期等四个要素构成的，由于对其内容没有保密要求，这里也就没有密级一项；正文部分包括标题和正文内容，标题如新闻标题一样，概括全文的内容要点。正文的开头部分总述情况，即先将最重要的情况写出，然后具体写明洽谈会的特点及存在的问题。

3. 编写简报的要求

编写简报，必须做到精、准、快、简。

第一，选材要精当。“精”就是指选材精当。编写简报要善于精心挑选材料，要把能够说明问题，能够揭示事物的本质特征或者能够表明事物发展趋向的倾向性材料用到简报中去，无关紧要的一般性材料或者次要材料最好舍去。

第二，事实要准确。“准”就是指事实准确。简报所反映的情况可以作为领导机关进行决策的依据，所以其内容必须真实可靠。编写简报，一定要实事求是、恰如其分地写明事实，既不能夸大，也不能缩小，对所用的事例、数字、引文等要认真核对，以确保准确无误。

第三，编写要迅速及时。“快”就是指迅速及时。简报具有新闻消息的某些特点，非常讲究时效性。在机关文书中，简报是以新、快著称的文种之一。只有快速反映工作中出现的新情况、新问题，才能及时为领导决策及问题的解决提供依据和前提，其作用才能得到发挥。内容陈旧过时的简报，是没有多大意义的。

第四，内容要简明扼要。“简”就是指简明扼要。简报必须突出一个“简”字，它一般应在千字之内，在确有必要时可适当长一些，但也最好不要超过二三千字。为了做到文字简短，在编写简报时，一要注意提炼观点，避免罗列现象，将其写成“流水账”；二要注意开门见山，不写大话、空话、套话；三要注意推敲语句，做到用语精当。

（二）调查报告

1. 调查报告的涵义和作用

调查报告，简单地说，就是对某一个事件或某一个问题，进行调查研究之后所写出的真实地反映情况的报告。

调查报告的用途是比较广泛的，可以用以总结一个单位、一个部门甚至一个地区的经验，也可以用以揭露某一方面的问题，或者探明某一个事件的真相，还可以用以介绍某个事物的发展过程。一篇好的调查报告，通过事例的分析，能够揭示事物发展的规律，总结带有方向性和普遍性的经验，从而对工作起到一种推动作用。调查报告是在实际工作中经常使用的一种文体，特别是近年来随着注重实际、注重调查的工作作风的进一步恢复和发扬，这种文体的用途就更加广泛了。

2. 调查报告的特点

调查报告的特点主要体现为：

第一，真实性。调查报告所反映的内容必须是调查研究的结果，经过调查所亲自了解到的情况，决不能是道听途说、东拼西凑的东西。在调查报告中，不仅主要人物和事实要真实，就是事件的时间、地点、过程及各种细节，也要绝对真实，不能有半点浮夸和虚假。

第二，针对性。进行调查研究，撰写调查报告，是为了解决实际问题，因此要有很强的针对性。同时，也只有针对某个问题进行调查，才容易调查得深入，走马观花式的泛泛调查，是不会有太大的收获的。一般来说，针对性越强，调查的效果就越好，调查报告的作用也就越大。在某种意义上说，针对性是调查报告的灵魂。

第三，典型性。调查报告所反映的内容，无论是经验，还是问题，都应有典型性，要能起到以局部反映全局或以“点”带“面”的作用。调查报告如果所反映的只是没有任何典型意义的孤立的个别事例，则不会对工作有指导意义。

3. 调查报告的种类

按其内容的不同，可将属于事务文书的调查报告分为以下几类。

第一类是反映情况的调查报告。这类调查报告也称基础性调查报告，是比较全面、系统地反映某一方面的情况的调查报告。

第二类是总结经验的调查报告。这类调查报告是在确定典型，并对之进行深入、细致的了解的基础上，着重总结经验，探寻规律的调查报告。

第三类是揭露问题的调查报告。这类调查报告通过揭露问题，并分析其危害和原因，引起有关部门的重视，为问题的最终解决起到促进和参考作用。

近年来，在报刊上常常会看到一种“调查附记”，有的就是篇幅短小的调查报告。另外，还有一种用于科学研究的调查报告，由于它不在事务文书之列，这里就不涉及了。

4. 调查报告的写法

调查报告没有固定的格式，其常见的写法是由标题和正文两个部分组成。

（1）标题。标题一般包括调查对象、内容范围和文种名称等几项内容，也有的直接揭示主题，还有的是多行标题，正标题揭示主题，副标题表明调查对象、内容范围和文种名称，如：《支持农业社会化服务促进农村经济发展——四川省财政支持农业社会化服务试点情况的调查》。

（2）正文。正文通常包括开头、主体和结尾三个部分。开头部分又称“导语”、“前言”等，主要用以概述情况，如扼要介绍调查的范围、对象、目的、方式、内容等，以使读者对调查的情况有一个大致的了解。

主体部分是集中表述调查结果的部分，是调查报告的核心部分。这一部分通常写入下面几项内容：一是情况或事实，二是经验与做法或问题与原因，三是建议或对策。主体部分一般内容较多，所以大都要分成几个部分去写。为使其层次更加清楚，在分部分写作时，常常要在每一部分之前加上序码和小标题。结尾部分的写法有许多种，比如，总结式写法：总述内容，明确观点；指导式写法：指明努力的方向；启发式写法：提出发人深省、引人思索的问题；号召式写法：预示前景，发出号召；等等。很多调查报告没有结尾部分，或者说是把针对情况提出的建议作为结尾。

请看一篇例文：

上海外地来沪人员消防安全调查报告

消防弱势群体，是一个主要表达性质的动态概念，即弱势群体的“弱化”特征和趋势，着重点在于造成该群体成为“弱势”的原因及现状，以及为了提升其消防安全防范能力所应采取的对策和措施。上海是一座移民城市，其中的流动者（外地来沪人员）数目庞大、流动性强，往往具有一定的隐蔽性，消防安全和火灾防范意识淡薄，自我保护和抵抗风险的能力较差，一直是消防部门关注的弱势群体。研究外来人员的消防安全现状，做好其消防安全保护和管理工作，对提升其生存质量、提高社会消防的综合素质以及护佑消防大安全来说都具有十分重大的意义。

一、外地来沪人员的消防安全现状

2005年底，上海市户籍人口1360.26万人，而截至2005年12月底，上海登记在册的外地来沪人员已达5535029人。

外来人员已成为上海城市建设和经济发展不少缺少的一群主力军，在一定程度上满足了这座国际大都市发展的人力需求。但是，从近年来上海消防部门的火灾统计报表中可以发现，外来人员在火灾伤亡人数中始终占据着一定的比例，已成为消防弱势群体的主要组成部分之一。以下是近几年的火灾统计数据：（具体内容略）

二、外来人员的消防安全管理问题

1. 群体特征：流动性大、隐蔽性强、登记率不高，人员具体情况难以掌握。外来人员的一大特点就是流动性强，他们大多数处于“动态”流动之中。虽然有关部门曾依照《户口登记条例》、《暂住证申领办法》、《上海市外来流动人员管理条例》对来沪暂住3日以上的外来人员进行登记管理，但由于其流动性和变化性太大，登记率不高，有关部门只能通过对外来人员的群体分析进行宏观管理。外来人员的情况复杂，分布范围广，行踪不确定，给具体管理带来了一定的难度。

2. 个体状况：文化水平低、收入水平低、消防意识淡薄。外来人员的文化水平整体偏低，在2005年底的外来人口统计表上，农民工4127565人，占外地来沪人员总数的74.5%。另外一项对全市4100余名外来务工者的抽样调查显示，大专以上学历占6.7%，中专学历占26%，高中学历占33.6%，初中学历占30.4%，其余为初中以下学历。文化水平偏低往往导致其不能找到高收入的工作，直接决定了其生存状况比较差。他们往往对自身的消防安全状况关注较少，主动接受消防安全教育的积极性不高，有的连火警电话都不知道。火灾防范和自救逃生能力差，也是容易造成外来人员伤亡事故的重要原因之一。

3. 居住情况：环境复杂，火灾隐患比较突出，易发生群死群伤事故。外来人员在上海的居住处所主要有几种形式：旅店、民居、单位、工地、租赁房。2005年12月底，上海5535029位外来人员中，居住在旅店的占1.45%；居住在居民家中的占7.87%；居住在单位内部的占13.03%；居住在工地现场的占6.90%；租赁房屋的占57.60%；其他占13.16%。

外来流动人员大多经济基础薄弱，为了生存和发展，租住房屋（场所）大多以便宜为首选。于是，市区一些老式居民楼成了租房热点，许多业主为了多赚房租，便将原有房屋分隔成众多小间出租。这些老式居民楼建筑耐火等级差，居住人员数量众多，火灾荷载大，没有独立的厨房，甚至在房间内使用液化气瓶，因用火不慎、使用电器和液化气不当引起的火灾时有发生。

上海市区“城中村”和城郊结合部“农夹居”现象也比较普遍，带来的消防火灾隐患问题由来已久，备受政府和广大市民关注。由于这些房子没有经过任何审批和检验，再加上外来人员消防安全意识薄弱，因此火灾发生的频率相对较高，道路狭窄也是灭火救援时的致命障碍。此外，废品回收站、闲置厂房、动拆迁工地、“三合一”场所也值得关注。这些场所有的是用工单位集体租用部分闲置厂房作为宿舍，有的则是个别经营者专门租赁闲置厂、库房后将其分隔为旅馆模式再出租。租赁关系复杂、责任主体不明、管理相当混乱，加之建筑结构陈旧、疏散通道不畅、消防设施缺乏、违章用火用气用电现象严重，极易造成群死群伤事故。

4. 社会管理：消防知识和技能培训少，消防安全关注度低，社会消防保障体系尚未健全。外来人员流动大、分布散、管理难度大，一些地区政府在对其管理中虽已纳入消防安全内容，但由于职责不够明确，又无专门机构、人员的参与和指导，缺乏针对性，有的措施难以落实到位。公安消防部门和派出所人手紧、任务重，对外来流动人员的生产生活场所难以实施有效的消防监督管理。此外，专门针对外来人员的消防安全培训较少，消防知识普及率较低。社会对外来人员的治安管理情况等关注较多，而对其消防安全管理的关注较少，社会消防保障体系还不够健全。

三、外来人员消防安全管理的探索和建议

目前，外地来沪人员的消防安全管理仍是上海消防部门的重点工作之一。对此，上海消防部门作了一系列探索工作。如开展外来人员聚集地火灾隐患整治工作；利用媒体持续开展消防知识的宣传工作；通过对在建工地的消防自救和疏散逃生演练，提高外来建筑民工的消防防范能力；对特殊工种、岗位的外来人员进行消防安全培训等工作。在2005年的冬季防火宣传活动中，上海市消防局局长陈飞专门向百联商厦在建工地的外来人员赠送了《防火安全手册》，政委李金文还为闵行区的外来民工子女学校望星小学的学生们上了一堂消防知识课。所有这些，在一定程度上为改善外来人员的消防安全现状起到了积极作用。

在今后的社会发展进程中，在政府部门的主导下，如何创建一种行之有效的外来人员消防安全管理模式仍是我们努力寻求的目标。建议如下：

1. 以政府为主导，依托公安派出所的三级管理工作机制，将外来人员的消防安全管理纳入网格化管理模式。近年来，公安派出所三级管理工作机制的推行，将上海消防的基础控制和社会安全管理导向了一个良性发展的轨道。要将外来人员的消防安全管理纳入公安派出所消防监督管理工作内容，进一步明确基层政府和公安、民政、劳动、工商、城管、教育等政府部门的职责。将外来人员消防安全管理教育工作以目标责任考核的形式纳入政府的管理内容之中，或通过制定规范性文件等形式建立健全外来人员的消防安全管理机构，或利用公安户政、治安部门和劳动力输出培训基地等现有外来人员管理与服务平台的作用，推动流动务工人员消防安全管理正规化、法制化，最终形成一个“以政府为主导，有关部门齐抓共管，实行综合治理”的外来人员消防安全网格化管理格局。

2. 强制教育，强化培训，将消防安全技能的培训纳入外来人员上岗就业标准。近年来，外来务工人员已经成为上海职工队伍的重要组成部分。截止2005年4月，已有106.6万外来务工人员加入了工会组织。通过工会这一基层组织形式，落实和开展消防安全教育，不失为探索消防安全强制教育的一个新途径和新方法。此外，消防安全培训教育也应有所突破。据悉，目前上海市外来务工人员培训中心正在积极筹建之中，该中心将承担起对外来人员的各方面职业培训。若能将消防安全教育培训列入其中，使掌握一定的消防安全技能成为外来人员上岗就业的新标准，那么，上海外来人员的消防安全素质必将得到很大提高。

3. 因地制宜，积极改善外来人员居住地消防安全环境。（略）

4. （略）

5. （略）

6. （略）

这篇例文的标题是由调查对象、内容范围和文种名称几个要素构成的，比较规范、完整。正文的第一个自然段是前言部分，在此简述情况，说明进行该项调查的背景和意义。主体部分共分三个部分。第一部分“外地来沪人员的消防安全现状”，准确而详细地介绍了上海的外来人员消防安全现状；第二部分“外来人员的消防安全管理问题”，指明在实际消防工作中存在的一些问题及其原因、危害；第三部分“外来人员消防安全管理的探索和建议”，针对问题，提出改进工作、加强管理的几条措施。主体部分先把全部调查内容分成三大部分，各大部分之中再分出小的部分，各个部分分别从不同的角度反映情况，说明问题，阐明观点。各大部分之间又有一种进层的关系，由现状到问题，再由问题到建议，衔接得非常紧密、自然。写完最后一条建议，全文也就结束，而没有单列一个结尾部分。由于文中较好地使用了序码和小标题及段中主句，因而显得很有条理，各个部分的中心意思也是一目了然的。

5. 调查报告的写作要求

要写好调查报告，必须做到以下几点。

第一，要认真进行调查研究，大量占有材料。“没有调查，就没有发言权”，写好调查报告的基础和前提，是进行深入的调查研究。在这方面，马克思、恩格斯、列宁、毛泽东等无产阶级革命家为人们作出了榜样。恩格斯曾经深入工人住宅，同普通工人交朋友，直接了解他们的生活状况，写下了著名的《英国工人阶级状况》。毛泽东同志曾在 1927 年实地考察了湘潭、湘乡、衡山、醴陵、长沙等县的农民运动，写出《湖南农民运动考察报告》，热情地歌颂了伟大的农民运动，批驳了当时党内的右倾机会主义。目前，在社会主义现代化建设中，有不少新生事物需要扶持，有不少新鲜经验需要总结、推广，有不少新的问题需要解决，这就更需要人们深入实际，做好调查研究。不作深入的调查研究，没有掌握必要的第一手材料，即使写作能力再强，也无法写出高质量的调查报告。人们常说，写调查报告，首先不是如何去“写”的问题，而是如何去“调查”的问题。

要取得调查的成功，或者说要在调查中得到必要的资料，就必须注意：一要有明确的目的，但不要带框框；二要做好充分的准备，即确定合适的调查对象，并根据需要拟定调查提纲或调查细目，以使调查有计划、有步骤地进行；三要能够正确地分析和辨别材料，即分析资料来源的可靠程度，辨别真伪，分清主流和支流。

第二，要以正确的立场和方法，认真分析和合理组织材料。一般来说，调查与研究是齐头并进的，但在调查工作告一段落之后，还是要专门对调查得来的材料进行全面的分析研究，进行去伪存真、去粗取精的加工提炼，从感性认识上升到理性认识，最后形成对问题的认识和看法。即便选中的材料也不能不讲章法地堆砌到调查报告中去，要按照观点与材料相统一的原则，把材料合理地组织起来，做到以观点统帅材料，以材料证明观点。既不能罗列对象，也不能空发议论。在分析、组织材料时，一定要从正确的立场出发，并采用正确的方法，否则是无法得出正确的结论的。

第三，要讲究结构形式和语言特色。前面说过，调查报告没有固定的格式。但大致的结构形式还是有的。依照这种常用的结构形式写作，有利于写出高水平的文章，也有利于提高写作效率。另外，调查报告在语言的运用上也有自己的特色，通常采用第三人称的叙述方式叙述事实，除了要具备公文语言的准确、简洁、朴素等共同特征之外，还可适当运用一些比喻或生动的口语化词语，有的还可以恰到好处地引用一些诗词、典故及名言警句等，以起到画龙点睛的作用。

（三）计划

1. 计划的涵义和作用

计划是某一个单位、部门或个人，对预计在一定时期内所要做的工作或所要完成的其他任务加以书面化、条理化和具体化的一种文书。

“凡事预则立，不预则废。“预”，也就是事先打算、安排的意思。有了计划，工作就能有条不紊地进行，就能提高自觉性，减少盲目性，成功的可能性就大；相反，事先没做任何打算和安排，或者安排不周，工作就有可能遭受挫折，甚至归于失败。

具体地说，计划的作用体现在这样几个方面：一是具有预见性。在制订计划时，要对今后可能出现的问题和遇到的困难，进行分析和判断，并提出相应的对策和措施。二是具有指导性。一份好的计划，应该是根据党和国家的方针政策及上级的指示精神，并且结合实际情况制订的，其指导作用是很明显的。三是具有约束性。计划一经制订，就要认真贯彻执行。即使是自己制订的个人学习、工作计划，也应具有自我约束力。

有些“工作要点”、“工作意见”、“工作部署”，也是用以明确今后的工作任务、步骤和措施的，可以起到计划的作用。下级机关和单位，往往以上级机关的此类文件为依据，来制订更具体的计划。因此，可以把它们划归计划一类。

2. 计划的种类

计划的种类很多，而且从不同的角度可以对其进行不同的分类。

按内容划分，有生产计划、建设计划、工作计划、科研计划、教学计划、学习计划等；

按范围划分，有全国计划、地区计划、部门计划、单位计划、班组计划、个人计划等；

按时间划分，有长期计划、中期计划及短期计划，短期计划又分年度计划、季度计划，月份计划等；

按性质划分，有综合性计划和专题性计划；

按形式划分，有条文式计划、表格式计划、条文和表格配合使用的计划等。大单位的计划或时限较长的计划，往往以文件的形式制订。无论哪种形式的计划，都应有极强的条理性；

按作用划分，有指令性计划和指导性计划等。指令性计划一般是由国家决策机关制订的计划，要求有关单位必须认真执行并完成。指导性计划则具有一定的灵活性。

3. 计划的写法

计划的种类很多，但不论哪种计划，一般都应当包括分析基本情况、明确任务要求及提出具体措施等几项内容，也就是要讲明“做什么”、“怎么做”及“什么时间完成”等事项。

计划通常是由标题、正文和落款几个部分构成的。

（1）标题。标题一般包括单位名称、适用期限和文种名称等几个项目，有的还要点明计划的内容要点，如《省厅 2013 年工作计划》、《拖拉机厂 2014 年生产经营和流动资金需求计划》。

（2）正文、正文部分一般包括基本情况、目的与要求、步骤与作法、结语等几方面内容。在“基本情况”部分，主要写明制订计划的依据。这部分也可以略去不写，直接就写计划事项；在“目的与要求”部分，要分条列项写明目标、任务及其完成时限等；在“步骤与作法”部分，要把完成任务所要经过的阶段、在各阶段所要采取的措施及人力、物力、财力的安排等写得非常具体、明确。也有的计划把这部分内容同“目的与要求”放到一起写；在“结语”部分，可以总结全文，表明完成计划的决心。将作为文件下发的计划还可以提出希望，发出号召，或者指明注意事项及检查修订的办法。这部分内容也常常略去不写。

（3）落款。落款一般包括制订计划的单位名称和日期两项内容。如在标题中已写明单位名称，这里可以省略。

下面请看一篇例文：

城镇技能再就业计划

为落实国务院关于大力发展职业教育和做好就业再就业工作的要求，强化下岗失业人员技能培训，以培训促进再就业，决定在“十一五”期间，面向城镇下岗失业人员实施城镇技能再就业计划。

一、指导思想

（一）围绕下岗失业人员就业再就业和稳定就业需要，通过开展针对性、实用性强的职业技能培训，提高下岗失业人员转业转岗所需技能水平，并提供相应的技能鉴定和技能岗位对接服务，以增强劳动者技能来促进他们更多更好地实现再就业。

二、目标任务

（二）2006至2010年5年内，对2000万（每年400万）下岗失业人员开展职业技能培训，培训合格率达到90%，培训后再就业率达到60%。同时，在全国300个城市普遍建立相应机制，实现再就业培训与技能鉴定的紧密衔接，提高技能岗位对接服务成效。

三、主要内容

（三）开展职业技能培训，提高职业技能水平。要结合劳动力市场需求，进一步密切与用人单位的沟通和联系，大力开展订单培训和定向培训，使培训与就业紧密结合。要根据国家职业标准和用人单位岗位规范要求，强化职业技能实训，突出操作训练，提高下岗失业人员的岗位适应能力和职业技能水平。要结合本地实际，开发和选定适合下岗失业人员自谋职业的技能培训项目。

要根据下岗失业人员特点和需求，采取日夜校、长短班、送教上门以及远程培训等多种灵活的方式和手段，方便其就地就近参加培训。

（四）实施职业技能鉴定，提供技能水平认证服务。对参加职业技能培训并有鉴定要求的下岗失业人员，各级职业技能鉴定机构要主动提供鉴定服务，对其职业能力进行客观评价；对鉴定合格的，按规定发放相应的职业资格证书。同时，要结合生产服务岗位需求和下岗失业人员特点，开展专项职业能力考核工作。

对持《再就业优惠证》人员通过初次技能鉴定、生活确有困难的，要落实职业技能鉴定补贴政策。

（五）做好就业服务，促进技能岗位对接。公共职业介绍机构要积极帮助前来求职的下岗失业人员参加培训提高技能，通过多种方式，公告定点培训机构和培训项目信息。要广泛开展职业指导，帮助下岗失业人员根据市场需求和自身特点，选择合适的培训项目参加培训。继续实施“技能岗位对接行动”，面向下岗失业人员开展专项就业服务活动，加强就业信息、职业介绍、劳动保障事务代理、社会保险服务等工作，改进服务方式，切实帮助下岗失业人员尽快实现再就业。

四、保障措施

（六）加大工作力度，明确目标任务。各地要进一步提高对再就业培训工作的重视程度，制定专项工作计划，落实目标任务，逐步建立培训、鉴定和就业服务有机结合，促进下岗失业人员技能再就业的长效机制。要将再就业培训工作纳入目标管理，实行业绩考核，定期进行督促检查。要加强与政府有关部门的沟通与合作，共同推动工作。

（七）广泛发动社会，建立健全社会化的再就业培训网络。动员社会各方面，包括工会、共青团、妇联以及其他社会组织举办的教育培训机构积极承担再就业培训任务。按照“条件公开、平等竞争、合理布局、择优认定、社会公示和公布”原则，确定一批社会信誉佳、专业特色强、培训质量高、就业效果好的教育培训机构作为实施再就业培训的定点机构。引导定点机构根据市场需求调整专业设置和课程内容，实现技能培训与市场需求的有效衔接。有条件的地区可建设公共实训基地，面向社会开展技能操作训练和技能鉴定服务。

（八）完善补贴办法，健全培训效果评价机制。要按照国家有关规定，从各级财政促进再就业资金中落实培训和鉴定补贴经费，根据培训和鉴定的实际成本，合理确定补贴标准，对符合条件的人员给予相应的培训和鉴定补贴。进一步完善经费补贴与培训质量和促进就业效果挂钩的机制和办法。要根据培训合格率、职业资格证书取得率、就业率以及培训计划落实情况等对定点机构定期进行监督检查和业绩考核。

（九）加大宣传力度，营造良好氛围。要充分利用广播电视、报刊杂志、图书图画等多种新闻媒体和介质，广泛宣传各级政府制定的培训就业政策，宣传提高职业技能对促进就业的重要性，宣传培训工作成效显著的教育培训机构的经验做法，宣传下岗失业人员参加培训后成功实现再就业的典型事例，引导更多劳动者参加培训，提高技能，实现技能再就业。

劳动和社会保障部

二〇〇五年十二月九日

例文是一篇对一项全局性工作做出部署和安排的综合性工作计划。标题标明计划事项和文种名称，据此可以看出计划的主要内容是什么，这是专题性工作计划最为常见的标题写法。正文的前言也即开头部分（第一自然段）主要说明制订计划的目的，以文件的形式制发的计划常常采用这种开头方式；主体部分依次写明“指导思想”和“目标任务”、“具体作法”和“保证措施”等几项内容，比较全面地回答了“做什么”和“怎么做”的问题。目标明确，任务具体，作法实际，措施得当，逻辑性和条理很强，便于遵照施行。另外，序码加小标题和分条列项的表达形式，使得这一部分层次清楚，要点突出。落款包括制订计划的单位名称和制订日期两项内容。

4. 制订计划的要求

在计划的制订中，应当考虑以下要求：

第一，要符合政策。制订计划，必须贯彻党和国家的有关方针、政策及上级指示精神，而不能与此相背离，否则计划就是毫无意义的，甚至会起相反的作用。

第二，要从实际出发。制订计划要把全局需要同本单位的实际结合起来，既不能说空话，更不能说假话。从某种意义上说，制订计划是一种主观行为，但要充分考虑客观条件，决不能单纯从主观愿望出发，按个人意志办事。

第三，要具体明确。计划一经制订，便具有指导和约束作用，要求人们在预定的期限内完成。计划内容具体、明确，把要做的事情写得实实在在，才便于人们照着去做，也便于人们对照检查工作情况。

第四，要留有余地。在计划的实施中，常常会有一些不可预见的因素出现，在制订计划时要充分考虑到这一点，任务的提出和时间的规定等等，都要留有余地。另外，执行计划也要有一定的灵活性，要能根据实际情况的变化，合理地调整计划。

5. 商业计划书的写作要求

商业计划书是计划的一个特殊的种类，是专门用于商业活动的计划类文书。其主要用途就是对企业或项目的发展前景作出全方位的描述，以吸引投资者并获得必要的经营资金。投资者可以据此衡量企业是否具有良好的融资能力和发展前景，从而决定是否可以进行交易或合作。同时，商业计划书也属于企业的核心管理文件，管理者可以据此对企业的经营活动作出全面安排。

从功用和写法上看，商业计划书同可行性研究报告及一般的计划均有某些相似之处，不过，作为一类文体，商业计划书无疑应有自身的写作规律。商业计划书的应用领域比较宽泛，不同行业的商业计划书有不同的写法，但其基本构成或者说主要内容是大同小异的。一份完整的商业计划书通常包括摘要、企业业务及展望、管理层介绍、融资需求、风险因素及对策、投资回报和投资退出、营运分析与预测、财务报表与预测、有关材料等几个方面的内容。

下面就通过一个写作模板，看看商业计划书的一般写法。

商业计划书

项目名称________________________________

项目单位________________________________

地　　址________________________________

电　　话________________________________

传　　真________________________________

电子邮件________________________________

联 系 人________________________________

[公司名称]

[日期]

目　　录

摘　要

说明：在两页纸内完成本摘要。

［摘要内容参考］

1. 公司基本情况（公司名称、成立时间、注册地区、注册资本，主要股东、股份比例，主营业务，过去3年的销售收入、毛利润、纯利润，公司地点、电话、传真、联系人）

2. 主要管理者情况（姓名、性别、年龄、籍贯，学历/学位、毕业院校，政治面貌，行业从业年限，主要经历和经营业绩）

3. 产品/服务描述（产品/服务介绍，产品技术水平，产品的新颖性、先进性和独特性，产品的竞争优势）

4. 研究与开发（已有的技术成果及技术水平，研发队伍技术水平、竞争力及对外合作情况，已经投入的研发经费及今后投入计划，对研发人员的激励机制）

5. 行业及市场（行业历史与前景，市场规模及增长趋势，行业竞争对手及本公司竞争优势，未来3年市场销售预测）

6. 营销策略（在价格、促销、建立销售网络等各方面拟采取的策略及其可操作性和有效性，对销售人员的激励机制）

7. 产品制造（生产方式、生产设备、质量保证、成本控制）

8. 管理（机构设置、员工持股、劳动合同、知识产权管理、人事计划）

9. 融资说明（资金需求量、用途、使用计划，拟出让股份，投资者权利，退出方式）

10. 财务预测（未来3年或5年的销售收入、利润、资产回报率等）

11. 风险控制（项目实施可能出现的风险及拟采取的控制措施）

第一部分　公司基本情况

公司基本情况：

公司名称________________________________

成立时间________________________________

注册资本________________________________

实际到位资本____________________________

其中现金到位____________________________

无形资产占股份比例____________________%

注册地点________________________________

公司性质为：请填写公司性质，如：有限公司、股份有限公司、合伙企业、个人独资等，并说明其中国有成分比例和外资比例。

公司沿革：说明自公司成立以来主营业务、股权。注册资本等公司基本情形的变动，并说明这些变动的原因。

目前公司主要股东情况：列表说明目前股东的名称及其出资情况。

目前公司内部部门设置情况：以组织机构图来表示本公司的独资、控股、参股国有公司及非法人机构的情况：（图略）

公司目前职工情况：

如：拥有员工______人，其中管理人员______人，生产工人______人；管理人员中，大专以上文化程度的有______人，占员工总数______%，大学本科以上的有______人，占员工总数______%，硕士学位（含中级职称）以上的有______人，占员工总数______%，博士学位（含高级职称）以上的有______人，占员工总数______%。

最好列表说明。

公司经营财务历史：列表说明（表略）

公司近期及未来3~5年要实现的目标（行业地位、销售收入、市场占有、产品品牌以及公司股票上市等）：__________

公司近期及未来3~5年的发展方向、发展战略和要实现的目标：__________

第二部分 公司管理层

董事会成员名单：

序号	职务	姓名	工作单位	学历或职称	联系电话
1	董事长				
2	副董事长				
3	董事				
4	董事				
5	董事				
6	董事				
7	董事				
8	董事				
9	董事				

董事长

姓名__________性别______年龄______籍贯______联系电话______________

学历________学位________所学专业____________职称________________

毕业院校____________________户口所在地____________________________

主要经历和业绩（着重描述在本行业内的技术和管理经验及成功事例）

总经理

姓名__________性别______年龄______籍贯______联系电话______________

学历________学位________所学专业____________职称__________________

毕业院校____________________户口所在地____________________________

主要经历和业绩（着重描述在本行业内的技术和管理经验及成功事例）

技术开发负责人

姓名__________性别______年龄______籍贯______联系电话______________

学历________学位________所学专业____________职称__________________

毕业院校____________________户口所在地____________________________

主要经历和业绩（着重描述在本行业内的技术水平、经验和成功事例）

市场营销负责人

姓名__________性别______年龄______籍贯______联系电话______________

学历________学位________所学专业____________职称__________________

毕业院校____________________户口所在地____________________________

主要经历和业绩（着重描述在本行业的营销经验和成功事例）

财务负责人

姓名__________性别______年龄______籍贯______联系电话______________

学历________学位________所学专业____________职称__________________

毕业院校____________________户口所在地____________________________

主要经历和业绩（着重描述在财务、金融、筹资、投资等方面的背景、经验和业绩）

其他对公司发展负有重要责任的人员（可增加附页）

姓名__________性别______年龄______籍贯______联系电话______________

学历________学位________所学专业____________职称__________________

毕业院校____________________户口所在地____________________________

主要经历和业绩（根据公司的需要，着重描述不同人员在特定方面的专长）

第三部分　产品/服务

产品/服务描述（这里主要介绍拟投资的产品/服务的背景、目前所处发展阶段、与同行业其他公司同类产品/服务的比较，本公司产品/服务的新颖性、先进性

和独特性，如拥有的专门技术、版权、配方、品牌、销售网络、许可证、专营权、特许权经营等)：(略)

公司现有的和正在申请的知识产权（专利、商标、版权等)：

专利申请情况：(略)

产品商标注册情况：(略)

公司是否已签署了有关专利权及其他知识产权转让或授权许可的协议？如果有，请说明（并附主要条款)：(略)

目标市场（这里对产品面向的用户种类要进行详细说明）

产品更新换代周期（更新换代周期的确定要有资料来源）

产品标准（详细列明产品执行的标准）

详细描述本公司产品/服务的竞争优势（包括性能、价格、服务等方面）

产品的售后服务网络和用户技术支持：(略)

第四部分 研究与开发

公司已往的研究与开发成果及其技术先进性（包括技术鉴定情况、获国际、国家、省、市及有关部门和机构奖励情况)：(略)

公司参与制订产品或技术的行业标准和质量检测标准情况：(略)

国内外研究与开发情况，以及公司在技术与产品开发方面的国内外主要的竞争对手（5家）情况，公司为提高竞争力拟采取的措施：(略)

到目前为止，公司在技术开发方面的资金总投入是多少，计划再投入的开发资金是多少（列表说明每年购置开发设备、开发人员工资、试验检测费用、以及与开发有关的其他费用)：(略)

请说明，今后为保证产品质量，产品升级换代和保持技术先进水平，公司的开发方向、开发重点和正在开发的技术和产品等情况：(略)

公司现有技术开发资源以及技术储备情况：(略)

公司寻求技术开发依托（如大学、研究所等）情况，合作方式：(略)

公司将采取怎样的激励机制和措施，来保持关键技术人员和技术队伍的稳定：(略)

公司未来3~5年的开发资金投入和人员投入计划（万元)：(表略)

第五部分 行业及市场情况

行业情况（行业发展历史及趋势，哪些行业的变化对产品利润、利润率影响较大，进入该行业的技术壁垒、贸易壁垒、政策限制等，行业市场前景分析与预测)：(略)

过去3年或5年和年全行业销售总额：必须注明资料来源。(表略)

未来3年或5年各年全行业销售收入预测：必须注明资料来源。(表略)

本公司与行业内5个主要竞争对手的比较：主要描述在主要销售市场中的竞争对手。(表略)

市场销售有无行业管制，公司产品进入市场的难度分析：(略)

公司未来3年或5年的销售收入预测（融资不成功的情况下)：(略)

公司未来3年或5年的销售收入预测（融资成功情况下)：(表略)

第六部分 营销策略

产品销售成本的构成及销售价格制订的依据：(略)

如果产品已经在市场上形成了竞争优势，请说明与哪些因素有关（如成本相同但销售价格低、成本低形成销售优势、以及产品性能、品牌、销售渠道优于竞争对手产品，等等)：(略)

在建立销售网络、销售渠道、设立代理商、分销商方面的策略与实施：(略)

在广告促销方面的策略与实施：(略)

在产品销售价格方面的策略与实施：(略)

在建立良好销售队伍方面的策略与实施：(略)

产品售后服务方面的策略与实施：(略)

其他方面的策略与实施：(略)

对销售队伍采取什么样的激励机制：(略)

第七部分 产品制造

产品生产制造方式（公司自建厂生产产品，还是委托生产，或其他方式，请说明原因)：(略)

公司自建厂情况，购买厂房还是租用厂房，厂房面积是多少，生产面积是多少，厂房地点在哪里，交通、运输、通讯是否方便：(略)

现有生产设备情况（专用设备还是通用设备，先进程度如何，价值是多少，是否投保，最大生产能力是多少，能否满足产品销售增长的要求，如果需要增加设备，采购计划、采购周期及安装调试周期；如果需要大规模建设，是否选择“交钥匙”方式进行，“交钥匙”工程的承包机构是否提供工期、质量方面的保证，如何对这些保证加以实施)：(略)

请说明，如果设备操作需要特殊技能的员工，如何解决这一问题：(略)

简述产品的生产制造过程、工艺流程：(略)

如何保证主要原材料、元器件、配件以及关键零部件等生产必须品的进货渠道的稳定性、可靠性、质量及进货周期，列出3家主要供应商名单及联系电话：

主要供应商1 ____________________

主要供应商2 ____________________

主要供应商3 ____________________

正常生产状态下，成品率、返修率、废品率控制在怎样的范围内，描述生产过程中产品的质量保证体系、以及关键质量检测设备：（略）

产品成本和生产成本如何控制，有怎样的具体措施：（略）

产品批量销售价格的制订，产品毛利润率是多少？纯利润率是多少：（略）

第八部分　管　　理

请说明：为保证融资项目按计划实施，公司准备今后各年陆续设立哪些机构，各机构配备多少人员，人员年收入情况。请用图表统计表示出来，附在本计划中。

公司是否通过国内外管理体系认证？

公司对管理层及关键人员将采取怎样的激励机制：（略）

公司是否考虑员工持股问题，请说明：（略）

公司是否与掌握公司关键技术及其他重要信息的人员签定竞业禁止协议，若有，请说明协议主要内容：（略）

公司是否与每个雇员签定劳动用工合同：（略）

公司是否与相关员工签定公司技术秘密和商业秘密的保密合同：（略）

公司是否为每位员工购买保险，请说明保险险种：（略）

公司是否存在关联经营和家族管理问题，若有，请说明：（略）

公司与董事会、董事、主要管理者、关键雇员之间是否有实际存在或潜在的利益冲突，如果有，请说明解决办法：（略）

请说明，公司对知识产权、技术秘密和商业秘密的保护措施：（略）

请说明，项目实施过程中，公司需要哪些外部支持，如何获得这些支持：（略）

第九部分　融资说明

为保证项目实施，需要新增投资是多少__________万元，新增投资中，需投资方投入__________万元，对外借贷__________万元，公司自身投入__________万元。如果有对外借贷，抵押或担保措施是什么？

请说明投入资金的用途和使用计划：（略）

希望让投资方参股本公司还是投资合作成立新公司？请说明原因：（略）

拟向投资方出让多少权益？计算依据是什么？

预计未来3年或5年平均每年净资产收益率是少？

投资方可享有哪些监督和管理权利？

如果公司没有实现项目发展计划，公司与管理层向投资方承担哪些责任？

投资方以何种方式收回投资，具体方式和执行时间：（略）

在与公司业务有关的税种和税率方面，公司享受哪些政府提供的优惠政策及未来可能的情况（如：市场准入、减免税等方面的优惠政策）：（略）

需要对投资方说明的其他情况：(略)

第十部分 财务计划

产品形成规模销售时，毛利润率为＿＿＿＿＿＿＿＿%，纯利润率为＿＿＿＿＿＿＿＿%

请提供：未来3～5年的项目盈亏平衡表、项目资产负债表、项目损益表、项目现金流量表、项目销售计划表、项目产品成本表；

(第一年每个月计算现金流量，共12个月，第二年每季度计算现金流量，共四个季度，第三、四、五年每年计算现金流量，共三年)

注：每一项财务数据要有依据，要进行财务数据说明。

第十一部分 风险控制

请详细说明该项目实施过程中可能遇到的风险及控制、防范手段（包括政策风险、加入WTO的风险、技术开发风险、经营管理风险、市场开拓风险、生产风险、财务风险、汇率风险、投资风险、股票风险、对公司关键人员依赖的风险等。以上风险如适用，每项要单独叙述控制和防范手段)。

第十二部分 项目实施进度

详细列明项目实施计划和进度（注明起止时间)。

第十三部分 其 他

为补充本项目计划书内容，需要进一步说明的有关问题（如公司或公司主要管理人员和关键人员过去、现在是否卷入法律诉讼及仲裁事件中，对公司有何影响)。

(四) 总结

1. 总结的涵义和作用

这里所说的总结，主要是就工作总结而言的，是事后对某一阶段的工作或某项工作的完成情况，包括取得的成绩，存在的问题，得到的经验和教训加以回顾和分析的一种书面材料。

总结与计划对实际工作产生作用的方式不同。如果说计划主要是为了指导未来，那么总结则主要是回顾过去。而回顾过去，目的是从中总结出规律性的东西，是为了给今后的工作提供借鉴和帮助。毛泽东同志说过：“人类总得不断地总结经验，有所发现，有所发明，有所创造，有所前进。”通过实践总结经验，掌握规律，然后再回到实践中去，用以指导实践，经过实践、认识，再实践、再认识的过程，人的思想认识才能不断得到提高。因此，总结过去的工作情况本身，也是培养工作能力，提高认识水平的一种过程。

2. 总结的种类

从不同的角度，可将总结划分为不同的类别。比较常用的分类方法是按其性质和内容的不同，将总结分为综合性总结和专题性总结两类。所谓的综合性总结，是对总结对象在一定时期内的所有情况进行全面反映和评析的总结；所谓的专题性总结，是对某项工作的情况或总结对象在某个时期的某个方面的情况，进行专门反映和评析的总结。

3. 总结的写法

同计划一样，总结一般也是由三个部分构成的，即标题、正文和落款。

（1）标题。标题的写法有两种，一种是包括单位名称、时间、总结对象和文种类别的标题，这种标题的写法同计划标题的写法相近；一种是新闻式标题，即概括总结的核心内容的标题。

（2）正文。正文一般包括基本情况、成绩与经验、问题与教训、今后的意见等几部分内容。或者把作法与成绩写成一个部分，把经验与教训写成另一个部分，把问题和意见作为一个部分来写。另外，也可以根据实际情况，采用其他写作程序，或对某些部分有所省略。

在“基本情况”，即“前言”部分，一般是概述情况，或者对工作背景和开展工作的条件，作一个简要交代。

主体的第一个部分是“成绩与经验”部分，在此要用翔实的材料，将成绩及取得成绩的做法写清楚，最好要有实例，有数字，还要有体会，要能够从中找出规律性的东西；主体的第二个部分是“问题与教训”部分，在此要实事求是把工作中的失误和问题写明，并深刻分析产生失误和问题的原因，指出应汲取的教训。写主体部分，必须做到观点与材料、情况与分析的统一，而且材料要具体，情况要真实，观点要正确，分析要深入，只有这样，总结才有价值。夹叙夹议或先叙后议，都是总结的主体部分常用的写法。把存在的问题和解决问题的措施放在一起，在“经验与教训”部分之后写出，也是比较常见的写法。

在“今后的意见”，即“结尾”部分，要结合经验和教训，提出改进工作的办法或下一步努力的方向。有的是在最后展望前景，表明决心。

篇幅较长的总结，常常在每个部分之前加上序码，或加上序码和小标题。

（3）落款。同计划落款的写法完全相同。

下面请看一篇例文：

坚持对外开放方针　促进国民经济调整

党的十一届三中全会后，制定了国民经济“调整、改革、整顿、提高”和“对外开放、对内搞活经济”等方针政策，清除了“左”的影响，拨正了经济工作的指导思想。中国银行在党的方针、政策指引下，运用银行的外汇、外贸信贷杠杆促进国民经济调整，取得了明显的经济效果。现在，我们要认真贯彻十二大的路线，总结经验，贯彻对外开放、对内搞活经济等方针、政策，继续前进，发挥银行信贷的经济职能，为全面开创社会主义现代化建设的新局面服务。

三中全会以来我行信贷工作的回顾

中国银行是国家外汇专业银行。党的十一届三中全会后，根据形势发展的需要，逐步扩大业务，从主要办理国际结算，发展到更多地注意筹措和运用资金，发放贷款，支持对外贸易的发展，支持国民经济建设。

首先，逐步扩大了贷款范围。为把信贷业务做好做活，我们增加了出口商品生产中短期贷款、机构设备出口中短期贷款、优惠利率外汇贷款、特种外汇贷款、买方贷款、中外合资经营企业贷款、配套贷款等多种贷款。这就扩大了贷款的对象和范围，基本上适应了国民经济发展的需要。

我们还改革了信贷体制。三中全会以来，我们对用于外贸收购出口商品的资金，试行了定额贷款、超定额贷款和专项贷款的管理办法。并对逾期和挤占用贷款，实行了加收利息，以协助外贸企业改善经营管理。外汇贷款也进一步扩大了分行对贷款的审批权限，并实行了“统一计划，分级管理，批用衔接，放收挂钩，余额控制，周转使用”的计划管理办法，把指标分配到各分行，三年不变，进一步调动各分行办好外汇贷款的主动性、积极性。

由于采取了以上措施，我们的信贷工作进展较快，贷款金额成倍增长，外贸贷款余额1978年为200亿元，随着我国对外贸易的扩大，1982年6月已增加到386亿元，增加93%，外汇贷款1979年到1982年6月三年半时间共批准132.66亿美元，实际使用102.56亿美元，收回73.12亿美元，分别为1973年开办外汇贷款起至1978年六年间的4.5倍、4.8倍和5.8倍。除了上述外贸贷款、外汇贷款外，根据扶持出口产品的需要，到1982年6月，我们还发放了中短期人民币贷款3.73亿元，中长期贷款2.17亿元和配套贷款3.15亿元。

我们发放的各项贷款，取得了较好的经济效益。主要是支持了对外贸易和交通运输事业的发展。三中全会以来，国民经济调整取得了显著的成效，我国对外贸易有了成倍的增长。外贸进出口需要的资金，主要是我行外贸信贷提供的。与此同时，大力支持了能源的开发和中小企业的技术改造，到1982年6月，各地中行共发放外汇贷款15.47亿美元，六千三百个项目，其中有四千多个项目是支持中小企业特别是轻纺工业的技术改造，走内涵扩大再生产的道路，使一些轻纺工业改善了生产条件，扩大了生产能力，提高了产品质量，发展了花色品种，改进了包装装潢。这些贷款项目投资少、见效快、收益大，得到了较好的经济效益。据1982年已还清贷款的2611个项目的不完全统计，贷款5.37亿美元，贷款期内企业增加产值57.07亿元，财政增加税收7.16亿元，企业增加利润9.08亿元，外贸增加收购出口商品26.09亿元，换回外汇12.62万美元。也就是说贷款1美元，贷款期内可增加产值10.65元，税利3.02元，出口商品4.87元，换回外汇2.35美元。此外，我们还积极支持了旅游宾馆的建造，海外承包工程的开展和中外合资经营企业的发展。

做好信贷工作的经验和体会

总结过去几年工作的实践，我认为信贷工作有以下五个方面的基本经验。

（一）必须积极主动地为党和国家的经济建设方针服务。党的十一届三中全会以来，我行信贷资金投向，重点用于对外贸易的发展，支持交通、能源等国民经济薄弱环节的建设，支持中小企业的技术改造，支持轻纺工业扩大生产，受到了地方、部门和企业的欢迎。

（二）必须严格执行信贷计划，保持信贷平衡。信贷计划是国民经济计划的一个重要组成部分。保持信贷平衡就要按照国家经济建设的方针政策和经过平衡下达的信贷计划，有控制地安排信贷资金的数量，讲求经济效益。

（三）贯彻“择优扶持、区别对待”和“以销定货”的贷款原则，努力提高信贷资金效益。发放贷款要贯彻“择优扶持、区别对待”和“以销定货”的贷款原则，要认真做好贷款的贷前调查、贷时审查和贷后检查。只有做到了这些，从而真正掌握贷款的自主权，即贷与不贷，贷多贷少，时间长短，利率高低，并对贷款的后果负责任。

（四）深入调查研究，是做好信贷工作，运用信贷资金，正确发挥信贷杠杆作用的重要途径。

（五）要加强思想政治工作，调动信贷干部的工作积极性，使每个信贷员增加做好工作的自觉性和责任感，做到坚持原则，遵守制度，忠于职守，满腔热情地为企业、为国民经济发展服务。

今后工作的意见

当前，我行信贷工作的主要的问题是，信贷资金的经济效益仍然不够好，流动资金贷款的管理制度还不健全，资金占用偏多，资金周转率没有达到历史最好水平，外汇信贷资金没有得到充分利用，有些项目没有实现预期的经济效益。现在中央领导同志对于在利用外资中如何发挥中国银行的作用，以及充分利用我行外汇资金，非常重视。我们必须根据十二大精神，联系实际，规划好今后的工作。我们要在过去已有的工作基础上，进一步用好用活信贷资金，更好地发挥信贷的杠杆作用，为实现十二大确定的经济发展目标做出应有的贡献。

（一）要大力支持对外贸易的发展。（略）

（二）认真办好用于支持开发能源和发展交通等战略重点的贷款。（略）

（三）积极支持中小企业的技术改造。（略）

（四）努力做好支持船舶和机电产品出口的贷款工作。（略）

（五）进一步提高信贷资金的经济效益。（略）

（六）加强信贷干部队伍建设。（略）

这是一篇以单位领导名义撰写的专题性工作总结。标题为新闻式标题，概括全文的中心思想。正文的第一个部分是前言部分，用以交代背景，总述情况；第二个部分“三中全会以来我行信贷工作的回顾”，具体写明在几个方面取得的工作成绩，材料翔实，数字准确，很能说明问题；第三个部分“做好信贷工作的经验和体会”，总结在工作中取得成绩的经验，写明做法和体会。第四个部分“今后工作的意见”，指出在工作中存在的问题，提出进一步做好工作的目标和措施。这篇总结先写成绩，然后写经验，最后写问题和打算。在每个部分之前都有小标题，对每个部分所写的内容加以提示。

4. 撰写总结的要求

撰写总结，必须注意以下几点：

第一，要善于分析材料，并找出规律性的东西来。撰写总结，需要充分占有材料，全面掌握情况，但仅仅占有材料还是不够的。在占有材料的基础上，还必须深入分析，探求规律，这是写好总结的关键。如记“流水账”一样罗列材料，或一味地就事论事，写出的总结不可能对今后的工作有太大的指导意义。

第二，要合理地取舍内容，以突出重点。前面说过，总结往往要反映几个方面的内容，但写各项内容，不能平均使用笔墨，而要有所侧重。要根据具体的写作目的和工作状况的特点表述内容，确定重点，避免采用面面俱到，泛泛而谈的写作方式。另外，为使总结的内容详实具体，在写作时通常要用实例说明问题，在反映经济工作内容的总结中，还会用到大量的数据。使用实例和数据，在确保其真实性的前提下还要讲求典型性，要把最能说明问题的典型实例和关键数据写入文章，免得以偏概全，得出片面的结论来。

第三，要深入研究问题，以写出特色。写总结不能千篇一律，而要写出独特的东西来。首先从内容方面来看，无论是写成绩，还是写问题，也无论是写经验，还是写教训，都要带有明显的个性色彩，要把真正属于自己的东西反映出来。只讲共性，不讲个性，是写不出高质量的总结的。如果一篇总结，经改头换面，加工处理，然后用到哪个单位或哪个年度皆可，那只能说这不是合格的总结。另外，在结构的安排和语言的运用上，总结也有自己的一些特点。

（五）讲话稿

1. 讲话稿的涵义和作用

这里所说的讲话稿，是指领导同志在各种会议上，或利用广播电视等宣传工具发表讲话的书面材料。这种用于公务活动的讲话稿，不同于一般的演讲稿，也不同于会议报告。讲话稿一般为能代表本单位发言的领导人所用，其内容往往表明本单位的集体意志，演讲稿则只代表演讲者个人的意见；讲话稿有的是由领导人亲自动手起草的，有的是文秘人员根据领导人的意图代为起草的，有的甚至是经专门的写作班子反复讨论、修改后才定稿的。演讲稿大都由演讲者本人撰写。讲话稿同会议报告相比，两者首先在篇幅就有一定的区别，讲话稿通常篇幅较短，会议报告则篇幅较长。

讲话稿的种类很多，常用的欢迎词、欢送词、祝酒词、开幕词以及各种会议上的致词、中心发言稿等都属于讲话稿。

不同种类的讲话稿，有着不同的用途。而无论哪一类讲话稿，都是增强讲话效果的重要工具和凭借。各项工作的开展是离不开人与人之间的交往和交流的，而领导人发表讲话是同有关人员沟通的途径之一，或者说是交流思想的一种形式。发表讲话，特别是在一些正式场合和重要会议上发表讲话，准备讲话稿是非常必要的。准备讲话稿，至少能够使讲话更有条理和章法，使主题更加明确，使中心更加突出，避免东拉西扯，淹没主题，浪费时间。

2. 讲话稿的写法

各类讲话稿的写法有较大的区别，或者说，讲话稿是没有固定的可供依循的写作格式的。撰写讲话稿，可以根据表达的需要和内容的特点灵活地安排结构。讲话稿常用的结构形式有三种：第一种是纵式结构，即各层意思之间是进层关系，步步深入地把要说的话说清；第二种是横式结构，即各层意思之间是并列关系，从不同的角度，不同的侧面表达内容；第三种是总分式结构，即先总述内容，然后再分层表述。如毛泽东同志的著名讲话《放下包袱，开动机器》，首先明确“为了争取新的胜利，要在党的干部中间提倡放下包袱和开动机器”这一总的观点，接着讲“放下包袱”，然后讲“开动机器”，第一个部分和第二、三部分之间是总分关系。另外，先分开说再总起来说，或者先总起来说再分开说，最后又总起来说，也是总分关系的表现形式。

无论采用哪种形式安排讲话稿的结构，都必须注意表达的条理性。先讲什么，后讲什么，要排列得当，以使讲话内容层次分明，有条不紊，便于听众抓住要领，迅速领会讲话者的意图和讲话的主要内容。同时，有利于吸引听众，有利于唤起听众的兴趣，也是安排讲话稿的结构所应考虑的一个原则。

下面请看《温家宝总理在二○○六年春节团拜会上的讲话》：

同志们，朋友们：

今天，我们欢聚一堂，辞旧迎新，共庆佳节。借此机会，我向大家致以节日的良好祝愿！向全国各族人民拜年！

刚刚过去的2005年，是我国在全面建设小康社会道路上阔步前进的一年，社会主义现代化事业取得显著成就。经济保持平稳较快增长，改革开放迈出重大步伐，各项社会事业加快发展，城乡人民生活继续改善。我们伟大的祖国欣欣向荣，蒸蒸日上。

2006年是实施“十一五”规划的第一年，做好今年工作意义重大。我们要充分利用各种有利条件和新的机遇，勇于应对各种困难和新的挑战。我们要以邓小平理论和“三个代表”重要思想为指导，认真贯彻党的十六大和十六届五中全会精神，全面落实科学发展观，坚持加快改革开放和自主创新，坚持推进经济结构调整和增长方式转变，坚持把解决涉及人民群众切身利益的问题放在突出位置，全面加强经济建设、政治建设、文化建设与和谐社会建设，为“十一五”开好局、起好步。

我们党提出全面建设小康社会的奋斗目标，反映了我国现代化事业不断向前发展的必然要求，表达了全国人民的共同心愿。实现这个宏伟目标，最根本的是通过改革开放不断解放和发展生产力，使全体人民共享改革发展成果，朝着共同富裕的方向稳步前进。

——我们要使广大人民群众的积极性、创造性最大程度地发挥出来，让一切创造社会财富的源泉充分涌流。

——我们要在经济发展的基础上不断满足人们日益增长的物质文化需要，使城乡人民的生活一天比一天好。

——我们要妥善处理各方面利益关系，保护人们诚实劳动与合法经营的权益，注重社会公平，努力改善困难群众的生产和生活条件。

——我们要高度重视和维护人民群众最关心、最直接、最现实的利益，着力解决就业、社会保障、扶贫、教育、医疗、住房、环保、安全等问题，加强社会建设和管理，维护社会稳定。

只要我们一切为了人民群众，一切依靠人民群众，我们的事业就一定会更加兴旺发达。

值此举国喜迎新春的时刻，我们衷心祝愿香港、澳门同胞，台湾同胞，海外侨胞生活幸福美满。

我们要与世界各国人民一道，努力建设和平、和睦、和谐的世界。

同志们，朋友们！展望祖国未来，前景无限美好。让我们在以胡锦涛同志为总书记的党中央领导下，奋发图强，乘势前进，继续谱写社会主义现代化事业的新篇章。

祝大家新春愉快，身体健康！祝全国各族人民阖家欢乐，幸福吉祥！

从总体上看，这篇讲话稿的结构应该算是纵式结构。首先，表示节日的祝愿，然后对过去的一年进行简要的回顾，对过去的一年所取得的成绩给予高度评价；接着面向新的一年提出新的希望、发出新的号召，最后以充满激情的语言展望未来，表明信心，并再次表达美好的祝愿之情。这篇讲话稿的语言既很有庄重感，又很有感染力，充分体现了讲话稿语言的特点。

3. 撰写讲话稿的要求

撰写讲话稿，必须注意以下几点：

第一，针对性要强。讲话通常有着特定的场合和固定的听众，撰写讲话稿必须充分考虑讲话场合和听众对象的特点，据此确定讲话的主题、材料和语言形式。针对性不强，就不会收到预期的效果，甚至会使听众产生反感或逆反心理。

第二，主题要集中鲜明。公开发表讲话不同于随便聊天，不能东拉西扯，漫无边际，而必须围绕着一个中心，有一个主题，准备讲话稿的一个很重要的作用就是防止讲话人说跑题。因此，撰写讲话稿也要像写其他文章那样确立主题，并以主题统领全篇；同时，由于听众不能像读者那样反复研读文章，因而讲话稿的主题还不能含而不露，要表达得更加明白、直接。赞成什么、反对什么，主张什么、避免什么，要明白无误地告诉听众。内容庞杂或含混，会使听众不得要领或有不知所云之感。

第三，内容要吸引人。一篇讲话稿的质量如何，在很大程度上取决于能否吸引听众。讲话即便再重要，再有意义，如果不能引起听众的注意，无法对听众产生作用，也是无济于事的。增加讲话内容的知识性、哲理性和趣味性及语言的气势和文采，是征服和打动听众的有效方式。

第四，语言要通俗生动。讲话稿是要讲出来给人听的，同纯粹的书面语言应有所不同，要带有口语的特点。首先用语要通俗自然，使听众有亲切感，并容易理解和接受；其次，要尽量多用形象生动的语言形式，比如，恰当地运用比喻、幽默等，或适当引用警句、诗文、成语等，以有利于引发听众的兴趣。相反，一味采用过于抽象、枯燥、平直的说法，是难以吸引听众的；最后，要注意调协语音，以使讲话稿读起来抑扬顿挫，琅琅上口，铿锵有声，富有节奏感和韵律美。

（六）规章制度

1. 规章制度的概念及其作用

规章制度，是国家机关、业务主管部门、社会团体或其他组织机构所制定的，在一定的范围内要求有关人员共同遵守的实用文书。

规章制度的种类很多，公约、章程、条例、规定、办法、规则、细则、准则、守则、标准、须知等等，都是分别有着不同用途的规章制度。不同种类的规章制度尽管名称与用途不同，但其性质和写法大体相同或相近。

规章制度是党和国家的方针、政策的具体化，具有法规的效力；它对人们的行为具有指导和约束作用，是人们的行动准则和依据。应当说，具有法规性和约束力，是规章制度的共同特点。规章制度的应用范围极广，大至全社会行业和部门，小至一个单位、一个班组，一般都有自己的规章制度。

2. 规章制度的种类及其写法

常见的规章制度主要有以下几种：

（1）章程。章程，是党派或团体等组织，用于规定自身的性质、宗旨、组织机构、活动形式和行动准则等内部事务的一种文书。

章程一般包括标题、签署、正文等几个部分。

① 标题。章程的标题通常是由组织或机构名称加文种名称两个要素构成的，如《中国共产主义青年团章程》、《证券交易所章程》等。

② 签署。签署又称题注。章程通常要由会议通过才能生效，通过章程的会议名称和日期要加括号置于标题下方。

③ 正文。章程的正文一般采用条款形式，而且是“章断条连式”，即分章分条，各章条数前后相连、统一排列，条下还可分款，但各款不连，独立编号。第一章为“总则”（或总纲），总则部分用以说明组织机构的性质、宗旨、任务，有的还要说明组织机构的名称、指导思想或建设要求等；中间各章统称“分则”，分则部分是章程的主体，在此要对组织机构的成员、构成特点、活动范围和方式等作出规定；章程的最后一章是“附则”，主要写明章程的生效日期与施行要求。有些章程不设“附则”一章，分则部分结束，整个章程也就结束。如果不设“附则”，那么开头的“总则”（或总纲）就不要作为第一章出现，而要单独存在于分则各章之前。

请看一篇例文：

国家自然科学基金委员会章程

（国家自然科学基金委员会全体委员会议
二〇〇五年三月十七日通过）

第一章　总　　则

第一条　为确立国家自然科学基金委员会工作规范和行为准则，保障国家自然科学基金事业健康发展，根据国家有关法律法规制定本章程。

第二条　国家自然科学基金委员会是管理国家自然科学基金的国务院直属事业单位。

第三条　国家自然科学基金委员会资金主要来自中央政府财政拨款，同时依法接受国内外自然人、法人或者其他组织的捐赠。

第四条（略）

第五条（略）

第二章　领导体制

第六条　国家自然科学基金委员会设主任一人，副主任若干人。主任、副主任由国务院任命。国家自然科学基金委员会主任是法定代表人，主持全面工作，对国务院负责。副主任协助主任工作。国家自然科学基金委员会设秘书长一人，副秘书长若干人。秘书长按规定报有关部门批准，副秘书长由国家自然科学基金委员会任命。

第七条　国家自然科学基金委员会设委员二十五名。委员由来自高等学校、研究机构、政府部门和企业等方面的科学家、工程技术专家和管理专家担任，实行任期制，每届任期四年。国家自然科学基金委员会主任和副主任为当然委员，其他委员由主任提名，报国务院审批。

第八条　国家自然科学基金委员会设立全体委员会议（以下简称全委会）、委务会议、主任办公会议和秘书长办公会议。

第九条（略）

第十条（略）

第十一条（略）

第十二条　秘书长办公会议由秘书长或副秘书长主持，有关部门负责人参加。其职责是研究、协调和部署具体工作。

第三章　管理机构

第十三条　国家自然科学基金委员会根据工作需要，按照权责一致的原则，设置若干职能局（室）和科学部等管理机构。

国家自然科学基金委员会不设科学技术研究实体。

第十四条　职能局（室）主要负责组织制定与实施国家自然科学基金发展战略、政策、规划和计划；综合管理资助项目、国际合作与交流活动；综合管理政务事务、队伍建设、财务与资产等事项；组织开展有关监督与审计。

职能局（室）实行局长（主任）负责制。

第十五条　科学部主要负责组织制定学科发展战略、优先资助领域和项目指南；受理、组织评审和管理国家自然科学基金各类项目；承担重要科学问题的咨询等。

科学部主任由相关领域科学家担任，实行任期制，每届任期四年，连任不得超过两届。科学部主任重点负责把握资助工作的学术方向。常务副主任重点负责科学部综合管理工作，其中重大事项的决策须征求主任的意见。

第十六条　国家自然科学基金委员会根据国家有关规定和工作需要，设立服务保障机构。

第十七条　国家自然科学基金面向全国，主要资助高等学校和研究机构的科技工作者开展基础研究。

第十八条　国家自然科学基金委员会根据科学发展态势，结合国家经济社会发展需求，制定和实施资助计划，确定资助类型和资助方式。

第十九条　国家自然科学基金委员会确定资助类型和资助方式的原则是：（略）

第二十条　国家自然科学基金委员会设立科学部专家咨询委员会。其主要职责是对学科发展战略、优先资助领域、资助格局、人才培养以及科学部管理工作等重要问题提供咨询意见。

科学部专家咨询委员会主任由科学部主任兼任，委员由相关领域科学家和管理专家组成，由国家自然科学基金委员会聘任。委员实行任期制，每届任期两年，连任不得超过两届。

第二十一条　国家自然科学基金委员会公开发布资助范围、申请条件、受理程序与期限等信息，建立资助信息查询系统，为申请者提供高效和便利的服务。

第二十二条　国家自然科学基金委员会遵循“依靠专家、发扬民主、择优支持、公正合理”的评审原则，制定评审标准和管理办法，组织对申请项目的评议和评审。

第二十三条　国家自然科学基金委员会一般通过以下程序遴选和确定资助对象：（具体内容略）

第二十四条　国家自然科学基金委员会按照代表性与多样性相结合、动态调整和专家自愿等原则，组建同行专家评议队伍和学科评审组或专业评审委员会。

评议和评审专家应具备的基本条件是：有较高的学术造诣、敏锐的科学洞察力和较强的学术判断能力，学风严谨，办事公正。

学科评审组成员由科学部提名，委务会议批准，国家自然科学基金委员会聘任。学科评审组成员实行任期制，每届任期两年，连任不得超过两届。连任届满后再次聘任的时间间隔不得少于两年。

专业评审委员会的组建按规定程序执行。

第二十五条　同行评议专家对申请项目的研究价值、研究方案、研究条件以及申请者的创新能力等做出独立判断和评价。

学科评审组在同行评议基础上重点评议非共识创新项目，结合总体资助战略提出资助建议。专业评审委员会根据特定要求审定或批准资助项目。

第二十六条　国家自然科学基金评议和评审工作实行回避和保密制度，保障申请者和评议者的权益，维护评议和评审工作的公正性。

国家自然科学基金委员会工作人员不得申请或参加申请国家自然科学基金项目。

第二十七条　国家自然科学基金委员会加强资助项目管理与监督，重点审核获资助项目的工作计划与经费预算，检查工作进展，核准结题或组织验收，管理资助成果，推动成果共享等。

第二十八条　国家自然科学基金委员会实行年度报告制度，公布资助情况，宣传资助成果。

第五章　财务与资产管理

第二十九条　国家自然科学基金委员会执行国家财政和财务制度，建立健全财务管理办法，完善财务内部控制制度，推进财务管理信息化建设，保障资金安全合理使用。

第三十条　国家自然科学基金委员会根据国家自然科学基金发展规划，按照量入为出、收支平衡的原则编制年度预算，严格执行预算编制程序。年度预算经国家财政主管部门批准后执行。

国家自然科学基金委员会严格执行预算，如有重大调整，须报国家财政主管部门批准。

第三十一条　国家自然科学基金委员会编制年度决算报告，报国家财政主管部门批准。

第三十二条　国家自然科学基金委员会对资助项目经费预算执行情况进行监督。

第三十三条　国家自然科学基金委员会按照捐赠协议管理和使用接受捐赠的资金。

第三十四条　国家自然科学基金委员会建立健全国有资产管理制度，防止国有资产流失。

第六章　人员管理（略）

第七章　监督（略）

第八章　国际（地区）合作与交流（略）

第九章　附　　则

第四十九条　国家自然科学基金委员会印章由国务院制发。印章为圆形，中心置中华人民共和国国徽，周围环绕“国家自然科学基金委员会”字样。

第五十条　国家自然科学基金委员会简称自然科学基金委。英文名称为 National Natural Science Foundation of China，缩写为 NSFC。

第五十一条　国家自然科学基金委员会依据本章程制定管理制度和工作规则。

第五十二条　本章程经全委会审议通过后生效，报国务院备案。

第五十三条　本章程由委务会议负责解释。

在最近几年常见的股份制文书中，还有一种专门用于股份制企业的公司章程。作为财经文书的公司章程与作为事务文书的其他机构的章程在写法上大同小异。关于公司章程的写法，后面还将涉及。

（2）条例。条例，是对某一方面的工作或某一重大事项的处理方式及某一组织的宗旨、任务及其成员的职责权限等作出规定的指令性文书。

条例一般是由全国人民代表大会、国务院或其他政府职能部门制订、颁行的。其作用主要就在于阐释某项工作的任务、要求以及方法，以保证工作顺利开展；规定某一组织的宗旨、任务及其成员的职责权限；规定某些专门工作人员的任务和权限，等等。

同章程一样，条例通常也是由标题、签署、正文几个部分构成的。

① 标题。条例标题的格式一般为“事由 + 文种”，如《住房公积金管理条例》、《饲料和饲料添加剂管理条例》等，“住房公积金管理”、“饲料和饲料添加剂管理”是事由，“条例”是文种名称。

② 签署。条例的发布机关和发布日期，或者通过条例的会议名称和日期要加括号置于标题下方。条例常常随“令”发布，而“令”中大都写明“签署”中所要写明的事项，所以很多条例不再单设“签署”一项。

③ 正文。条例正文的格式有两种：一种是章断条连式，一种是分条列项式。章断条连式条例的写法与章程相同，第一章为“总则”，条数从总则部分开始排列，直至最后一章“附则”；分条列项式也即以“条”贯穿式，不分章目，开头就是条例的第一条，各条依次排列，直至最后一条。条例的开头部分也即“总则”通常写入下面两项内容：一是交代制发条例的目的，常见格式是“为了……，特制定本条例”，如《科学技术档案工作条例》第一条写明：“为了建立、健全科学技术档案工作，完整地保存和科学地管理科学技术档案（以下简称科技档案），充分发挥科技档案在社会主义现代化建设中的作用，特制定本条例。”二是说明条例的适用对象和涉及范围。此外，总则部分还可以写入其他一些内容，如对工作的归属、权限等作出说明。条例的主体部分是规定具体事项的部分，是整个条例的核心部分。总的来说，条例要对应该如何和不该如何作出规定。首先从正面规定必须做什么及必须怎么做，然后再从反面规定不许做什么及违规的处理办法。“正面”和“反面”的规定可以放在一起对照说明，也可以将后者单独列为“罚则”，集中加以说明。条例的结尾部分称为“附则”，用以说明条例的实施要求、生效日期、解释与修改权属、与有关文件的关系及其他未尽事宜的处置办法等。

请看一篇例文：

工伤保险条例

（国务院令第375号）

第一章 总 则

第一条 为了保障因工作遭受事故伤害或者患职业病的职工获得医疗救治和经济补偿，促进工伤预防和职业康复，分散用人单位的工伤风险，制定本条例。

第二条 中华人民共和国境内的各类企业、有雇工的个体工商户（以下称用人单位）应当依照本条例规定参加工伤保险，为本单位全部职工或者雇工（以下称职工）缴纳工伤保险费。

中华人民共和国境内的各类企业的职工和个体工商户的雇工，均有依照本条例的规定享受工伤保险待遇的权利。

有雇工的个体工商户参加工伤保险的具体步骤和实施办法，由省、自治区、直辖市人民政府规定。

第三条（略）

第四条（略）

第五条（略）

第六条（略）

第二章 工伤保险基金

第七条 工伤保险基金由用人单位缴纳的工伤保险费、工伤保险基金的利息和依法纳入工伤保险基金的其他资金构成。

第八条 工伤保险费根据以支定收、收支平衡的原则，确定费率。

国家根据不同行业的工伤风险程度确定行业的差别费率，并根据工伤保险费使用、工伤发生率等情况在每个行业内确定若干费率档次。行业差别费率及行业内费率档次由国务院劳动保障行政部门会同国务院财政部门、卫生行政部门、安全生产监督管理部门制定，报国务院批准后公布施行。

统筹地区经办机构根据用人单位工伤保险费使用、工伤发生率等情况，适用所属行业内相应的费率档次确定单位缴费费率。

第九条 国务院劳动保障行政部门应当定期了解全国各统筹地区工伤保险基金收支情况，及时会同国务院财政部门、卫生行政部门、安全生产监督管理部门提出调整行业差别费率及行业内费率档次的方案，报国务院批准后公布施行。

第十条 用人单位应当按时缴纳工伤保险费。职工个人不缴纳工伤保险费。

用人单位缴纳工伤保险费的数额为本单位职工工资总额乘以单位缴费费率之积。

第十一条　工伤保险基金在直辖市和设区的市实行全市统筹，其他地区的统筹层次由省、自治区人民政府确定。

跨地区、生产流动性较大的行业，可以采取相对集中的方式异地参加统筹地区的工伤保险。具体办法由国务院劳动保障行政部门会同有关行业的主管部门制定。

第十二条　工伤保险基金存入社会保障基金财政专户，用于本条例规定的工伤保险待遇、劳动能力鉴定以及法律、法规规定的用于工伤保险的其他费用的支付。任何单位或者个人不得将工伤保险基金用于投资运营、兴建或者改建办公场所、发放奖金，或者挪作其他用途。

第十三条　工伤保险基金应当留有一定比例的储备金，用于统筹地区重大事故的工伤保险待遇支付；储备金不足支付的，由统筹地区的人民政府垫付。储备金占基金总额的具体比例和储备金的使用办法，由省、自治区、直辖市人民政府规定。

第三章　工伤认定

第十四条　职工有下列情形之一的，应当认定为工伤：

（一）在工作时间和工作场所内，因工作原因受到事故伤害的；

（二）工作时间前后在工作场所内，从事与工作有关的预备性或者收尾性工作受到事故伤害的；

（以下内容略）

第十五条　职工有下列情形之一的，视同工伤：

（一）在工作时间和工作岗位，突发疾病死亡或者在48小时之内经抢救无效死亡的；

（二）在抢险救灾等维护国家利益、公共利益活动中受到伤害的；

（三）职工原在军队服役，因战、因公负伤致残，已取得革命伤残军人证，到用人单位后旧伤复发的。

职工有前款第（一）项、第（二）项情形的，按照本条例的有关规定享受工伤保险待遇；职工有前款第（三）项情形的，按照本条例的有关规定享受除一次性伤残补助金以外的工伤保险待遇。

第十六条　职工有下列情形之一的，不得认定为工伤或者视同工伤：

（一）因犯罪或者违反治安管理伤亡的；

（二）醉酒导致伤亡的；

（三）自残或者自杀的。

第十七条　职工发生事故伤害或者按照职业病防治法规定被诊断、鉴定为职业病，所在单位应当自事故伤害发生之日或者被诊断、鉴定为职业病之日起30日内，向统筹地区劳动保障行政部门提出工伤认定申请。遇有特殊情况，经报劳动保障行政部门同意，申请时限可以适当延长。

用人单位未按前款规定提出工伤认定申请的，工伤职工或者其直系亲属、工会组织在事故伤害发生之日或者被诊断、鉴定为职业病之日起1年内，可以直接向用人单位所在地统筹地区劳动保障行政部门提出工伤认定申请。

按照本条第一款规定应当由省级劳动保障行政部门进行工伤认定的事项，根据属地原则由用人单位所在地的设区的市级劳动保障行政部门办理。

用人单位未在本条第一款规定的时限内提交工伤认定申请，在此期间发生符合本条例规定的工伤待遇等有关费用由该用人单位负担。

第十八条 提出工伤认定申请应当提交下列材料：

（一）工伤认定申请表；

（二）与用人单位存在劳动关系（包括事实劳动关系）的证明材料；

（三）医疗诊断证明或者职业病诊断证明书（或者职业病诊断鉴定书）。

工伤认定申请表应当包括事故发生的时间、地点、原因以及职工伤害程度等基本情况。工伤认定申请人提供材料不完整的，劳动保障行政部门应当一次性书面告知工伤认定申请人需要补正的全部材料。申请人按照书面告知要求补正材料后，劳动保障行政部门应当受理。

（以下内容略）

第四章 劳动能力鉴定（略）

第五章 工伤保险待遇（略）

第六章 监督管理（略）

第七章 法律责任（略）

第八章 附　　则

第六十一条（略）

第六十二条（略）

第六十三条（略）

第六十四条 本条例自2004年1月1日起施行。本条例施行前已受到事故伤害或者患职业病的职工尚未完成工伤认定的，按照本条例的规定执行。

这篇条例所采用的是章断条连式写法，第一条从第一章开始，最后一条在最后一章。开头部分即总则部分，指明制订条例的目的及条例的适用范围、对象，明确工伤保险工作的各级主管部门，申明工伤保险费用给付原则。主体部分共有六章，对具体事项作出非常明确的规定。结尾部分也即附则部分对条例的执行办法、实施时间及相关问题的处理等作出说明。

（3）规定。规定，是针对某一事项或活动提出要求，并制定相应措施，要求有关人员贯彻执行的一种文书。

规定的主要用途就在于就某些政策性问题，提出具体的约束性意见或措施，以利于某项工作的顺利进行和完成。同章程、条例相比，规定的现实针对性要更强一些。

同章程、条例一样，规定通常也是由标题、签署和正文几个部分构成的。

① 标题。规定标题的常见格式是“发文机关＋事由＋文种”或“事由＋文种”，并常用介词“关于”引出事由，如《财政部关于税收体制的规定》、《全国人民代表大会常务委员会关于惩治走私犯罪的补充规定》、《关于严格控制城镇住宅标准的规定》等等。

② 签署。条例的发布机关和发布日期可加括号置于标题下方，也可作为落款放在正文之后。

③ 正文。规定的正文一般包括开头、主体和结尾三个部分。开头又称序言部分，主要用以说明制发该规定的目的、依据、缘由等，并以过渡性语句引出下文；主体部分是写明具体规定事项的部分，主要包括两方面内容：一是原则的规范要求，二是具体的约束措施。主体部分大都采用条款式写法；结尾部分主要用以交代规定的实施要求、生效日期及解释和修改的权属等。

请看一篇例文：

国家公务员奖励有关规定

（2006年10月16日）

国家公务员行政奖励的种类：嘉奖，记三等功、二等功、一等功，授予荣誉称号。国家公务员有下列表现之一者，应当予以奖励：

（一）忠于职守，积极工作，成绩显著的；

（二）遵守纪律，廉洁奉公，作风正派，办事公道，起模范作用的；

（三）在增进民族团结，维护社会稳定方面做出突出贡献的；

（四）在社会主义精神文明建设方面做出突出贡献的；

（五）在工作中有发明、创造或者提出合理化建议，为国家和本市取得显著经济效益和社会效益的；

（六）爱护公共财产，节约国家资财，有突出成绩的；

（七）防止或者挽救事故有功，使国家和人民群众利益免受或者减少损失的；

（八）在抢险、救灾等特定环境中奋不顾身，做出贡献的；

（九）见义勇为，舍已救人，维护社会公德和社会治安，表现突出的；

（十）同违法、违纪行为作斗争有功绩的；

（十一）在对外交往中，为国家争得荣誉和利益的；

（十二）有其他功绩的。

国家公务员奖励的基本标准：

对在工作中取得优良成绩，在年度考核中被评为优秀或者在其他方面做出成绩的，应当给予嘉奖；

对在工作中取得显著成绩，在本单位表现突出的，应当给予记三等功；

对在工作中做出较大贡献，在本系统具有一定影响或者有其他突出事迹的，可以给予记二等功；

对在工作中做出重大贡献，在全市或者全国有重大影响的，或者有其他显著事迹的，可以给予记一等功；

对功绩卓著，有特殊贡献的，可以授予荣誉称号。

对授予荣誉称号的公务员，可以给予晋升职务工资档次奖励，也可以给予一次性奖金。

奖品或者资金标准：

嘉奖一般不超过本人年基本工资的5%；记三等功一般不超过本人年基本工资的10%；记二等功一般不超过本人年基本工资的20%；记一等功一般不超过本人年基本工资的30%；授予荣誉称号一般不超过本人年基本工资的40%。本人基本工资包括职务工资、级别工资、基础工资、工龄工资之和（执行其他工资制度的国家公务员按有关规定执行）。奖金标准可以按照国家公务员授奖当月基本工资乘以12个月计算。对在突发事件中，给予适当提高奖品或者奖金标准。

这份规定的内容简单明了。开头部分明确奖励的种类，然后说明奖励的条件，即规定哪些人能够获得奖励，最后是奖励的标准，即规定具体的奖励办法。

（4）办法。办法，是有关机关或部门根据党和国家的方针、政策及有关法规、条例，就某一方面的工作或问题提出具体做法和要求的文件。在实际工作中，办法作为一种带有行业法规性质的文件，应用范围越来越广，使用频率也越来越高，人们常常以此作为处理工作和解决问题的规范和依据。

办法通常是由标题、正文和落款几个部分构成的。

① 标题。办法的标题一般采用“事由 + 文种”的形式，如《中外合资经营企业登记管理办法》、《中华人民共和国药品管理办法》、《城镇职工基本医疗保险用药范围管理暂行办法》等。

② 正文。正文的开头部分主要说明制订办法的依据和目的；主体部分写明各项要求和措施。由于办法的实践性极强，因此各项要求和措施要十分严密、具体、明确；正文的结尾部分是办法的实施说明部分，主要交代办法的施行时期和要求、修订和解释权限等等。

办法正文的写法与条例等大体相同，章断条连式和分条列项式都是常见的格式。

③ 落款。写明制订办法的机关名称和日期。

请看一篇例文：

社会福利机构管理暂行办法

第一章 总 则

第一条 为了加强对社会福利机构的管理，促进社会福利事业的健康发展，根据有关法律，制定本办法。

第二条 本办法所称社会福利机构是指国家、社会组织和个人举办的，为老年人、残疾人、孤儿和弃婴提供养护、康复、托管等服务的机构。

第三条 社会福利机构应当遵守国家法律、法规和政策，坚持社会福利性质，保障服务对象的合法权益。

第四条 社会福利机构享受国家有关优惠政策。

第五条 国务院民政部门负责指导全国社会福利机构的管理工作。县级以上地方人民政府民政部门是社会福利机构的业务主管部门，对社会福利机构进行管理、监督和检查。

第二章 审 批

第六条 县级以上地方人民政府民政部门应当根据本行政区域内社会福利事业发展需要，制定社会福利机构设置规划。

社会福利机构的设置应当符合社会福利机构的设置规划和社会福利机构设置的基本标准。

第七条 依法成立的组织或具有完全民事行为能力的个人（以下称申办人）凡具备相应的条件，可以依照本办法的规定，向社会福利机构所在地的县级以上人民政府民政部门提出举办社会福利机构的筹办申请。

第八条 申办人申请筹办社会福利机构时，应当提交下列材料：

（一）申请书、可行性研究报告；

（二）申办人的资格证明文件；

（三）拟办社会福利机构资金来源的证明文件；

（四）拟办社会福利机构固定场所的证明文件。

申办人应当持以上材料，向社会福利机构所在地的县级以上人民政府民政部门提出申请，由受理申请的民政部门进行审批。

香港、澳门、台湾地区的组织和个人，华侨以及国外的申办人采取合资、合作的形式举办社会福利机构，应当向省级人民政府民政部门提出筹办申请。并报省级人民政府外经贸部门审核。

第九条 民政部门应当自受理申请之日起30日内，根据当地社会福利机构设置规划和社会福利机构设置的基本标准进行审查，作出同意筹办或者不予同意筹办的决定，并将审批结果以书面形式通知申办人。

第十条 经同意筹办的社会福利机构具备开业条件时，应当向民政部门申请领取《社会福利机构设置批准证书》。

第十一条 申请领取《社会福利机构设置批准证书》的机构，应当符合社会福利机构设置的下列基本标准：

（一）有固定的服务场所、必备的生活设施及室外活动场地；

（二）符合国家消防安全和卫生防疫标准，符合《老年人建筑设计规范》和《方便残疾人使用的城市道路和建筑物设计规范》；

（三）有与其服务内容和规模相适应的开办经费；

（四）有完善的章程，机构的名称应符合登记机关的规定和要求；

（五）有与开展服务相适应的管理和服务人员，医务人员应当符合卫生行政部门规定的资格条件，护理人员、工作人员应当符合有关部门规定的健康标准。

第十二条 申请领取《社会福利机构设置批准证书》时，应当提交下列文件：

（一）申请《社会福利机构设置批准证书》的书面报告；

（二）民政部门发给的社会福利机构筹办批准书；

（三）服务场所的所有权证明或租用合同书；

（四）建设、消防、卫生防疫等有关部门的验收报告或者审查意见书；

（五）验资证明及资产评估报告；

（六）机构的章程和规章制度；

（七）管理人员、专业技术人员和护理人员的名单及有效证件的复印件以及工作人员的健康状况证明；

（八）要求提供的其他材料。

第十三条 民政部门自受理申请之日起30日内，对所报文件进行审查，并根据社会福利机构设置的基本标准进行实地验收。合格的，发给《社会福利机构设置批准证书》；不合格的，将审查结果以书面形式通知申办人。

第十四条 申办人取得《社会福利机构设置批准证书》后，应当到登记机关办理登记手续。

第三章 管 理（略）

第四章 法律责任（略）

第五章 附 则

第二十八条 本办法实施前已经执业的社会福利机构，应当在本办法实施后的6个月内，按照本办法的规定，向县级以上民政部门提出申请，补领《社会福利机构设置批准证书》。

第二十九条　本办法自发布之日起施行。

这篇例文的写法与前面介绍过的章程、条例的写法完全相同，前有总则，后有附则，具体条目从第一章“总则”到最后一章“附则”，依次排列。“总则”是开头部分，主要对制订办法的目的、依据及社会福利机构的范围、性质、待遇和管理工作的归属等原则问题加以说明；中间各章分别对社会福利机构的审批、管理办法及社会福利机构的法律责任等具体问题，作出规定；“附则”是结尾部分，对有关施行事宜加以说明。

（5）守则。守则是某一单位、部门或属于某一社会群体的成员所共同依循的行为准则，是用以规范人们的行为方式的文书。守则既可以打破单位或部门的界限，通用于某一社会行业或社会群体，如《教师守则》、《中学生守则》等，也可以在单位或部门内部使用，各类员工守则大都属于此类守则。

同前面几种规章制度类文书相比，守则一般篇幅较短，写法较为简单。标题、正文和日期，是守则常有的几个部分。

① 标题。守则的标题一般包括适用对象和文种名称也即“守则”两项内容，例如，前面提到的《中学生守则》，“中学生”是该守则的适用对象，“守则”是文种名称；后面例文的标题《职工节约守则》也同样如此，“职工”是该守则的适用对象，“守则”是文种名称。

② 正文。正文有两种写法，一种是公文式写法，即在开头部分说明制订该守则的依据和目的，主体部分写明各项要求，有的还有结语部分，申明守则的施行办法；二是简略式写法，即正文只有一个部分，直接写明各项要求。无论哪类守则，正文都应采用条文式写法，按序逐条写明各项要求。

③ 日期。正文之后通常只有守则的制订或颁行日期一项内容，而不必再写制订者名称。

请看一篇例文：

职工节约守则

为加强站务管理，深入“节约型单位”的创建，经站领导班子研究和向全体职工征求意见，特制定本守则。

一、适用范围

本守则适用于迁安站全体职工在站期间的工作和生活。

二、具体条款

（一）节电方面：

（以下内容略）

7. 严禁各宿舍私接电源，使用电褥子、电炉子等电器，每发现一次罚款50

元。

8. 各办公室电脑要做到人走电脑关，禁止非工作行为的电脑操作，每发现一次罚款10元。

（二）节水方面

1. 电工负责站内各种用水设备的维护、维修，确保各种水管无跑冒滴漏现象，如发现出现跑冒滴漏现象得不到及时维修，处以电工20元罚款。

2. 如发现长流水，用水后不关水龙头等现象，每次处以当事人罚款20元。

3. 禁止在洗澡间洗衣服，每发现一次罚款50元。

（三）办公用品方面

1. 办公设备、电脑、打印机、电话严禁私用，发现私用者，每次罚款50元。

2. 办公用品采取按计划采购，按站内规定由各班班长、科室主任集中领用，笔、本等易损易耗品，采取以旧换新；清洁工具的使用继续按照《迁安站卫生用具使用管理办法》的规定执行。

3. 办公室和宿舍桌椅由各科室、各班负责管理，谁损坏谁维修，人为损坏照价赔偿，找不到责任人的由科室主任和宿舍长负责赔偿。

4. 车辆使用严格执行车辆管理规定，司机应合理安排出车时间，尽量减少重复做功；严禁公车私用，对于公车私用者每发现一次处以罚款100元。

5. 车辆用油到指定加油站加注，对于私自抽取、挪用油料者，每发现一次罚款200元。

三、启用时间

本守则自2005年12月20日开始执行。

这篇守则的正文所采用的是公文式写法，开头部分指明制订该守则的目的和依据；主体部分首先明确守则的适用范围，然后从节电、节水、节约办公用品方面作出具体规约，最后是守则的执行日期。

第二编

财经专业文书

在各类专业文书中，财经专业文书称得上最为多种多样的一类，这主要是为国民经济部门的众多和社会经济活动的复杂所决定的。这类文书究竟有多少种，迄今为止恐怕还没有人作过完全的统计，也没有一本书能尽括所有的文种，这就存在一个文种选择的问题。从财经文书本身应用的情况来看，有的财经专业文书的使用面较广，是不同的经济部门或不同类型的企业所共用的文种；也有的财经专业文书，仅仅是某一个特定的经济部门所独有的文种，也有的财经专业文书，仅仅是某一个特定的经济部门所独有的文件，其特点是专业性极强，在特定的领域中使用频率极高，比如“资产评估报告”、“招股说明书”等等；还有的财经专业文书带有边缘性和临界性，在此可找到经济部门同另外的社会部门工作内容的交叉点，如同经济和司法部门都有关系的经济法律文书。本书的文种选择，在以第一种使用面较广的财经专业文书为主的前提下，也适当地对后两种文书有所考虑。

财经专业文书也是变化得较快的专业文体之一。经济形势的飞速发展，带来了财经专业文书的不断变化，其中比较突出的变化是文种的更替。为更好地适应当前经济工作的特点和需要，一批新的文种涌现出来，一些用处不大的文种逐渐被淘汰，像前面所提到的“资产评估报告”、“招股说明书”就是在股份制的推行中出现的新的文种。由于新的文种是在新的经济形势下应运而生的，往往同现实经济工作有着十分密切的联系，所以说，了解这类文种，特别是其中使用面较广的文种的写作知识，对于正在从事经济工作的人来说，是非常必要的。另一方面，也应该看到，有些文种虽然已广为人们所用，并初步为社会所接受，但从写作的角度来看，尚有不够成熟之处，比如，对其功用，对其结构形式，人们有着不同的认识，或者说文种本身的稳定状况较差，有关这类文种的知识，还有待于人们进一步探讨，因而暂时还无法把它准确、系统地介绍给读者。面向实际，立足实用，求新和求准并重，是在做出文体选择时所依循的基本原则。

除此之外，由于各类财经专业文书的复杂程度和写作难度的差别较大，对这个因素在选择文体时也应有所考虑。有的文种适用范围广，使用频率高，但其写法也是极其简单的，没有更多的道理可讲，把这类文种作为讲述的对象，意义不是太大。

正是基于上述几点考虑，在众多的财经专业文书中，这里只选择下面几个文种加以介绍。

第一章　经济新闻

一、经济新闻的涵义和种类

（一）经济新闻的涵义

对新闻的涵义，有广义和狭义两种理解。从广义的角度来说，消息、通讯、特写、记者来信、图片新闻、电视新闻、录音新闻等，都叫做新闻。这些文体都具有新闻的基本特征和一般属性；从狭义的角度来说，新闻单指消息这一种文体。这里所讲的新闻，是指狭义的新闻，即消息。

经济新闻是新闻的一种，是指迅速及时地反映经济领域新近发生的、富有社会意义的重要事实的报道。随着社会主义市场经济体制的建立，经济新闻在宣传国家经济政策，报道国民经济发展状况，传播经济信息，沟通经济关系等方面，起着越来越大的作用。

（二）经济新闻的种类

经济新闻的种类较多，常见的主要有：

1. 动态新闻

这是使用得最为广泛的一种消息体裁。它及时地报道国内外经济的新动态、新情况、新问题，大到国家重大经济政策的颁布、国内外重大经济事件的发生，小到某地某个市场某一种商品的销售情况，都在其报道范围之内。

2. 典型新闻

这是对经济领域中一定时期内比较突出的单位、人物或事物进行重点报道，并从中引出具有普遍意义的经验和教训的新闻文体，它具有较强的针对性和指导性。典型新闻报道的对象，既可以是正面典型，也可以是反面典型。

3. 综合新闻

这是从各个侧面反映较大范围内或较长时间内的综合经济情况的新闻文体。由于这种新闻涉及的面比较广、所用的材料比较多，因而选择材料和安排结构的问题，就是写作中一个重要的问题。另外，撰写综合新闻，还要注意点面结合，做到既有广度又有深度。

4. 评述新闻

评述新闻是介于新闻与评论之间，把二者加以结合的一种新闻体裁，其特点是夹叙夹议，边述边评。它大多用于对经济形势的分析和展望，对经济动向的研究，对经营经验的总结，也用于对某一重大经济事件的评判。既有事实，又有评论，做到就事论理，以事为据，以理服人，从而帮助读者或听众加深对报道对象的理解，是对评述新闻的基本要求。

二、经济新闻的结构和内容

经济新闻同其他新闻一样，一般包括标题、导语、主体、背景、结尾五个部分。

（一）标题

新闻的标题应当概括和揭示新闻的内容，帮助读者尽快了解新闻的内容和意义，同时还应起到吸引读者、先声夺人的作用。

新闻的标题常见的有三种：

1. 三行标题

三行标题即引题、正题、副题俱全的标题。引题又称眉题，主要用于揭示新闻事实的性质或意义，或交代前景、说明原因、烘托气氛，以引出正题；正题，又称主题，主要用于概括新闻的主要事实或中心思想；副题居于正题之下，主要用以补充正题内容的不足，如进一步说明事实等等。例如：

18天送客140万！广州站节前干得漂亮（引题）

“洪峰”，安然泄过小闸门（正题）

靠精心组织调度，同心协力创下铁路车站“全国纪录”（副题）

2. 双行标题

双行标题有两种，一种是由正题同引题构成的双行标题，例如：

扶一批　帮一批　促一批（引题）

建行陕西分行为大中型企业注活力（正题）

另一种是由正题同副题构成的双行标题，例如：

新的工时制度下月实施（正题）

职工平均每周工作44小时（副题）

3. 单行标题

单行标题即只用一个正题的标题，例如：

北京高科技产品出口增幅快

以上三种标题，各有自己的特点和用途，在新闻写作中，应当根据新闻内容和实际需要选用。

（二）导 语

导语是指新闻的开头部分。将最重要、最能吸引人的事实或全文的中心思想概括出来，从而统领全篇，抓住读者，是导语的主要作用。

导语的写法较多，常用的有以下几种形式。

1. 叙述式

以平易、朴素的叙述方式，概述主要的新闻事实，这种写法多作于动态新闻。例如：

今天，广州市城管办与广州市整治交通指挥部联合发出通知，决定从本月10日凌晨起取消海珠南路、一德西路鱼虾水产“天光墟”。

2. 描写式

以既简洁又形象的描写方式，突出报道对象的特点，或通过场景描写，渲染气氛，烘托主题。开头采用描写式，容易给人留下深刻的印象。例如：

初秋的合肥街头，每天清晨可以看到手持竹竿的农民，赶着千百只鸭子穿过闹市。鸭群一来，满街的一片嘎嘎声，大小车辆纷纷让路。人们看到这种多年不见的“鸭群过街，车辆让路”的合肥风光，无不喜形于色。

3. 提问式

先通过矛盾的揭露、问题的提出，引起人们的注意和思考，然后再在主体部分给出答案。例如：

××这个几百万人口的大城市，每天要产生两千七百多吨垃圾，但街道却保持着常年整洁。这样大量的垃圾是怎样处理的？不久前记者随同垃圾清运车目睹了这个紧张战斗的过程。

4. 结论式

首先明确报道对象的性质，点明事件的结果，即先将结论写出，再回过头来叙述事实。例如：

××市目前出现借代购火车票之机行骗事件。

此外，导语部分常用的写法还有号召式、摘要式、引语式等等，这里就不一一介绍了。

（三）主　体

主体是新闻的主要部分。是紧承导语，并阐释、说明导语，具体、详尽地表述新闻内容的部分。

主体部分通常内容和层次较多，往往要涉及材料的组织、结构的安排问题。组织材料、安排结构，可按下面几种顺序：

1. 时间顺序

即按事情发生、发展、结束的先后顺序来组织材料，安排结构。采用这种写法，可使叙述的线索清晰。例如：

本报南太平洋测量船队五月十八日电　记者罗同松、何德来、王文杰报道：从我国本土发射的第一枚运载火箭，飞越万里长空，今天在这里准确地落入预定海域。

今天，南太平洋火箭落区附近波光粼粼，海空白云朵朵。飘扬着五星红旗的一艘艘测量船、打捞船，按照预定时间，在湛蓝色的海面上展开队形。千百名参加试验的人员严阵以待，只等我国第一枚运载火箭开始发射。

“起飞！”通过电子设备从祖国发射场传来了火箭精确的起飞时间。各条战线的专业人员顿时忙碌起来，人们屏息静气，全神贯注，精心地操纵着各种设备，以获得火箭进入大气层后的各种参数。机房里，各种仪器一齐运转；舷旁，玻璃钢工作快艇启动了马达；空中，直升飞机轮番盘旋，注视着落区洋面。

“雷达、遥测、经纬仪发现目标！”喜讯传来，人们不约而同地跑上甲板，站在驾驶台上、靠在舷梯旁，目不转睛地朝着船队的西北上空看去。下午二时三十分（北京时间上午十时三十分），南太平洋上空出现了绮丽的景象，一个亮点拖着长长的白烟从西北天空飞来。穿过一团烟雾之后，亮点越来越大，变成了一个火球，呼啸而至。随着一声巨响，火箭头部在预定区域准确入海，激起冲天的水柱，像是从海底钻出一条白色的飞龙……

这篇新闻稿的导语部分首先写明事情的结果，使读者对情况有一个总体的了解。主体部分从头至尾叙述监测运载火箭准确地落入预定海域的过程，先写火箭起飞前测量船、打捞船按预定时间展开队形，再写火箭起飞时各部门的专业人员如何紧张地工作，然后是发现目标时的情景，最后是目标落入预定海域时的景象。有头有尾，线索清晰，一环紧扣一环，事情的全过程清清楚楚地展现在读者面前。

2. 逻辑顺序

即按事物的内在联系来组织材料，安排结构。采用这种写法，可以不受时间顺序的限制，而根据报道对象的因果关系、主次关系、点面关系或并列关系等来确定一个合理的写作顺序。例如：

既发挥金融调控作用　又帮助企业解决困难
蠡县农行被誉为职能部门的一面镜子

河北省保定地委最近发出通知，称蠡县农业银行是为企业服务的一面镜子，号召全区各职能部门与其对照查找差距。省委书记岳岐峰指出，要在全省推广该行做法。

近几年，企业特别是乡镇企业扩大再生产，越来越依赖于贷款。银行控制信贷的“一刀切”，往往使企业发展生产遇到很大困难，随之产值和效益都会受到较大影响。而蠡县农行收缩贷款规模不是简单地“一刀切”，而是在严格控制新上项目的同时，帮助企业挖掘潜力，实行自我约束，增强自我发展能力，从而收到既不突破信贷规模，又保证乡镇经济持续稳定发展的效果。今年上半年该县乡镇企业实现总产值比去年同期增长46%，实现利润增长74%，而贷款仅比年初增加1.07%。

据了解，蠡县农行的具体做法主要有三条。一是扶优限劣，帮助属于优秀项目的半拉子工程尽快投产。为了把有限的资金用在刀刃上，今年初，蠡县农行对全县618个乡镇企业全部实行信用等级制。根据企业效益高低、信用好坏和风险大小，评出一级信用企业89个，二级信用企业471个，三级信用企业58个。然后按企业等级掌握贷款发放，对一级企业从宽从优，对二级企业适度控制，对三级企业则严格控制。从而做到了该保的保，该压的压，真正体现扶优限劣。同时，对紧缩信贷而被迫中途停建的半拉子工程，他们也没有撒手不管，而是选准那些属于优秀项目的给予贷款支持，先后帮助46个半拉子工程建成投产，取得了很好的效益。

二是实行“四不贷”，帮助企业充实自有资金。过去，不少乡镇企业财务混乱，账目不全，既影响生产经营，也不便于银行监督。为此，蠡县农行提出，对财务制度不健全，账目设置不齐全，不按规定报表，不如实反映经营成果的企业，不予贷款。“四不贷”办法制定后，他们没有停留在一般要求和号召上，而是积极提供服务，上半年共帮助215家企业健全了账目。尤其是这个行针对许多企业把盈利大多用于讲排场、买轿车、盖楼房的现象，断然提出：乡镇企业应将盈利的50%以上用于补充自有资金，否则停止发放新贷款。这一招很灵，仅上半年500多家企业就补充自有资金3264万元，从而使那种发展生产靠贷款的状况有所改变。

三是以清定贷，帮助企业挖掘潜力。蠡县农行的同志们看到，许多企业常常是一方面资金短缺，另一方面原材料和产品大量超储积压，资金周转不灵。为此这个行把协助企业清仓挖潜作为工作重点，实行“以清定贷”，即对清仓积极、仓储合理的企业，给予适当的贷款优先；反之，加罚利息或停止发放新贷款。这样做，有效地调动了企业清仓压储、搞活资金的积极性。到6月底，他们共帮助156家企业处理库存积压物资总值近1300万元。

这篇新闻稿的导语部分，概述重要的新闻事实和对报道对象的评价，其中包括最为关键的数字和最为突出的成绩。正文部分，以归类的方式，将报道对象“既发挥金融调控作用，又帮助企业解决困难”的主要做法及其效果划归三个方面，分别加以介绍，三个部分之间有一种并列关系。最后附带提到报道对象的其他做法。

3. 时间和逻辑相结合的顺序

即在不同的部分或层次之间，有着不同的意义关系，时间和逻辑两种顺序并存。同时使用时间和逻辑两种顺序组织材料，安排结构，可使文章既严密又富于变化，既有条理又错落有致。这种组织材料、安排结构的方式通常适用于篇幅较长、内容较多的新闻稿。

另外，不同种类的新闻，在主体部分常用的写法上也往往有所不同。例如，动态新闻常以时间为序安排结构，典型新闻常按逻辑顺序安排结构，综合新闻一般涉及面较广，在结构的安排上通常也要复杂一些。时间顺序、逻辑顺序及时间与逻辑相结合的顺序，都是常见于综合新闻的结构顺序。以报道一个省的股份制企业发展情况的综合新闻为例，如按时间顺序安排结构，可把该省股份制企业发展的过程分为几个阶段，在以当前阶段为重点的前提下，分别写明每个阶段的情况和特点，将已取得的成绩、存在的问题及今后一段时间的发展趋势，有步骤地反映出来；如按逻辑顺序安排结构，可在总述情况之后，将股份制企业划分为不同的类型，一类一类地去写，写明各种类型的公司的情况和特点。最后再从总体上说明股份制企业的发展方向；按时间和逻辑相结合的顺序安排结构，可分两种情况，一种情况是按时间顺序为主，从总体上看，是写股份制企业发展的过程，在介绍不同阶段的情况时，把分属于不同阶段的情况按性质归纳为几个方面，一个方面一个方面地写出。另一种情况是以逻辑顺序为主，即写各种类型的股份制企业在各个发展阶段的情况。

写主体部分，既要注意同导语部分紧密配合，不能与其脱节，又要注意不能简单地重复导语部分的内容。

（四）背　景

背景是与新闻事实的产生相联系的历史背景、现实环境及客观条件。交代背景，有助于说明事情发生的原因，揭示事件的性质和意义，增加新闻的知识性和趣味性，有利于通过对比和衬托，深化主题。

在许多新闻中，都有背景材料。背景材料可以单独作为一个部分，也可以穿插在其他部分之中，既可以是一段话，也可以只是几句甚至一句话。

新闻的背景材料，常见的有三种：

1. 对比性材料

现在和过去、正面和反面、正确和错误、先进和落后等等都可以构成鲜明的对比，在对比中可看出差别，在差别中能够突出事物的特征和意义。

2. 说明性材料

介绍与所反映事物相关联的政治、经济、历史、地理、人际关系、生产条件等方面的情况，以使读者了解事情产生的原因、环境或条件。

3. 注释性材料

对一些专门术语、技术问题、专业知识及新生事物、新的提法等等，都需要用通俗的语言，适当加以注释，以帮助读者充分理解内容，增长知识。

（五）结　尾

结尾是新闻的最后一个部分。为使新闻具有内容的完整性和逻辑的严密性，新闻常常要有一个结尾部分。

结尾的写法多种多样。有的抒发感情，发出号召，以起到指明方向，鼓舞人心的作用；有的预示结果，引人深思；有的照应导语，头尾相连；有的归结全文，以起到画龙点睛、点明主题的作用。

如果主体部分已把该说的话说完，那就没有必要加上一个结尾部分，免得“画蛇添足”，使文章显得拖沓。同背景一样，结尾也不是新闻必须具备的一个部分。

结构形式是为内容的表达服务的，撰写新闻应该根据表达的需要，选用一种最为合适的结构形式。

三、写作经济新闻的注意事项

撰写经济新闻，主要应该注意以下几点：

第一，事实要准确。真实是新闻的生命，尊重事实，用准确无误的事实说话，是新闻工作者所应具备的最起码的职业道德。新闻中的人物、事件、数字、引语等都必须完全真实，不能有任何夸大或缩小的成分，更不能凭空想像或歪曲。虚假的新闻不但不能起到新闻应有的作用，而且会造成极坏的社会影响。

第二，导向要正确。从根本上说，新闻报道应为社会主义现代化建设服务，应坚持党性原则，应具有人民性，要能够引人向上，催人奋进。说得具体一些，新闻报道要同党和国家在特定历史时期的方针政策相切合，要同整个国家经济发展的需要相一致，要能反映社会生活中的主流性东西。

第三，内容要新颖。新闻要反映新鲜的事实，而不能写入陈旧的东西。新闻作者要善于发现新人新事、新成就、新气象，提出新问题、新见解，总结出新经验、新教训，指明新趋势、新方向，或从新的角度反映报道对象。

第四，报道要迅速。新闻最讲究时效性，一般来说，新闻报道应快写快发，越快越好。如果报道拖拖拉拉，不够及时，“新闻”就会成为“旧闻”，就会降低价值，甚至会完全失去价值。当然，有的新闻也有一个报道时机的问题，不一定要快，但一定要选择合适的时机，以便取得最佳报道效果。

第二章 产品说明书

一、产品说明书的涵义和作用

产品说明书是介绍产品的性质、性能、构造、用途、规格、使用方法、保管方法、注意事项等的一种文字材料，是使用范围很广的一种说明文。

产品说明书随产品赠送，在社会经济生活和人们的日常生活中，起着重要的作用。其作用主要体现为：

首先是传播知识。产品说明书会使消费者获得有关某一商品的知识，加深对产品的了解，为进而购买和使用产品创造便利条件。

其次是指导消费。产品说明书通过对产品进行客观的介绍、科学的解释，可使消费者了解产品的特点，熟悉产品的性能，掌握产品的使用方法，进而采取合理的消费行为，避免因选择或使用不当而造成不必要的损失。

最后是宣传企业。产品说明书在介绍产品的同时，也宣传了企业，因而它往往兼有广告宣传的性质。应当说，产品说明书在推介产品，扩大品牌知名度方面有着重要的作用。

总之，产品说明书是产品和消费者之间的一座桥梁，是消费者正确使用产品的向导，也是产品最大限度地实现使用价值的保证。不重视产品说明书，不了解产品知识，就有可能在使用中产生麻烦，甚至会导致意外事故的发生。1981 年“渤海二号”钻井船翻沉，造成 72 人死亡，直接经济损失达 3700 多万元的重大事故，其主要原因就是在迁移井位拖船作业中，违反了该船制造厂的《自升式钻井船使用说明书》的规定，违章操作。这是忽视产品说明书，不按产品说明书所标明的产品构造、性能、使用方法和操作过程去使用产品而造成重大事故的典型事例。

二、产品说明书的结构和内容

从总体上看，产品说明书一般包括下面几个部分：

（一）标题

标题，通常采用产品名称加上文种名称的写法，如《补脾益肠丸说明书》，“补脾益肠丸”为商品名称，“说明书”为文种名称。

（二）正文

正文，通常写明产品的基本情况，如产品的用途、性能、结构、技术指标等，以及商品的使用方法、保养维修知识和其他有关注意事项等。正文部分的写法和内容因所介绍产品的不同而异，也就是说不同类型的产品，这部分应着重说明不同的事项。比如，药物说明书，要着重说明成分、功能和用法；机械产品说明书，要着重说明构造、操作方法和维修保养方面的知识。

（三）尾部

尾部，通常是指落款，即注明生产和经销企业的名称、地址、电话、电报挂号等，以为消费者购买留下线索。有的还有其他一些标志，包括商标、批准文号、荣誉标志、保修条款、有效期限等。

下面请看例文：

钻石牌送风扇说明书

一、概述

钻石牌送风扇是最新设计的产品，其最大特点是使用一个360度旋转的导风轮来代替摇摆扇的摇头送风，因此它会给你带来最舒适的享受。

本扇有如下特点：

外型美观　　翻倒即自动停止

结构新颖　　温升低、噪音小

轻巧方便　　使用工程塑料，绝缘性能好，安全可靠

送风柔和轻拂有天然阵风感　　特设有夜明灯装置

二、结构

本扇由导风轮、外壳、电线、风叶和网罩组成。导风轮由装有开关控制的专用电线带动，方便可靠，容易操作。导风轮以每分钟约5转匀速旋转，使气流成为锥体以涡流形式送出，从而达到最佳的降温作用，最适合于客厅、办公室、卧室等使用。

三、使用方法

1. 使用前先检查使用电压和频率是否与本扇标牌上所标注的相符。检查导风轮、网罩和其他部位是否有损坏、变形，如果一切完好即可接通电源使用。

2. 把定时开关旋至“长接 ON”档。(见图二)

3. 按下调速档，风扇即可转动，选择使用如图一所示。

4. 按下“转 GRILLE ON”，导风轮转动，按下“停 GRILLE OFF”导风轮停止。(但扇叶运转之前，不能按下“转 GRILLE ON”键，以免损坏)(见图一)

5. 旋转定时开关，选择你所需预定的时间。但必须在图二范围内旋转，否则，将会使定时开关失灵或损坏。

6. 当定时旋钮置于“长接 ON”位置时，夜明灯则长期照明。当定时旋钮置于自动计时位置时，夜明灯则亮，计时结束（OFF），夜明灯自动熄灭。

7. 本扇脚座中设有支架，需要仰角使用时，可把支架拉出，需放平时，可把支架复位。(见图三)

8. 本扇有特殊的安全保险装置，若遇意外翻倒，即会自动切断电源，风扇停止转动。放回正常位置即可重新转动。

四、维护及注意事项

1. 每年使用前先拆开网罩、风叶及导风轮等，在电机油孔加少许优质机油。忌用劣质或浓粘机油，否则，会影响运转性能。

2. 为保持风扇外表的美观，每年使用后，用软布抹去表面污尘，并可将导风轮紧固环、导风轮、网罩及风叶拆下进行里外清洗。但切忌使风叶变形，否则，风扇运转时会发生颤动。

3. 在不使用季节，将风扇清洗包封好，贮存于通风干燥地方，避免挤压。

4. 拆导风轮时，先将导风轮紧固环向左旋出，便可取出导风轮。导风轮装入时，应注意把右上角的橡胶轮抬起才可装上导风轮，然后装上导风轮紧固环，并向右旋紧。(见图四) ——（文中图片略去）

例文的正文部分说明产品的特点、结构、使用方法、维护及注意事项四个方面的知识，前两项写得比较简单，后两项写得非常详细，这同消费者的实际需要是相符合的。根据产品的具体情况，文中还加有图片，这是这份说明书的不可缺少的组成部分。如果去掉，消费者对说明书的文字说明就不容易理解了，甚至会造成误解。

三、写作产品说明书的注意事项

撰写产品说明书，必须注意以下几点：

第一，内容要齐全。为使消费者对产品知识有全面的了解，在产品说明书中，要将消费者需要了解的事项全部写入，而不能有任何遗漏。

第二，情况要准确。为使消费者对产品的实际用途和价值有准确的了解，在撰写产品说明书时，要实事求是地介绍产品的真实状况，而不能弄虚作假。

第三，特点要突出。注意突出产品的特点，有两层涵义：一是不同类型的产品有着不同的特点，在写作时要善于根据产品的特点确定写作的侧重点，以使内容有详有略，把消费者最需要了解的内容反映出来；二是与同类产品相比，该产品应有自己的特性，要善于把这种个性化的东西反映出来，以加深消费者对该产品的了解。

第四，语言要通俗。产品说明书的读者对象是广大消费者，有的是第一次接触该产品，因而对其一无所知的普通消费者，撰写产品说明书，要以平实直白、通俗易懂的语言形式，将产品的各方面情况写清楚。

第三章 经济预测报告

一、经济预测报告的涵义、作用和种类

(一) 经济预测报告的涵义

在对一定时期的客观经济活动过程进行深入调查的基础上，运用各种科学方法，对掌握的经济信息加以分析研究后，所写出的评估和预测未来经济发展变化趋势的报告，就是经济预测报告。

做好经济预测，是写好经济预测报告的前提。人们从事经济活动时，事先进行经济预测，不仅是必要的，而且是可能的。因为经济活动不是孤立的，经济发展过程中的各种因素构成一个系统，它们之间的相互影响是有规律的，在数量上也常表现出一定的比例关系。运用包括数学方法在内的各种科学方法，对有关的经济信息进行分析研究，探寻其中的规律，确定它们的关系，就可以预测未来的经济情况。

(二) 经济预测报告的作用

经济预测，古已有之。距今二千五百年前的春秋后期，越王勾践的重臣范蠡，在帮助勾践打败吴王夫差以后弃政从商，取得了成功。范蠡经商成功同他善于进行经济预测是分不开的，据史书记载，他曾提出“水则资车，旱则资舟”的观点，意思是说发大水的时候，要去买车，把车屯积起来；天大旱的时候，要去买船，把船屯积起来。这种观点确实很有道理。发大水时，没什么人用车，这时的车价比较便宜，可以低价购进。而大水退后，车辆将会紧俏，可以高价卖出。按同样的方法，船也可以低价买进高价卖出。范蠡还说过：“论其有余不足，则知贵贱。贵上极则反贱，贱下极则反贵。”意思是说，分析市场上商品的积压和紧缺情况，就可以预测商品价钱的贵贱。如果商品贵极了，那么因为难以卖出，就要降价了；相反，如果商品便宜极了，因为畅销而供不应求，价钱就要往上涨，他从“物极必反”引申出“价极必反”这一经济预测理论。

今天，在国外尤其是欧美国家，出于竞争的需要，广泛开展了经济预测工作，对宏观经济活动和微观经济活动，进行深入的预测，为此，成立了众多的预测机构，运用多种手段包括先进的电子计算机等进行预测，把经济预测工作推向一个新的阶段。

随着改革开放的深入发展和市场经济体制的建立，我们国家的经济领域也越来越重视预测活动，经济预测成果在经济的发展中起着越来越重要的作用。

经济预测报告作为反映经济预测成果的工具，其作用是多方面的，归结起来，主要体现为：

1. 有利于经济领导、管理机构作出正确的决策

没有预测作为依据的决策往往是盲目的，正确的经济决策不是凭空而来的，它来源于对各种经济信息的分析研究，来源于对客观经济规律的探寻和认识。经济预测报告可以提供来自各个方面、各种渠道的经济信息，有关领导、管理机构或部门可以据此了解经济活动的情况和趋势，从而作出正确的经济决策。

2. 有利于企业发展生产，改善经营

对于生产、经营企业来说，经济预测报告能为他们提供各种必需的经济信息，了解同本企业的生产或经营活动有关的经济发展趋势。比如，它可以反映消费者对某一种商品或产品的具体意见和需求状况，生产企业可以据此调整生产结构，改变经营策略，以使自己的产品做到产销对路；商业企业也可以据此制订购销计划，作出合理的经营安排。总之，撰写市场预测报告，有利于企业加强生产经营计划的科学性和预见性。经济预测报告还可以提供行业经济活动情况，可使企业及时了解竞争对手的生产供销能力，提高市场竞争能力。

3. 有利于引导社会公众定向消费

由于人们在消费中往往有一种从众心理，以及因生活水平的普遍提高而产生的追求时髦的倾向，这就使得经济预测报告会对大众消费产生一种导向的作用。对一种产品的市场需求趋势的说明，能够引导人们按照预测的方向定向消费。

（三）经济预测报告的种类

经济预测报告的种类很多，而且从不同的角度可对其进行不同的分类。比如，按预测的期限的不同，可把经济预测报告分为短期、近期、中期和远期预测报告等几种。短期预测报告，通常是指是预测周、旬、月、季等较短时间内的经济活动的报告；近期预测报告，通常是指预测未来一年的经济活动的报告；中期预测报告，通常是指预测未来二三年的经济发展情况的报告；远期预测报告，又称长期预测报告，是指预测五年以上经济形势变化和发展趋势的报告。

按预测的范围的不同，可把经济预测报告分为宏观经济预测报告和微观经济预测报告两种，或者分为国民经济预测报告、地区经济预测报告、部门经济预测报告、企业预测报告等几种。

按预测的广度划分，可把预测报告分为综合预测报告和专项预测报告两种。

按预测的内容划分，可把预测报告分为市场预测报告、销售预测报告、技术发展预测报告、资源预测报告、生产预测报告、成本预测报告、居民生活水平预测报告、财政收入预测报告、社会购买力预测报告、银行信贷预测报告等多种。

二、经济预测的方法

前面说过，做好经济预测，是写好经济预测报告的前提。而要做好经济预测，就必须掌握预测的方法。经济预测的方法很多，常用的有以下两大类。

（一）调查研究预测法

调查研究预测法又称定性预测法、判断预测法。它是通过向专业人员、经营人员、销售人员和用户进行调查，取得反映同预测对象相关的各种因素的历史和现实情况的资料，并在对这些资料加以加工整理、分析研究的基础上，判断预测对象的未来情况的预测方法。

按调查渠道的不同，可将常用的调查研究预测法分为以下几种：

1. 专家意见法

即向某一经济领域的专家或其他专业人员征求预测意见的方法。

2. 经营人员意见法

通过把经营人员请来开座谈会或单独谈话的形式，听取他们根据自己所掌握的市场情况所提出的预测意见。

3. 销售人员意见法

由于销售人员直接面对市场，掌握第一手材料，通过对他们进行调查，可以直接了解切合市场情况的预测意见。

4. 用户意见法

用户意见法即民意测验法。企业可以通过对产品使用者的调查，综合用户对产品的预测意见。采用用户意见法，可以派人入户调查，也可以通过开座谈会和寄发信函征求意见。

除了以上几种方法，还可以通过订货会、物资交流会、展销会等多种形式，进行调查研究。

（二）数字模式预测法

数字模式预测法又称定量预测法。它是根据统计资料，运用数学方法，建立数学模型，以判断预测对象的未来情况的方法。

数字模式预测法常用的有以下几种：

1. 时间数列法

这是通过研究某个变量的时间数列，从其过去的变化趋势，来预测未来的经济情况的预测方法。

2. 回归分析法

这是通过对引起未来变化的各种因素的研究，找到客观环境与未来状态之间的统计关系的预测方法。

3. 指数函数法

这是通过引入拥有率和饱和率的概念而建立起来的预测方法。

4. 抽样统计法

这是通过对相关的数据的抽样统计，求出概率，用以推测经济现象的发展与变化趋势的预测方法。

三、经济预测报告的结构和内容

经济预测报告包括标题和正文两个部分，正文一般是由前言、情况、预测和建议等几个部分组成的。

（一）标题

经济预测报告的标题，一般包括预测的范围、时限、对象和文种名称几项内容。如《海南省 1993 年储蓄存款趋势预测》，“海南省”是预测的范围，“1993 年”是预测的时限，“储蓄存款趋势”是预测的对象，“预测”点明了文种。全局性预测报告，通常省略“范围”一项。经济预测报告的标题，还可以使用新闻标题式的写法，概括全文的内容要点。

（二）正文

1. 前言

前言是经济预测报告的开头部分，内容可视具体情况而定，篇幅一般不宜太长。简略介绍预测对象的自然状况，交代预测的范围、时限和缘由，揭示预测的结果，是常见于前言部分的几项内容。有的预测报告没有前言部分。

2. 情况

预测要以现实为基础，以材料为依据，在展开分析、进行预测之前，应当写明预测对象的历史、现状及与之有关的各种情况。反映情况的材料符合真实、典型、翔实的要求，以此为依据展开的分析才能令人信服，以此为基础产生的预测结果才会具有科学性。

3. 预测

对经济活动的前景和发展趋势的分析和判断，以及预测结果的提出，是预测报告的核心。可以说，一篇预测报告的质量如何，主要取决于这一部分写得如何。撰写这一部分，必须做到分析全面深入，推断有理有据，结论准确无误。

4. 建议

建议部分是预测报告的结尾部分。在这一部分，要根据预测结果，提出发展生产、改善经营的意见，以为领导或管理机构的决策提供重要的参考和依据。建议是否切实可行，直接关系到经济预测报告价值的大小。

下面请看一篇例文：

2008 年家兔市场行情预测

一、前言

家兔是属于哺乳纲、啮齿目、草食性哺乳动性。在我国已经拥有了很长的历史，人们也积攒了丰富的家兔饲养经验。家兔因为性情温顺，饲养成本低，毛皮和肉都可以加工和利用，所以，饲养家兔深受人们的欢迎。

二、近年来我国饲养家兔利润情况

家兔全年平均价，2001 年 5.65 元/千克，2002 年 6.11 元/千克，2003 年 7.25 元/千克，2004 年 8.40 元/千克，2005 年 8.54 元/千克，2006 年 8.75 元/千克，2007 年 10.05 元/千克。肉兔价格逐年提高，尽管涨幅不大，但也符合我国人民消费水平，而且和猪肉、牛肉、禽肉相比具有竞争优势。肉兔皮需求量日渐增大，价格提高。用肉兔皮代替獭兔皮用来做褥子，做服装内胆，成本降低，用量很大。我国除自产兔皮外，每年进口兔皮高达 2 万吨左右。现一级肉兔皮在某些地区每张已达 14 元 ~18 元。

三、趋势预测

预计 2008 年全国活兔平均内销价为 11.45 元/千克，同比上涨 12.23%。季节和地区差价仍然较大，年初和年末较高，可上升至每千克 12 元 ~13 元；5 月 ~8 月因天热消费量下降，价格在每千克 9 元 ~10 元。有传统兔肉消费习惯的四川省在高温天气喜食瘦肉型肉兔，价格可上升到每千克 13 元 ~15 元；春节后因兔子换毛影响肉质价格可下降到每千克 10 元 ~11 元。地区差价仍以广东、福建、四川、江西、广西等省区较高。

四、我们的建议

对于饲养家兔我们有以下几点建议：

(1) 不少养兔人常在饲料中拌入土霉素，以预防疾病。但是土霉素易引起死胎和畸形胎等，降低繁殖能力，所以孕兔不宜喂土霉素。

(2) 关于是养肉兔还是毛兔的问题，不能够一窝蜂而上，看见别人养什么利润高就养什么。虽然现在的毛兔的利润比较高，但是销售状况没有肉兔这么好，处理兔毛的技术尚且不足应付其问题。所以我们选择家兔品种的时候要慎重行事。

(3) 家兔应该以兔粮等干饲料为主食，尤其小兔子，应避免食用大量水分过多的蔬菜、水果。蔬菜应作为副食提供给家兔，可以舍弃水分太多的菜帮子部分，甚至可以将菜晒得微微干瘪。干草和兔粮应该是家兔的主食，不喂干草只喂蔬菜极易引起腹泻和便秘。

这篇例文的标题比较简单，只写明预测对象、内容和文种。正文的第一个部分是前言部分，在此简要介绍预测对象的特点；接着是“情况”部分，写明近年来预测对象的市场价格变化情况；然后是“预测”部分，分析家兔的价格上涨趋势，指明地区差异；最后针对家兔饲养给出了三条建议。这篇经济预测报告虽然篇幅不长，但结构十分完整。在每个部分之前，都有序码加小标题，用以标明内容，使得文章的层次非常清楚。

四、经济预测报告的写作要求

撰写经济预测报告，应当依循以下要求：

第一，要有系统性。进行经济预测，撰写经济预测报告，要对影响经济活动的各种因素进行系统的分析，否则，就难以得出科学、正确的预测结论。

第二，要有预见性。经济预测报告是专门对经济活动的未来趋势作出分析和判断的一种文体，可以说，预见性是这种文体的“灵魂”。

第三，要有实效性。经济预测报告应该为现实经济活动服务，为取得良好的经济效益提供切实的指导和帮助，缺乏实际应用价值的经济预测报告，是不能算作合格的经济预测报告的。

第四章 经济活动分析报告

一、经济活动分析报告的涵义、作用和种类

（一）经济活动分析报告的涵义

经济活动分析，是以党和国家的经济方针政策和正确的经济理论为指导，以现实和历史的计划、会计、统计资料以及有关原始记录和调查材料为依据，对某一地区、某一行业、某一单位、某一部门的所有经济活动或某一项经济活动的情况，进行客观分析的一种行为。反映分析内容和结果的书面报告，就是“经济活动分析报告”。

经济活动分析报告，要评价现状，总结经验，揭露矛盾，找出差距，查明原因，并且提出改进措施或意见，以求获得更好的经济效益。

（二）经济活动分析报告的作用

经济活动分析报告的作用同经济活动分析的作用是相一致的。经济活动分析，是研究、评价经济活动的状况，认识经济活动的规律的一种重要手段，是财经部门加强管理，企业提高经营水平的一种有效方法，它在社会经济生活特别是企业经营管理中，具有重要的作用，并表现出多种功能。具体地说，经济活动分析报告的功能主要包括：

1. 诊断功能

这是经济活动分析的首要的功能。不论是为了全面提高一个企业的素质，还是为了提高一项经济活动的效益，或是为了解决一个经济问题，往往都要先进行经济活动分析。通过经济活动分析，可以把握情况，找到问题的症结，摸清其中的规律。这就如同生病就医一样，医生总要先对患者进行检查和诊断，以便了解病情，对症下药。

2. 建议功能

在经济活动分析报告中，除了要对当前的经济活动进行分析以外，一般还应就今后的经济活动提出建议。由于这种建议是建立在科学分析的基础之上的，所以往往是建设性的、实际可行的，容易为领导者和决策者所接受。分析之后提出建议，就如同医生诊断病情之后开出治病的处方一样。

3. 反馈功能

一个地区、一个单位或一个部门，实施某项经济决策之后效果如何，需要通过经济活动分析作出评价，进行反馈。也可以说，反馈功能和建议功能是密不可分的两项功能。建议的目的，是使领导者或管理者作出正确的决策，而反馈的目的，则是使领

导者或管理者了解决策实施后的真实情况，以便及时进行调整或改进。

4. 预测功能

经济工作离不开预测，领导者或管理者在制定发展战略、规划和政策时，总是要面向未来，着眼于今后。即使是对一个具体的工程项目该不该上这样的问题作出决策，决策者也要以今后若干年所能取得的经济效益和社会效益为主要依据。直接服务于经济决策的经济活动分析报告，应当在分析现状的同时，探寻经济活动的规律，对经济活动的发展趋势有所考虑。

正因为经济活动分析报告具有上述功能，所以在经济工作中作用极大。每一个管理机构和财经部门，每一个企业和经营单位，以至每一位经营者和投资者，都有可能接触和使用这种文体，必须予以重视。

（三）经济活动分析报告的种类

根据不同的分类标准，可以将经济活动分析报告分为不同的类别。

按报告内容所涉及的范围划分，有涉及一个地区、一个行业等的涉及面较广、影响较大的宏观经济活动分析报告；也有仅涉及一个企业、一项产品等的涉及面较窄、影响较小的微观经济活动分析报告。

按报告撰写的时间划分，有包括年度分析、季度分析、月份分析等在内的定期经济活动分析报告；也有根据经济活动的需要，临时撰写的不定期经济活动分析报告。

按报告内容所涉及的部门行业划分，有工业经济活动分析报告、农业经济活动分析报告、商业经济活动分析报告等。

按报告内容所涉及的对象划分，有生产方面、销售方面、成本方面、财务方面的分析报告等等。

按报告的内容广度和特点划分，有综合分析报告和专题分析报告。综合分析报告，又称全面分析报告、系统分析报告，是对某一地区、某一部门或某一单位在一定时期内的经济活动进行全面、系统的分析的报告。这类报告涉及的问题多，头绪多，写作时一般应在全面分析各项主要经济指标及其完成情况的基础上，突出重点，着重分析经济活动中的带有普遍性、规律性的关键问题；专题分析报告，又称专项分析报告，是专门对某个问题或某项活动进行分析研究的报告。这类报告大都是不定期的，是根据经济活动的需要随时撰写的。反映情况及时，解决问题迅速，内容集中，建议明确，针对性和实效性强，是这类报告的特点。

二、经济活动分析报告的结构和内容

撰写经济活动分析报告，一般采用总结性报告的写法。从总体上看，它通常包括标题、正文和落款几个部分。

（一）标题

经济活动分析报告的标题主要有两种。

第一种是完整式标题。这类标题主要是由分析单位、分析时限、分析内容和文种等几个要素构成的，如《××××厂1992年经济效益分析报告》。这类标题还可以有所变化，如省略时间或在文种一项省略“报告”二字，宏观经济活动报告通常是不写单位的。有的还要加上“关于”二字，使标题增加了一种公文色彩，也有的标题不写“分析”或“分析报告”，而写“意见”、“建议”、“看法”、“说明”等。

第二种是简要式标题。这类标题又称概要式标题或省略式标题，它只概括分析报告的主要内容，而省略了单位名称、分析时限和文种等几项内容，有利于突出主题，如《××牌天然椰子汁凭什么迅速占领市场》、《×××厂是怎样转换经营机制的》、《××市旧城区改造的思路和对策》等。

另外，经济预测报告还经常使用正副标题，以使标题内容更加丰富，表达效果更加完美。

（二）正文

经济活动分析报告的正文没有固定的格式，比较常见的写法是由前言、情况、分析、建议等几个部分组成。

1. 前言

前言又称导言或概况，这部分的写法比较多样。有的是以简练的语言介绍经济活动的背景，有的是说明分析对象的基本情况，有的是交代分析的原因和目的，有的是明确分析的范围和时间，有的是评述分析内容，有的提出问题，有的揭示分析结论。也有许多经济活动分析报告省掉了前言部分，开始便直截了当地表述中心内容。

2. 情况

详细写明经济活动的情况，包括主要经济指标完成情况、技术或管理措施实施情况、业务工作开展情况等等。写情况是为了总结经验，揭露问题，为下文的分析作好铺垫。为了把情况写得具体，这里通常要使用一些数字。

3. 分析

经济活动分析报告要以“分析”为主，而不能只堆砌材料，罗列事实。缺少有理有据、深入细致的分析，写作就不能算是成功的。只有分析得当，才能对经济活动作出正确的评价，才能对其成败的原因有所认识，也才有可能把握经济活动的本质和规律。

有的经济活动分析报告是把“情况”和“分析”放在一起写的，即写完一个方面的情况，接着便进行分析，然后再写另一个方面的情况，再对之进行分析。边写情况，边进行分析，边提出问题，边作出回答。

4. 意见或建议

在这个部分中，一般要根据分析的结果，回答今后的经济活动将会“怎么样”或者应当“怎么办”的问题。在不同的经济活动分析报告中，这部分内容的侧重点常常是有所不同的。如果报告以说明成绩，总结经验为主，这里则应着重写明推广经验，进一步提高经济效益的途径；如果报告以揭露问题，总结教训为主，这里则应着重写明解决问题，改进工作的措施；有的分析报告则着重对经济活动的前景和趋势作出预测。

分析问题是为了解决问题，“建议”是“分析”的归结点，这个部分也是经济活动分析报告中比较重要的一个部分。

有的经济活动分析报告还有一个结尾或称结语部分，对全文作一个简略的总结。

（三）落款

落款一般有两项内容，一是标明撰写经济活动分析报告的单位名称或人员姓名，二是标明写作日期。

下面请看一篇例文：

××市商业局企业年度财务分析报告

省商业厅：

20××年度，我局所属企业在改革开放力度加大，全市经济持续稳步发展的形势下，坚持以提高效益为中心，以搞活经济强化管理为重点，深化企业内部改革，深入挖潜，调整经营结构，扩大经营规模，进一步完善了企业内部经营机制，努力开拓，奋力竞争。销售收入实现×万元，比去年增加30%以上，并在取得较好经济效益的同时，取得了较好的社会效益。

（一）主要经济指标完成情况

本年度商品销售收入为×××万元，比上年增加×××万元。其中，商品流通企业销售实现×××万元，比上年增加5.5%，商办工业产品销售×××万元，比上年减少10%，其它企业营业收入实现×××万元，比上年增加43%。全年毛利率达到14.82%，比上年提高0.52%。费用水平本年实际为7.7%，比上年升高0.63%。全年实现利润×××万元，比上年增长4.68%。其中，商业企业利润×××万元，比上年增长12.5%，商办工业利润×××万元，比上年下降28.87%。销售利润率本年为4.83%，比上年下降0.05%。其中，商业企业为4.81%，上升0.3%。全部流动资金周转天数为128天，比上年的110天慢了18天。其中，商业企业周转天数为60天，比上年的53天慢了7天。

（二）主要财务情况分析

1. 销售收入情况

通过强化竞争意识，调整经营结构，增设经营网点，扩大销售范围，促进了销售收入的提高。如某百货商店销售收入比去年增加1296.4万元；某公司比上年增加4396.2万元。

2. 费用水平情况

全局商业的流通费用总额比上年增加1120.8万元，费用水平上升0.82%，其中：①运杂费增加13.1万元；②保管费增加47万元；③工资总额33万元；④福利费增加72万元；⑤房屋租赁费增加55万元；③低值易耗品摊销增加63万元。

从变化因素看，主要是由于政策因素影响：①调整了“三资”、“一金”比例，使费用绝对值增加了212.8万元；②调整了房屋租赁价格，使费用增加了50.2万元；③企业普调工资，使费用相对增加780.9万元。扣除这三种因素影响，本期费用绝对额为8905.6万元，比上年相对减少210.2万元。费用水平为6.7%，比上年下降0.4%。

3. 资金运用情况

年末，全部资金占用额为×××万元，比上年增加28.7%。其中：商业资金占用额×××万元，占全部流动资金的55%，比上年下降6.87%。结算资金占用额为×××万元，占31.8%，比上年上升了8.65%。其中：应收货款和其他应收款比上年增加4548.1万元。从资金占用情况分析，各项资金占用比例严重不合理，应继续加强“三角债”的清理工作。

4. 利润情况

企业利润比上年增加×××万元，主要因素是：

（1）增加因素：①由于销售收入比上年增加3804.3万元，利润增加了410.8万元；②由于毛利率比上年增加0.52%，使利润增加800万元；③由于其他各项收入比同期多收580万元，使利润增加570万元；④由于支出额比上年少支出55万元，使利润增加55万元。

（2）减少因素：①由于费用水平比上年提高0.82%，使利润减少805.6万元；②由于税率比上年上浮0.04%，使利润少实现50万元；③由于财产损失比上年多160.8万元，使利润减少160.8万元。以上两种因素相抵，本年度利润额多实现×××万元。

（三）存在的问题

1. 资金占用增长过快，结算资金占用比重较大，比例失调。特别是其他应收款和销货应收款大幅度上升，如不及时清理，对企业经济效益将产生很大影响。

2. 经营性亏损单位有增无减，亏损额不断增加。全局企业未弥补亏损额高达×××万元，比同期大幅度上升。

3. 各企业程度不同地存在潜亏行为。全局待摊费用高达×××万元，待处理流动资金损失为×××万元。

（四）今后的建议

建议各企业领导要引起重视，应收款较多的单位，要领导带头，抽出专人，成立清收小组，积极回收。也可将奖金、工资同回收贷款挂钩，调动回收人员积极性。同时，要求企业经理要严格控制赊销商品管理，严防新的三角债产生。对于第三点问题建议各企业领导要加强对亏损企业的整顿、管理，做好扭亏转盈工作。最后，建议各企业领导要真实反映企业经营成果，该处理的处理，该核销的核销，以便真实地反映企业经营成果。

××市商业局财会处

20××年×月×日

例文的标题是一个完整式标题，包括分析单位、分析时限、分析内容与文种几个要素。正文的开头部分或称前言部分（第一自然段）概述基本情况，说明总体形势。主体部分是按照情况、分析、问题和建议这样一个顺序来安排结构的，先是说明各项经济指标的完成情况，然后采用因素分析法对几项主要财务情况展开分析，最后指明问题，并针对每个问题提出具体的解决建议。分析以实际情况为依据，问题和建议的明确又以分析为基础，层层推进，条分缕析，逻辑性和层次感极强。

三、经济活动分析报告的写作要求

撰写经济活动分析报告，必须做到以下几点：

第一，要准确、全面地掌握材料。所用的材料可靠、系统，是做好分析工作的基础。或者说，分析的质量和效果，在很大程度上取决于材料的准确性和完整性。材料不真不全，是无法对经济活动作出正确判断和深入分析的。首先，进行经济活动分析，必须占有足够的资料。除了要充分利用平时积累的各种资料之外，还应针对问题进行专门的调查，定向搜集资料。为了保证资料的真实、可靠，应当尽量使用第一手资料，同时还要注意对资料进行认真的核实和查对。

第二，要合理地运用分析方法。掌握分析的方法，是撰写经济活动分析报告的前提之一。分析方法有很多种，常用的有对比分析法、因素分析法和动态分析法等几种。

对比分析法是通过具有内在联系，因而具有可比性的因素的比较，发现问题，判明事非，作出评价，得出结论的分析方法。根据对比的结果，易于明确经济活动的情况，便于探讨问题产生的原因。以现实的经济活动结果同计划相比，以及纵向同过去相比、横向同先进对比，都是常用的比较方式。运用比较分析方法，首先要注意比较对象是否确实具有可比性，将确实具有可比性的事物加以对比，才能引出正确的结论。

因素分析法是通过分析影响经济活动的各种因素，并测定它们对经济活动的影响程度，从而认识经济活动的特点，探明经济活动取得成果或出现问题的原因的分析方法。经济活动的状况是各种因素共同作用的结果，但每一种因素所起作用的大小和方式是有区别的，只有认清各种因素及它们之间的差异，才能找到解决问题、提高经济活动质量的有效途径。

动态分析法是以发展的眼光对经济活动的变化情况及其趋势进行研究，就今后的经济活动提出各种设想和措施的分析方法，动态分析法其实也就是预测分析法。

除了以上几种方法，经济活动分析的方法还有平衡法等多种方法。在进行经济活动分析时，可以根据需要选用一种最为适当的分析方法，或是综合运用几种不同的分析方法。

第三，要及时完成报告。撰写经济活动分析报告，是为了总结经验，揭露问题，找出差距，明确今后经济活动的方向，以便取得更好的经济效益，因此，它的时效性是很强的，经济活动分析报告如果不能及时完成，就会失去实际作用。

第五章　可行性研究报告

一、可行性研究报告的涵义和作用

（一）可行性研究报告的涵义

过去，人们认为可行性研究报告是仅用于生产、基建、科研几个领域的一种文种。近年来，随着社会主义市场经济体制的建立，可行性研究报告应用的范围越来越广，已从人们过去所知的生产、基建、科研等领域扩展到整个经济活动领域中。比如在新设立一个股份有限公司，组织一次大型的产品销售活动，推广一项科学技术之前，都需要作可行性研究，拿出可行性研究报告。可行性研究报告这个概念的内涵已有变化。

那么，什么是可行性研究报告呢？要理解这一概念的涵义，必须先了解什么是可行性研究，可行性研究是在某一项经济活动实施之前，通过全面的调查研究和对有关信息的分析，以及必要的测算等工作，对项目进行技术论证和经济评价，以确定一个“技术上合理，经济上合算”的最优方案，为决策提供科学依据的一种行为，反映可行性研究的内容和结果的书面报告，就是“可行性研究报告”。

（二）可行性研究报告的作用

可行性研究报告的作用，主要就是为实施某一项经济活动的决策提供依据。该项经济活动的规模越大，投资越多，周期越长，可行性研究报告的决策参考作用就越显得重要。

进行可行性研究是遵循讲求经济效益，按照客观经济规律办事的原则的一种体现。根据规定，一切大中型项目和重要工程项目，在编制设计任务书之前，都必须进行可行性研究，写出可行性研究报告，然后由计划管理部门、贷款银行或投资者组织有关专家对可行性研究报告进行评审，写出项目评估报告，再由主管部门作出决策，决定该项目是否上马。由此可以看出，可行性研究报告不仅可为实施该项经济活动的单位作出决策提供依据，而且可为该机构的主管部门、上级单位或合作者、投资者及金融机构、评审专家等，对该项经济活动的审批和评价提供依据。

二、可行性研究报告的结构和内容

可行性研究报告篇幅的长短和内容的繁简，往往取决于项目的大小或问题的难易。

规模大、投资多、周期长的项目，报告的篇幅一般较长，内容也比较复杂；反之，篇幅一般较短，内容也相对简单一些。从实际情况来看，可行性研究报告在写法上确实存在着较大的区别，有的可长达十几万字，有的只有上万字，甚至几千字。

一般来说，可行性研究报告主要包括以下几个部分：

（一）标题

完整的可行性研究报告的标题通常是由编写单位、项目名称和文种几个要素构成的，如《××省建筑设计院关于扩建×××开发区的可行性研究报告》；简略式标题则省略编写单位，简化文种名称，如上述标题也可写成《关于扩建×××开发区的可行性研究》。

（二）项目基本情况

这个部分通常包括项目名称、主办单位、技术和经济负责人、进行可行性研究的人员等内容。"项目基本情况"常常不是作为一个部分单列出来，而是把这些内容放到正文的前言部分去写。

（三）正文

从大的方面来看，可行性研究报告的正文通常包括四个方面的内容：一是项目内容的说明，即介绍论证课题及有关情况；二是项目的技术论证和经济评价；三是各种方案的比较；四是结论。而具体地看，不同类型的可行性研究报告的结构和内容并不是完全相同的，也就是说上面几项内容有不同的表现形式。

大中型基本建设项目的可行性研究报告，是内容比较丰富，写法比较复杂的一种可行性研究报告。这类报告的正文部分一般包括以下几个方面的内容：

1. 前言

又称总论，在此主要写明项目提出的依据、报告的内容范围、研究结论的要点、研究中存在的问题及建议等。

2. 现状评价

通过剖析现状，并联系历史沿革，说明设立项目的技术、经济依据。

3. 发展规模与建设规模

分析建设项目所在地区的经济特征，说明当地经济情况及其与本项目的关系，预测市场需求和发展规模，论证项目建设规模与标准的客观必要性、技术可行性和经济合理性，提出主要的技术、经济指标等。

在同市场密切相关的项目的可行性研究报告中，"市场预测"一项大都写得更详细一些，通常包括：国内外需求情况的预测；国内现有同类厂家生产能力的调查和发展预测；销售预测、价格分析、产品竞争力的估计、进入国际市场的前景等。

根据市场预测的结果确定拟建项目的规模，主要应明确产品的名称、规格、技术性能与用途；确定产品生产能力，对产品方案和发展方向进行技术经济比较和分析。如为扩建项目，还要说明对原有固定资产的利用情况。

4. 建设条件与协作条件

写入这个部分的内容主要包括：可利用的资源储量、品位、成分及开采、运输条件；物料供应规划，即原材料、能源（电力、燃料等）、半成品、协作件（配套件）及辅助材料等的种类、数量、来源和供应条件；所需公用设施的数量、供应方式和供应条件。

5. 地址方案

这个部分着重说明和分析的问题有：项目的地理位置和拟选地点的气象、水文、地质情况，以及周围的社会经济状况；交通运输及水、电、气的现状和发展趋势；地址比较与选择意见。

6. 建设方案

提出建设项目与总体布局的推荐方案，并说明相关的环保设施及对环境的影响。

7. 技术工艺和设备方案

制订主要工程设计方案，并就设备订货、施工和验收等重要环节作出安排，就工程质量与施工工艺等提出要求。

这个部分应当着重写明主要设备和辅助设备的名称、型号、规格、数量。如为成套设备进口项目，则要有维修材料、辅料及配件供应安排；如要引进技术、设备，则要说明来源国别、厂商（写明外文全称）厂家与外商合作的设想、对有关部门协作配套的要求。

8. 实施计划

对包括询价、谈判、合同签订，以及工程设计、设备支付、建设工期、生产进度以及投产日期等具体的工作步骤作出安排。

9. 资金投入与经济效益

在作投资预算时，主要应当明确：主体工程与协作配套工程所需全部投资数额，如果是利用外资或引进技术的项目，还应包括用汇额；生产流动资金数额；资金来源，筹措方式；贷款利率及贷款偿付方式等。

10. 社会效益

评价项目将对国民经济的发展产生的宏观效果及对社会的影响。

11. 财务分析

财务分析的内容主要包括估算生产成本、财务收入，评价可能出现的盈亏情况，测定投资收益率和回收期，分析投资偿还能力等。说得具体一些，大致应当着眼于以下几个方面：

（1）对投入资金的分析论证。对投入资金的分析论证是从投资额、投资构成和投资来源三个方面进行的。投资额要按复利原则计算，计算出单位生产能力的投资额，以便于与同类企业进行比较；投资构成的分析，主要是指在整个项目的投资中，各项投资的比例关系的分析；投资来源的分析，主要是指投资来源的可靠性和合理性的分析。

（2）对生产费用和生产周期的分析论证。生产费用和生产周期是就项目投产后的情况而言的。生产费用的分析以产品成本的分析为主，产品成本必须低于现有同类企业平均水平。分析生产周期，是因为生产周期越短，流动资金需求量就越小，经济效益就越好。如果拟建项目的生产周期长于现有同类企业的生产周期，这个项目的可行性就有问题。

（3）对经济效益的分析论证。在作经济效益分析时，不仅要考虑企业局部的经济效益，还要考虑社会总体经济效益。计算经济效益应以税金、利润之和为标准。

另外，对经济效益还要进行敏感性分析，以检验项目的经济效益的可靠性，即考虑不断变化的客观因素，如原材料价格变动对项目效益的影响等。

12. 生产管理与人员培训

对项目的生产组织形式和管理机构，包括各类人员的培训方式及培训周期等作出安排。

13. 结论

提出研究结果，确定投资少、建设快、成本低、利润大、效果好的建设方案，以科学的数据表明对项目的必要性和可行性的意见。

（四）附件

一些不宜放在正文当中，但又具有一定的参考价值或补充作用的材料，可作为附件附在最后，如统计图表、设计图纸、专题说明材料等等。如果没有这样的材料，也就可以不设“附件”一项了。

以上所介绍的可行性研究报告的内容和结构，只是一个大致的框架，也可以说是一个基本思路。由于可行性研究的项目或问题各不相同，具体情况千差万别，因而可行性研究报告写作的角度、强调的重点、分析问题的方法及篇章的布局等，都有一定的差异。在写作时对这些因素要有所考虑，以便灵活变通。

下面请看一篇例文：

海南建立钛白粉厂的可行性研究

钛白粉（TiO_2）是精细化工产品，占世界无机颜料总消费量的50%以上，占世界白色颜料总消费量的80%以上，主要用于涂料，其次是塑料、造纸、橡胶、化纤等。

钛白粉有金红石型和锐钛型两大类，有硫酸法和氯化法两种生产工艺。

钛白粉历来是世界性的热销商品。我国钛白粉历来短缺，特别是占涂料用量50%以上的金红石型钛白粉，几乎全靠进口，花费大量外汇。为了满足国民经济发展的需要，要大力发展钛白颜料，重点是发展高档钛白颜料。

一、海南建立钛白粉厂的基本条件

中国是世界钛资源最丰富的国家之一，总蕴藏7.8（$TiO_2$100%计，下同）亿吨。海南占全国海滨钛资源的65%以上，总储量约2600万吨。分布在到沿海300多公里的沙滩中，共有矿区31处。海南钛资源与国内各地钛资源相比，质优易采。目前海南每年可采10多万吨钛砂矿，每年钛精矿（$TiO_2$50%计）近5万吨。

二、钛白粉市场概况

我国钛白工业落后，仅占世界总产量的1.3%，发展缓慢。1985年颜料级钛白产量有所增加，占总产量的50.2%，比1980年增长近万吨，但大部分为低档的锐钛型白粉。

钛白粉工业的落后严重地拖了我国涂料工业的后腿。

我国的无机颜料目前生产量约30万吨，其中钛白颜料只有1.2万吨，仅占无机颜料总量的二十分之一强。我国目前涂料的钛白含量只有3%左右，不足国外钛白含量的50%，一些发达国家的涂料工业早已不用立德粉，而我国涂料工业立德粉用量远比钛白高，比例为2: 1。“六五”期间我国涂料总产量307万吨，按钛白含量3%计算，则需9.2万吨，若要达到涂料总产量7%的水平，则平均每年缺口2.7万吨，我国涂料工业正处于“平阳”期间，意味着我国钛白工业有着广阔的发展前景。按预测，1990年需钛白8~10万吨，2000年需20~25万吨。当前除镇江钛白粉厂年产2000吨长石型白粉改造项目外（1988年报产），仍无别的长石型钛白粉新建项目。

20世纪70年代资本主义国家经济不景气，加上环保法的限制，使欧洲一些大型硫酸法钛白工业关闭和限产，1982年世界钛白生产能力下降到237.8万吨，1983年以美国经济回升为转机，需要量大增，造成世界性的钛白短缺（表1，当供应能力利用率为90%，供需平衡，当利用率为95%时供应很紧张。）

表1 1980年~1986年国际钛白粉供需表（万吨）

年份	1980	1981	1982	1983	1984	1985	1986
供应能力	249.4	238.5	237.8	241.9	242.2	246.3	246.7
需求	199.7	211.7	200.8	218.9	224.0	231.4	250.7
利用率%	83	89	84	90	92	94	102

1986年需求量达250万吨，供应能力利用率达102%，其中涂料工业需153万吨以上，占总需求量的61%，利用率的上升，促使价格的上涨，美国金红石型钛

白粉1985年每磅78美分，1986年上涨到84美分，西德1986年第一季度在1985年提价的基础上又提价4%，现价每千克4~4.3马克，日本国内销价上涨到每千克370~750日元。

今后若干年内世界消费量平均增长率为1.5%~2.3%。其中发展中国家增长幅度较大，约4%~10%。预测，1990年世界消费量将增至286万吨，2000年增到310万吨，而按1982~1989年间的供应能力，年平均增长率只有0.94%，预计供应能力只有256.3万吨，2000年仅有278.5万吨。

三、生产工艺的选择和技术设备的来源

1. 生产工艺的选择

根据世界钛白粉工业由硫酸法向氯化法演变的趋势，氯化法和硫酸法优缺点的比较和我国氯化法金红石型钛白粉的短缺及市场的大量需求，根据我国资源多氯少硫的特点，考虑我国中南地区氯碱平衡条件及环境保护等综合因素，选择用氯化法生产工艺。

2. 技术设备的来源

第一，引进国外先进技术设备。

在海南岛引由国外先进技术设备制造氯化法金红石型钛白粉符合《中华人民共和国技术引进合同管理条例》。

目前世界氯化法钛白以美国杜邦公司为主，其年产能力高达53万吨，其中氯法年产能力45.8万吨。其他如英国氧化钛集团公司，美国国家钻业公司，西德拜耳公司和日本石原产公司也都开发了各自的氯法技术。

第二，利用国内技术设备。

目前国内氯法金红石型钛白粉仅厦门电化厂一家生产，年产能力1000吨。1986年底通过国家鉴定，产品质量白度着色力接近国际水平。二氧化钛收率0.47，其中氯化精制0.787，氧化0.95，后处理0.99。实现氧化尾气返回氯化循环利用。

对于生产人造金红石的技术设备，据1987年3月27日《中国化工报》报道，被国家科委列为重点科研项目的酸浸法制取人造金红石（钛白粉）5000吨试车间已在重庆天原化工厂正常进行。可为我省大规模生产提供可靠数据。

3. 主要设备名称（略）

四、建设规模、物料及动力供应规划

1. 建设规模的选定

引进国外先进技术设备选定年产2万吨的生产规模，其理由是引进国外技术设备进行小规模生产，在经济上难以过关。根据一些专家的看法和国外的报道，规模在3万吨/年的钛白粉厂，经济上才容易过关。氯化法金红石型钛白粉厂一次性投资规模大，每吨生产规模约需1万元人民币，考虑我省和我国目前的经济环境，规

模过大，会给投资带来困难。根据产品供求情况和考虑物料及动力供应问题，选定该规模作为海南钛白粉厂的第一期建设项目较适宜，便于以后在其他条件许可时扩大再生产。

利用国内技术设备选定年产6000吨生产规模，选定的理由主要在技术上，我国氯法金红石型钛白粉生产技术虽然趋于稳定，仅是年产1000吨的生产规模；生产规模过大，恐有技术方面的问题，但若规模过小，经济上难以过关。

2. 物料及动力供应规划（略）

五、厂址选择

首先对20000吨方案进行选择。

钛白粉生产运输量较大，由于海南岛没有一条较合理的交通线把东部的钛精矿供应地与西部的产盐区（八所港）横贯起来，且生产钛白粉所耗钛精矿与工业盐的比例为4: 1，所以，首先否定在“西线”建设钛白粉厂的可能。现就可供选择的海口、琼海、万宁3地进行运输方面的优选可知，把厂选定在海口，物料运输费用最省，在电力供应方面虽然琼海比海口优越，但随着潭口火电厂1988年2×5万千瓦装机的运转，海口的电力供应问题即可解决，海口比其他地方都优越。说明在海口的基建投资也比其他地方要小。可见，20000吨方案的钛白粉厂选在海口最为合理。

纵观海口工业布局现状，选定海口化工二厂奠基氯化法金红石型钛白粉厂为最优方案。海口化工二厂所在海口市西郊的化工工业区，占地118468平方米，未被利用的有108552平方米，周围均有较为平坦的荒地，能满足20000吨钛白粉厂120000平方米的占地和8000平方米的生活占地，且与海口所建的火电厂距离较近。

对于6000吨方案，选定海口化工二厂奠基氯化法金红石型钛白粉厂也是最优方案。

六、环境污染的防治

国外发展氯化法，环境因素与质量因素各占一半，对于工业发达的富裕国家来说，目前最大动力是环境因素。对于中国，最大的动力则是质量因素。在制取人造金红石这个中间产品，选定用盐酸浸取。使废酸经低温真空蒸发浓缩原闭路循环到生产工艺过程中，既降低成本，又减少污染。对于废气经水处理后也可利用上述方法进行处理。海口化工二厂所在化工生产区，已有一条排污通道直通大海，钛白粉生产过程中的废水经处理合格后即可排放。

七、生产组织形式和劳动力定员

以合资经营，或与掌握生产技术的企业共同投资，共同经营，共担风险，按协议进行利润分成，形成资源开发联合体。

根据国外钛白粉厂劳动定员，结合厦门电化厂劳动力管理的经验，20000吨或6000吨钛白粉厂劳动定员850名或580名即可（见表2）（表2略）。

八、投资概算和来源

1. 投资概算

根据美国杜邦公司计划台湾兴建一个60000吨氯化法钛白粉厂需16000万美元的投资和厦门电化厂建设钛白粉车间的投资数据，海南利用引进技术设备建设年产20000吨或利用国内技术设备建设年产6000吨的氯化法金红石型钛白粉厂分别约需投资2.2亿元和7000万元（投资概算表略）。

2. 资金来源设想

（1）外汇以合资经营、补偿贸易或向国际财团贷款的方式取得；也可申请国家外汇贷款；

（2）申请国家预算内拨款；

（3）向国内各大银行及财政信托公司贷款；

（4）邀请国内大集团参与投资；

（5）在国内发行债券。

九、经济分析

1. 工厂产品成本的估算

20000吨方案的物料及动力年消耗资金为2961万元；6000吨方案的物料及动力年消耗资金为1306万元（由于氯碱生产的原材料消耗未获详细数据，现以1987年3月《中国化工报》发布的我国氯碱生产最高成本696元/吨，最低成本436元/吨的平均值566元/吨为单位成本，原材料消耗占成本的58%计每吨氯碱原材料消耗328元），单位消耗原材料及动力分别为1481元/吨和2177元/吨。

现以经济寿命期10年后的净残值为零，年修理基金提存率4%，基本生产用低值易耗品和辅助材料占原料消耗的10%计入车间经费；每人每月平均工资分别为200元和180元；全年工资的20%计入职工福补资金。

2. 利润估算

财政部颁布的《利用外资贷款引进设备生产产品征税问题》中规定："在偿还贷款的本息期间，引进项目实现的利润中提出的折旧费，都可用于偿还贷款。"则20000吨方案在外资本息偿还期内，每年可冲减掉外资投资部分的折旧费9300×10%=930万元；产品价格以厦门电化厂生产的同类产品现时的出厂价9800~11000元/吨参考，定9500元/吨；以财政部"（75）财税字第53号"通知中钛白粉的税率10%为据列利润表，可知20000吨方案在外资偿还期内每年可得利润6385万元，外资偿还期后每年可得利润10585万元，在10年的经济寿命期内平均每年可得到利润8611万元，合单位利润4301元/吨；6000吨方案，在经济寿命期内每年可得利润2910万元，合单位利润4580元/吨。

3. 净现值分析（略）

4. 基准投资收益率（略）

5. 盈亏平衡分析（略）

6. 敏感性分析

根据国内外历年的氯化法金红石型钛白粉市场的销售情况，保险预测今后数十年内国内价格保持9500元/吨的可能性为0.2；降到8000元/吨的可能性为0.7，下跌到6500元/吨的可能性为0.1。

在经济寿命期内各价格的净现值见表3。

表3　　　　单位：万元

未来售价	售价概率	收益情况（NPV）	
		20000T方案	6000T方案
6500	0.1	46200	73
8000	0.7	14861	3815
9500	0.2	25131	7555

由上表求得各方案的期望净现值为：

$E \times P(N_pV_{20000}V) = 4620 \times 0.1 + 14861 \times 0.7 = 25131 \times 0.2 = 15891$(万元)

人民币期望投资回收期为4.4年。

$E \times P((N_pV_{6000}T = 73 \times 0.1 + 3815 \times 0.7 + 7555 \times 0.2 = 4189$(万元)

期望投资回收期为5.8年。

结　　论

以上分析研究表明：为开发利用海南岛丰富、易采、质优的钛砂矿，引进国外先进技术设备，以海口化工二厂为基地建设年产20000吨（第一期）氯化法金红石型钛白粉厂是可行的。若不能引进国外先进技术设备，利用国内现有的技术设备在海口化工二厂的基地上建设年产6000吨（第一期）氯化法金红石型钛白粉厂也是可行的。

例文的前言部分（前面三个自然段）介绍钛白粉的用途、分类及其在我国的供需情况，提出应大力发展钛白粉生产。主体为第一部分至第九部分。第一部分着重说明在海南建立钛白粉厂有利的资源条件，这是从生产原料的角度证明建设项目的可行性；第二部分对国内和国际钛白粉的生产和需求情况进行分析，对今后国内外钛白粉的供求情况进行预测，这是从需求的角度说明建设项目的必要性；第三部分“生产工艺的选择和技术设备的来源”，选定氯化法生产工艺和引进国外先进技术设备的方案，体现了可行性研究的择优原则；第四部分“建设规模、物料及动力供应规划”，通过对拟建项目的规模效益及物料、动力供应情况的分析，提出年产 2 万吨的生产规模的合理性；第五部分“厂址选择”，从交通运输、供电、基建投资、工业布局等方面展开分析，明确在海口建厂为最优方案；第六部分“环境污染的防治”，提出废水、废气的处理措施；第七部分“生产组织形式和劳动力定员”，指明形成资源开发联合体的企业组织形式，并参照国内同类企业，提出劳动力定员方案；第八部分“投资概算和来源”，参照国内外同类企业的投资额，估算建设项目所需资金数额，指出筹措资金的五条渠道；第九部分“经济分析”，对产品成本、利润、投资回收期、基准投资收益率、盈亏平衡、投资风险等逐项加以分析，说明拟建项目从经济效益方面考虑是可行的。“结论”即正文的结尾部分，总结分析结果，确定项目方案。

三、可行性研究报告的写作要求

撰写可行性研究报告，必须注意以下几点。

第一，要放宽眼界。在当今信息社会，任何一个经济问题都不是孤立的，而有着广泛的外部联系，进行可行性研究要善于把问题放到广阔的经济背景上去考察。同时，经济形势在飞速发展，在对拟建项目加以研究时，不但要着眼于现实，还要着眼于未来，尤其是在建设周期长、投资多的项目时，更要对未来的发展需要和前景趋势有更多的考虑。

第二，要实事求是。为能得出客观、正确的结论，进行可行性研究一定要从实际出发，以实事求是的态度研究问题，分析问题。反映情况要本着一分为二的原则，要把对项目有影响的各种因素和条件全部考虑在内。既不能为了提出肯定性意见，只讲有利条件，不讲不利条件，也不能为了提出否定性意见，只讲不利条件，不讲有利条件，要在全面权衡利弊得失的基础上，选出最佳方案。

第三，要讲求科学。进行可行性研究，必须掌握和运用各种科学的研究方法。首先要以系统的方法，把研究对象作为一个系统来研究。可以先把研究对象分解为若干个部分，并有步骤地对各个部分进行分析，然后把各个部分的情况综合起来，从整体上展开研究。还要注意研究对象这个系统常常是被包含在一个更大的系统之中的，对构成这个大系统的要素要有所考虑。此外，一分为二的方法分析、动态的方法分析、定性与定量相结合的分析方法都应在可行性研究中得到应用。

第四，要论证有力。可行性研究报告是一种论证性文体，其写作过程也就是一个论证的过程。报告所写的所有内容，都是为了论证研究对象是可行的还是不可行的。文中所用的论据，要准确、翔实，要能有力地证明论点。在以论据证明论点时，可根据实际需要，运用列举归纳论证、逐层推进论证、对比分析论证等多种论证方法，以使论证有力，推论合理，使报告具有很强的说服力。

第六章　经济合同

一、经济合同的涵义和作用

（一）经济合同的涵义

经济合同是合同的一个最为重要的门类，人们平时所说的合同通常就是指经济合同而言的。经济合同主要是指平等主体的自然人、法人、其他组织为实现一定的经济目的，明确相互权利义务关系的协议。对经济合同这一概念的涵义，应从以下几个方面去理解：

首先，经济合同是为实现一定的经济目的而订立的协议。合同当事人之间的关系应为经济关系，双方的权利和义务以及违约责任都是经济关系的体现。经济合同所要承担的使命，就是要完成商品、劳务和货币的转移，这种经济关系在经济合同的内容中体现得十分清楚、明显。

其次，经济合同是为明确相互权利义务关系而订立的协议。所谓的相互权利义务关系，是指当事人双方按合同规定所应分别享有的权利及各自应当承担的义务。当事人之间，要按照等价交换的原则，建立一种权利义务对等的交换关系。例如买卖合同，买方有得到商品的权利，同时就有支付价款的义务；卖方有得到价款的权利，同时就有付出商品的义务。

再次，签订经济合同是一种法律行为。经济合同是商品交换关系在法律上的表现形式，为了保障当事人双方的合法权益，同时也为了防止侵犯国家、集体以及他人的利益，对经济合同依法确定的当事人的权利、义务和责任，国家要予以法律保护。经济合同依法成立，便具有法律约束力，当事人双方必须全面履行合同所规定的义务，任何一方不得擅自变更或解除合同，否则就要依法追究违约责任。

最后，经济合同的订立者应是平等民事主体的自然人、法人或其他组织，应当具有相应的民事权利能力和民事行为能力，这是对经济合同的主体的明确。

（二）经济合同的作用

经济合同是商品经济的产物，是随着商品经济的产生而产生，随着商品经济的发展而发展的一种经济文体。随着我国社会主义市场经济体制的确立，经济合同将在社会经济生活中发挥越来越重要的作用。

经济合同的作用是多方面的，主要体现为：

1. 有利于当事人实现经济目的

当事人签订经济合同，都是为了实现特定的经济目的，为了保证某一项经济活动顺利完成，为了取得一定的经济效益。经济合同所规定的权利、义务和责任，反映着双方当事人的需要，是为双方当事人的经济目的的实现服务的。经济合同履行的过程，也就是经济目的得以实现的过程。

2. 有利于保护当事人的合法权益

前面说过，签订经济合同是一种法律行为，经济合同依法成立，即具有法律约束力。在经济活动中，如果当事人之间发生纠纷，为维护各自的合法权益，当事人可把合同作为依据，对照合同条款进行交涉，甚至诉诸法律，请求仲裁机构或司法部门，依法进行裁决。

3. 有利于维护社会经济秩序

合同制度的实施及有关法规的颁行，是促进社会主义市场经济的繁荣，维护社会经济秩序的重要措施，有助于错综复杂的社会经济部门、行业、组织及各生产、经营环节紧密衔接起来，突破复杂的行政关系和经营体制、所有制关系的限制，使得经济活动在客观经济规律的引导下，有秩序地进行。

实行经济合同制度，还有利于国家指令性计划的施行，有利于国家加强对经济的宏观调控，有利于企业提高经济效益和竞争能力。

二、经济合同的特点和种类

（一）经济合同的特点

为使其作用得到发挥，经济合同应当具有以下几个方面的特点：

1. 内容的合法性

经济合同是具有法律效力的文书，其作用的发挥要以合法为前提，内容不合法，应被视为无效合同。《中华人民共和国合同法》（以下简称《合同法》）规定：“当事人订立、履行合同，应当遵守法律、行政法规，尊重社会公德，不得扰乱社会经济秩序，损害社会公共利益。”“工商行政管理部门和其他有关行政主管部门在各自的职权范围内，依照法律、行政法规的规定，对利用合同危害国家利益、社会公共利益的违法行为，负责监督处理；构成犯罪的，依法追究刑事责任。”另外，对合同的订立和履行、变更和解除、违约责任等，国家都以法规的形式作过规定。从合同的订立、履行到纠纷的调解、仲裁，都必须依法进行。

2. 条款的完备性

合同条款是对当事人的权利义务的具体规定，当事人的各种权利义务都要分别写清，任何一种可能出现的情况都要有所顾及。对合同的主要条款及各类合同所应具备的主要内容，《合同法》已有明确的规定。合同所写条款要全面、周详，不能有遗漏。按有关规定及各方要求所应具备的条款必须具备，有的条款还要根据标的的特点尽可能加以具体化。为使条款更加完备，如有需要，在合同中还可以另加附件。比如，在一份买卖合同中，至少应有产品的数量、质量、计量单位、包装要求、价格、交货时间和方式、结算方式等条款，其中像对数量的计算方法、质量的标准等都应有明确的规定。无论哪类合同，条款不够完备，应该说明的事项却没有写入，都有可能直接引发日后的经济纠纷。

3. 格式的规范性

当事人订立合同，有书面形式、口头形式和其他形式，《合同法》规定："法律、行政法规规定采用书面形式的，应当采用书面形式。当事人约定采用书面形式的，应当采用书面形式。"合同的书面形式是较为统一、固定的，不能随意变更。为规范合同的格式，国务院曾于1990年3月20日批准在全国推行合同统一文本格式，国家工商行政管理局编著的《中国合同范本》则为各类合同的规范制作提供了依据。

4. 措辞的严密性

为避免在合同的履行中产生不必要的争执，也为了避免留下漏洞，使别有用心者找到钻空子的机会，经济合同的语言要十分准确、严密，不能有模棱两可或含糊不清的表述方式出现。从实际情况来看，在经济合同的签订中，遣词造句确实是很重要的一个环节。一句话、一个词甚至一个字用得是否得当，有时会涉及到很大的经济利益，真可谓"一字千金"。

（二）合同的种类

经济活动十分复杂，在经济活动中使用的经济合同自然也就十分多样。而且从不同的角度，可对经济合同进行不同的分类。比如，按有效期限划分，有长期合同、中期合同和短期合同；按订立方式划分，有口头合同、书面合同及其他形式的合同。除可以即时结账者外，合同一般应当采用书面形式。书面形式又可以细化为合同书、信件和电报、电传、传真、电子数据交换、电子邮件等多种形式。按写作形式划分，有条款式合同、表格式合同及条款加表格式合同；按当事人的国际关系划分，有国内合同和涉外合同，合同一方是国外法人的，则为涉外经济合同。《合同法》按业务性质和内容的不同，将合同分为买卖合同、供用电（水、气、热力）合同、赠与合同、借款合同、租赁合同、融资租赁合同、承揽合同、建设工程合同、运输合同、技术合同、保管合同、仓储合同、委托合同、行纪合同、居间合同等。应当说，这些合同基本上都是为了实现一定的经济目的并体现当事人的经济利益关系的合同。

（1）买卖合同。这是出卖人转移标的物的所有权于买受人，买受人支付价款的合同。

（2）供用电、水、气、热力合同。这是供电（水、气、热力）人向用电（水、气、热力）人供电（水、气、热力），用电（水、气、热力）人向供电（水、气、热力）人支付费用的合同。

（3）赠与合同。这是赠与人将自己的财产无偿给予受赠人，受赠人表示接受赠与的合同。

（4）借款合同。这是借款人向贷款人借款，到期返还借款并支付利息的合同。

（5）租赁合同。这是出租人将租赁物交付承租人使用、收益，承租人支付租金的合同。

（6）融资租赁合同。这是出租人根据承租人对出卖人、租赁物的选择，向出卖人购买租赁物，提供给承租人使用，承租人支付租金的合同。

（7）承揽合同。这是承揽人按照定作人的要求，完成一定的工作，交付工作成果，定作人给付报酬的合同。

（8）建设工程合同。这是承包人进行工程建设，发包人支付价款的合同。建设工程合同包括工程勘察、设计、施工合同。

（9）运输合同。这是承运人将旅客或者货物从起运地点运输至约定地点，旅客、托运人或者收货人支付票款或者运输费用的合同。运输合同包括客运合同、货运合同、多式联运合同。

（10）技术合同。这是当事人就技术开发、转让、咨询或者服务订立的确立相互之间权利和义务的合同。技术合同包括技术开发合同、技术转让合同以及技术咨询合同和技术服务合同。

（11）保管合同。这是保管人保管寄存人交付的保管物，并返还该物，寄存人按照约定向保管人支付保管费的合同。

（12）仓储合同。这是保管人储存存货人交付的仓储物，存货人支付仓储费的合同。

（13）委托合同。这是委托人和受托人约定，由受托人在受托权限范围内处理委托人事务的合同。委托人应当预付处理委托事务的费用。受托人为处理委托事务垫付的必要费用，委托人应当偿还该费用及其利息。

（14）行纪合同。这是行纪人以自己的名义为委托人从事贸易活动，委托人支付报酬的合同。

（15）居间合同。这是居间人向委托人报告订立合同的机会或者提供订立合同的媒介服务，委托人支付报酬的合同。

三、经济合同的结构和内容

不论哪类经济合同，一般都应包括以下几个部分：

（一）标题

标题主要用以明确合同的业务性质，即写明这是哪类合同，如“建筑安装施工合同”、“食油买卖合同”、“服装加工合同”；也有的合同标题除了标明合同种类之外，还写明合同的有效期限，如《2000 年第一季度运输合同》；还有的合同标题采用单位名称加合同种类的形式，如《××矿务局、××货运公司货物运输合同》；最后一种是混合式标题，即合同标题同时标明前述几项内容，如《××进出口公司、××纺织厂2001年纺织品买卖合同》。标题应当写在合同首页上方居中的位置。

（二）当事人名称

当事人也叫立合同人，是合同的订立者。在标题的左下方，要分行并列写明签订合同的各方当事人名称，有的是单位名称及法定代表人姓名，有的是自然人姓名。名称应按营业执照上核准的全称来写，不应写简称，更不能写外人不了解的代称、代号。为便于正文部分行文，可在括号中注明一方为“甲方”，另一方为“乙方”，如有第三方则称“丙方”。在对外贸易合同中，有的称一方为“卖方”，另一方为“买方”。无论哪一类合同，都不能将当事人称作“我方”和“你方”。

如果使用表格式合同，可以直接在设定的位置填写合同当事人名称。

（三）合同编号与签订地点、时间

在合同标题的右下方，分行并列注明该合同的编号和签订合同的地点、时间。

（四）正文

合同的正文通常是由开头、主体、结尾几个部分构成的。

1. 开头

这一部分主要用以简要说明签订合同的目的或依据。许多合同不单列这个部分，只在写明具体条款之前，用一两句话点明这项内容。

2. 主体

这是反映合同的主要内容也即明确当事人的权利和义务的部分，在此要逐条写明当事人所议定的各项条款。不同种类的合同，主体部分的内容也不尽相同。不过，无论哪类合同，都应当大致具备以下几项主要条款：

（1）标的。标的是当事人各方的权利和义务所共同指向的对象，可以是某种实物或货币，也可以是某项工程、劳务、科技成果或专利权等。没有标的或标的不明确，当事人的权利和义务就失去了指向和依据，合同也就无法履行，因此也就不能成立。

（2）数量和质量。数量是衡量标的的尺度，是确定双方的权利和义务大小的标准，是履行经济合同的具体条件之一。数量的规定要准确，法定计量单位要明确。有些产品，还要写清合理的量差和正负尾数；质量是标的的性质和特征，是标的的内在素质和外观形态的综合，是履行经济合同的具体条件之一。在合同中详细写明标的的质量要求和标准，对于保证和检验标的的质量有着重要的意义。按照《合同法》的规定，“质量要求不明确的，按照国家标准、行业标准履行；没有国家标准、行业标准的，按照通常标准或者符合合同目的的特定标准履行。”

（3）价款或者报酬。又称标的的价金，是指取得对方产品或接受对方劳务等所支付的代价，通常以货币的数量来表示。如作区分的话，以实物为标的的叫“价款”，以劳务为标的的叫“报酬”。除法律或行政法规另有规定外，以货币履行义务时，应当用人民币计算和支付；除国家允许使用现金履行义务的以外，应当通过银行转账或者票据结算。价金直接体现当事人的权利和义务，价金的标准和数额必须写得非常准确、清楚。按照《合同法》的规定，“价款或者报酬不明确的，按照订立合同时履行地的市场价格履行；依法应当执行政府定价或者政府指导价的，按照规定履行。”

（4）履行的期限、地点和方式。履行的期限、地点和方式，是合同当事人的权利、义务和责任的有机组成部分，必须认真写清。履行期限是指履行合同的时间要求，要写具体日期。《合同法》规定：“履行期限不明确的，债务人可以随时履行，债权人也可以随时要求履行，但应当给对方必要的时间准备。”履行地点是指交付、提取标的物的具体地点，地点不明确，会给合同的履行带来一些麻烦。《合同法》规定：“履行地点不明确，给付货币的，在接受货币一方所在地履行；交付不动产的，在不动产所在地履行；其他标的，在履行义务一方所在地履行。”履行方式主要是指采用什么方法来实现合同所规定的当事人的权利和义务，一般包括标的的交付、提取方式和价款或者酬金的结算方式，包装、验收方法等也应算作履行方式。履行方式也是在合同的履行中容易引起纠纷的地方，必须予以明确。《合同法》规定：“履行方式不明确的，按照有利于实现合同目的的方式履行。”

（5）违约责任。这一项又称“罚则”。由于当事人一方的过错，造成经济合同不能履行或者不能完全履行，要由有过错的一方承担违约责任；如属双方的过错，则应根据实际情况，由双方分别承担各自所应承担的违约责任。在履行合同之前写明违约责任，对维护合同的法律效力及保证合同的履行具有重要意义。

导致合同不能履行的原因非常复杂，有客观原因，也有主观原因。客观原因主要是指“不可抗力”的影响，所谓“不可抗力”是指不能预见、不能避免并不能克服的客观情况，如遭遇地震、风暴，火灾、水旱灾害等。当事人一方因不可抗力不能履行合同时，应当及时通知对方，并应当在合理期限内提供证明。另一方当事人在取得有关证明以后，可根据影响程度允许其免除部分或全部违约责任。主观原因有很多种，如当事人一方有欺诈行为或经营不善等。由于一方当事人的主观原因导致合同不能如期履行，对方当事人有权要求违约方承担违约责任。承担违约责任的主要方式是支付违约金和赔偿金，订立合同时应将违约金、赔偿金的数额写清。法定的或预先约定的，不管是否给对方造成实际损失，违约方都要支付违约金。一方违约给另一方造成损失而没有违约金或违约金不足以弥补损失时，要偿付赔偿金。《合同法》规定：“当事人可以约定一方违约时应当根据违约情况向对方支付一定数额的违约金，也可以约定因违约产生的损失赔偿额的计算方法。”

（6）解决争议的方法。《合同法》明确地将“解决争议的方法”作为合同的主要条款提出。为解决有可能在合同的履行过程中出现的争议和纠纷，应将合同的变更、解除及争议仲裁办法在签订合同时商定清楚，并且明确、具体地写入合同。当事人之间发生争议，可以通过和解或者调解的办法解决；当事人不愿和解、调解或者和解、调解不成的，可以根据仲裁协议向仲裁机构申请仲裁；当事人没有订立仲裁协议或者仲裁无效的，可以向人民法院起诉。

除以上条款之外，根据法律规定或按经济合同性质必须具备的条款，以及当事人要求必须规定的条款，也是经济合同的主要条款。此外，有些内容可作为普通条款写明。可以说，经济活动千差万别，合同内容也是各有特点，究竟一份合同应有哪些条款，在遵守各项规定的前提下，还要视实际需要而定。

3. 结尾

在这个部分主要写明合同的份数、生效时间以及需要报送的主管机关、保管方式等，有的还需说明合同的有效期限、附件及如有争议应由哪个机构仲裁等问题。

有些合同是以“附则”的形式表述结尾部分的内容的，如果这些内容已作为条款列出，就不需要单设一个结尾部分了。

（五）落款

在落款处，主要应有以下两项内容：

1. 署名

署名一项包括签订合同人双方各自单位的名称、地址、法定代表人姓名、委托代理人姓名或自然人姓名、电话、电报挂号、开户银行、账号、邮政编码等。单位应加盖公章，法定代表人、委托代理人或自然人均应签字盖章。需要有关上级领导机关审核的合同，要将有关机关的审核意见写在署名的下方，并且签署有关机关的全称并加盖公章。需要鉴（公）证的合同，要将有关部门的鉴（公）证意见写在审核机关的下方，并签署有关部门的全称，加盖公章。通常人们认为经济合同在加盖单位公章或合同专用章后，才算生效。

2. 日期

在署名的下方，应当注明合同签订的日期。

下面请看两份经济合同样式：

工矿产品买卖合同

（参考文本）

订立合同双方：

买受人（全称）：________________

出卖人（全称）：________________

为了增强买卖双方的责任感，确保双方实现各自的经济目的，经双方充分协调，特订立本合同，以便共同遵守。

第一条　产品的名称、品种、规格和质量

1. 产品的名称、品种、规格（应注明产品的牌号或商标）：
____

2. 产品的技术标准（包括质量要求），按下列第（　　）项执行：

（1）按国家标准执行；（2）无国家标准而有行业标准的，按行业标准执行；（3）无国家和行业标准的，按企业标准执行；（4）没有上述标准的，或虽有上述标准，但买受人有特殊要求的，按买卖双方在合同中商定的技术条件、样品或补充的技术要求执行。

（在合同中必须写明执行的标准代号、编号和标准名称。对成套产品，合同中要明确规定附件的质量要求；对某些必须安装运转后才能发现内在质量缺陷的产品，除主管部门另有规定外，合同中应具体规定提出质量异议的条件和时间；实行抽样检验质量的产品，合同中应注明采用的抽样标准或抽验方法和比例；在商定技术条件后需要封存样品的，应当由当事人双方共同封存，分别保管，作为检验的依据。）

第二条　产品的数量和计量单位、计量方法

1. 产品的数量：______________________________。

2. 计量单位、计量方法：________________________。

（国家或主管部门有计量方法规定的，按国家或主管部门的规定执行；国家或主管部门无规定的，由买卖双方商定。对机电设备，必要时应当在合同中明确规定随主机的辅机、附件、配套的产品、易损耗备品、配件和安装修理工具等。对成套供应的产品，应当明确成套供应的范围，并提出成套供应清单。）

3. 产品交货数量的正负尾差、合理磅差和在途自然减（增）量规定及计算方法；______________________________。

第三条　产品的包装标准和包装物的供应与回收

（产品的包装，国家或业务主管部门有技术规定的，按技术规定执行；国家与业务主管部门无技术规定的，由买卖双方商定。产品的包装物，除国家规定由买受人供应的以外，应由出卖人负责供应。可以多次使用的包装物，应按有关主管部门制订的包装物回收办法执行；有关主管部门无规定的，由买卖双方商定包装物回收办法，作为合同附件。产品的包装费用，除国家另有规定者外，不得向买受人另外收取。如果买受人有特殊要求的，双方应当在合同中商定，其包装费超过原定标准的，超过部分由买受人负担；其包装费低于原定标准的，相应降低产品价格。）

第四条　产品的交货单位、交货方法、运输方式、到货地点（包括专用线、码头）

1. 产品的交货单位：______________________________。

2. 交货方法，按下列第（　　）项执行：

（1）出卖人送货（国家主管部门规定有送货办法的，按规定的办法执行；没有规定送货办法的，按双方协议执行）；

（2）出卖人代运（出卖人代办运输，应充分考虑买受人的要求，商定合理的运输路线和运输工具）；

（3）买受人自提自运。

3. 运输方式：________________________________。

4. 到货地点和接货单位（或接货人）：________________。

（买受人如要求变更到货地点或接货人，应在合同规定的交货期限（月份或季度）前四十天通知出卖人，以便出卖人编月度要车（船）计划；必须由买受人派人押送的，应在合同中明确规定；买卖双方对产品的运输和装卸，应按有关规定与运输部门办理交换手续，作出记录，双方签字，明确双方当事人和运输部门的责任。）

第五条　产品的交（提）货期限

（规定送货或代运的产品的交货日期，以买受人发运产品时承运部门签发的戳记日期为准，当事人另有约定者，从约定；合同规定买受人自提产品的交货日期，以出卖人按合同规定通知的提货日期为准。出卖人的提货通知中，应给予买受人必要的途中时间，实际交货或提货日期早于或迟于合同规定的日期，应视为提前或逾期交货或提货。）

第六条　产品的价格与货款的结算

1. 产品的价格，按下列第（　）项执行：

（1）按政府定价执行；

（2）按政府指导价执行；

（3）不属于政府定价或政府指导价的产品，或因对产品有特殊技术要求需要提高或降低价格的，按买卖双方的商定价执行。

（执行政府定价或政府指导价的，在合同规定的交货或提货期内，遇政府调整价格时，按交货时的价格执行。逾期交货的，遇价格上涨时，按原价执行；遇价格下降时，按新价执行，逾期提货或逾期付款的，遇价格上涨时，按新价格执行；遇价格下降时，按原价执行。由于逾期付款而发生调整价格的差价，由买卖双方另行结算，不在原托收结算金额中冲抵。执行协商定价的，按合同规定的价格执行。）

2. 产品货款的结算：产品的货款、实际支付的运杂费和其他费用的结算，按照中国人民银行结算办法的规定办理。

（用托收承付方式结算的，合同中应注明验单付款或验货付款。验货付款的承付期限一般为十天，从运输部门向收货单位发出提货通知的次日起算。凡当事人在合同中约定缩短或延长验货期限的，应当在托收凭证上写明，银行从其规定。）

第七条　验收方法

（合同应明确规定：1. 验收时间；2. 验收手段；3. 验收标准；4. 由谁负责验收和试验；5. 在验收中发生纠纷后，由哪一级产品质量监督机关执行仲裁等。）

第八条　对产品提出异议的时间和办法

1. 买受人在验收中，如发现产品的品种、型号、规格、花色和质量不合规定，应一面妥为保管，一面在______天内向出卖人提出书面异议；在托收承付期内，买受人有权拒付不符合合同规定部分的货款。

2. 买受人未按规定期限提出书面异议的，视为所交产品符合合同规定。

3. 买受人因使用、保管、保养不善等造成产品质量下降的，不得提出异议。

4. 出卖人在接到买受人书面异议后，应在______天内负责处理，否则，即视为默认买受人提出的异议和处理意见。

（买受人提出的书面异议中，应说明合同号、运单号、车或船只、发货和到货日期；说明不符合规定的产品名称、型号、规格、花色、标志、牌号、批号、合格证或质量保证书号、数量、包装、检验方法、检验情况和检验证明；提出不符合规定的产品的处理意见，以及当事人双方商定的必须说明的事项。）

第九条　出卖人的违约责任

1. 出卖人不能交货的，应向买受人偿付不能交货部分货款的______%（通用产品的幅度为1%～5%，专用产品的幅度为10%～30%）的违约金。

2. 出卖人所交产品品种、型号、规格、花色、质量不符合合同规定的，如果买受人同意利用，应当按质论价；如果买受人不能利用的，应根据产品的具体情况，由出卖人负责包换或包修，并承担修理、调换或退货而支付的实际费用。出卖人不能修理或者不能调换的，按不能交货处理。

3. 出卖人因产品包装不符合合同规定，必须返修或重新包装的，出卖人应负责返修或重新包装，并承担支付的费用。买受人不要求返修或重新包装而要求赔偿损失的，出卖人应当偿付买受人该不合格包装物低于合格包装物的价值部分。因包装不符合规定造成货物损坏或灭失的，出卖人应当负责赔偿。

4. 出卖人逾期交货的，应比照中国人民银行有关延期付款的规定，按逾期交货部分货款计算，向买受人偿付逾期交货的违约金，并承担买受人因此所受的损失费用。

5. 出卖人提前交货的产品、多交的产品和品种、型号、规格、花色、质量不符合合同规定的产品，买受人在代保管期内实际支付的保管、保养等费用以及非因买受人保管不善而发生的损失，应当由出卖人承担。

6. 产品错发到货地点或接货人的，出卖人除应负责运交合同规定的到货地点或接货人外，还应承担买受人因此多支付的一切实际费用和逾期交货的违约金。出卖人未经买受人同意，单方面改变运输路线和运输工具的，应当承担由此增加的费用。

7. 出卖人提前交货的，买受人接货后，仍可按合同规定的交货时间付款；合同规定自提的，买受人可拒绝提货。出卖人逾期交货的，出卖人应在发货前与买受人协商，买受人仍需要的，出卖人应照数补交，并负逾期交货责任；买受人不再需要的，应当在接到出卖人通知后十五天内通知出卖人，办理解除合同手续，逾期不答复的，视为同意发货。

第十条 买受人的违约责任

1. 买受人中途退货，应向出卖人偿付退货部分货款______%（通用产品的幅度为1%～5%，专用产品的幅度为10%～30%）的违约金。

2. 买受人未按合同规定的时间和要求提供应交的技术资料或包装物的，除交货日期得以顺延外，应比照中国人民银行有关延期付款的规定，按顺延交货部分货款计算，向出卖人偿付顺延交货的违约金；如果不能提供的，按中途退货处理。

3. 买受人自提产品未按供方通知的日期或合同规定的日期提货的，应比照中国人民银行有关延期付款的规定，按逾期提货部分货款总值计算，向出卖人偿付逾期提货的违约金，并承担出卖人实际支付的代为保管、保养的费用。

4. 买受人逾期付款的，应按照中国人民银行有关延期付款的规定向出卖人偿付逾期付款的违约金。

5. 买受人违反合同规定拒绝接货的，应当承担由此造成的损失和运输部门的罚款。

6. 买受人如错填到货地点或接货人，或对出卖人提出错误异议，应承担出卖人因此所受的损失。

第十一条 不可抗力

当事人双方的任何一方由于不可抗力的原因不能履行合同时，应及时向对方通报不能履行或不能完全履行的理由，并应在______天内提供证明，允许延期履行、部分履行或者不履行合同，并根据情况可部分或全部免予承担违约责任。

第十二条 合同争议的解决方式

本合同在履行过程中发生的争议，由双方当事人协商解决；也可由当地工商行政管理部门调解；协商或调解不成的，按下列第______种方式解决：

1. 提交__________仲裁委员会仲裁；

2. 依法向人民法院起诉。

第十三条 其他

按本合同规定应该偿付的违约金、赔偿金、保管保养费和各种经济损失，应当在明确责任后十天内，按银行规定的结算办法付清，否则按逾期付款处理。

本合同自______年______月______日起生效，合同履行期内，当事人双方均不得随意变更或解除合同。合同如有未尽事宜，须经双方共同协商，作出补充规定，补充规定与本合同具有同等效力。本合同正本一式二份，双方各执一份；合同副本一式______份，分送银行（如经公证或鉴证，应送公证或鉴证机关）……等单位各留存一份。

买受人：____________（章）

法定代表人：________

委托代理人：________

地址：______________

开户银行：__________

账号：______________

电话：______________

邮编：______________

出卖人：____________（章）

法定代表人：________

委托代理人：________

地址：______________

开户银行：__________

账号：______________

电话：______________

邮编：______________

______年______月______日订

这是一份工商管理部门制作的买卖合同的参考文本，内容非常完备，格式比较规范。正文的开头部分简述订立合同的目的，并表明合同是在双方协商的基础上订立的，实际上，这也就是对合同的真实性、有效性的一种明确。主体部分所写入的是按照《合同法》的规定，买卖合同所应具备的各项基本条款，主要包括：标的；数量和质量；合同履行的期限、地点和方式（包括包装方法、交货单位和方法、运输方式和到货地点、交（提）货期限、货款的结算、产品的验收方法、提出异议的时间和办法等项内容）；双方当事人的违约责任；不可抗力因素；解决争议的方法。有些条款还区分不同情况，对填写方法作出具体的规定和说明。例文所缺少的是合同编号及签订时间和地点，这些应在标题的右下方注明。

建筑安装工程承包合同

合同编号：____________________ 工程名称：____________________

工程编号：____________________

发 包 方：____________________ 承 包 方：____________________

签订时间：____________________ 签订地点：____________________

根据《中华人民共和国合同法》及有关规定，为明确双方在施工过程中的权利、义务和经济责任，经双方协商同意签订本合同。

第一条 工程项目

一、工程名称：________________

二、工程地点：________________

三、工程项目批准单位：______________________________批准文号______________________（指此工程立项有权批准机关的文号），项目主管单位：____

四、承包范围和内容：（详见工程项目一览表）；工程建筑面积__________（平方米）；其它：____________________________________

五、工程造价：______________（万元），其中土建：______________（万元），安装：______________（万元）。

第二条 施工准备

一、发包方：

二、承包方：

第三条 工程期限

一、根据国家工期定额和使用需要，商定工程工期为______天，自______年______月______日开工至______年______月______日竣工验收。

二、开工前______天，承包方向发包方发出开工通知书。

三、如遇下列情况，经发包方现场代表签证后，工期相应顺延：

1. 按施工准备规定，不能提供施工场地，水、电源、道路未能接通，障碍物未能清除，影响进场施工；

2. 凡发包方负责供应的材料、设备、成品或半成品未能保证施工需要或因交验时发现缺陷需要修、配、代、换而影响进度；

3. 不属包干系数范围内的重大设计变更，提供的工程地质资料不准，致使设计方案改变或由于施工无法进行的原因而影响进度；

4. 在施工中如因停电、停水 8 小时以上或连续间歇性停水、停电 3 天以上（每次连续 4 小时以上），影响正常施工；

5. 非承包方原因而监理签证不及时而影响下一道工序施工；

6. 未按合同规定拨付预付款、工程进度款或代购材料差价款而影响施工；

7. 人力不可抗拒的因素而延误工期。

第四条 工程质量

一、本工程质量经双方研究要求达到：____

二、承包方必须严格按照施工图纸、说明文件和国家颁发的建筑工程规范、规程和标准进行施工，并接受发包方派驻代表的监督。

三、承包方在施工过程中必须遵守下列规定：

1. 由承包方提供的主要原材料、设备、构配件、半成品必须按有关规定提供质量合格证，或进行检验合格后方可用于工程；

2. 由发包方提供的主要原材料、设备、构配件、半成品也必须有质量合格证方可用于工程。对材料改变或代用必须经原设计单位同意并发正式书面通知和发包方派驻代表签证后，方可用于工程；

3. 隐蔽工程必须经发包方派驻代表检查、验收签章后，方可进行下一道工序；

4. 承包方应按质量验评标准对工程进行分项、分部和单位工程质量进行评定，并及时将单位工程质量评定结果送发包方和质量监督站。单位工程结构完工时，应会同发包方、质量监督站进行结构中间验收；

5. 承包方在施工中发生质量事故，应及时报告发包方派驻代表和当地建筑工程质量监督站。一般质量事故的处理结果应送发包方和质量监督站备案；重大质量事故的处理方案，应经设计单位、质量监督站、发包方等单位共同研究，并经设计建设单位签证后实施；

6. 工程竣工后，承包方按规定对工程实行保修，保修时间自通过竣工验收之日算起。

第五条　建筑材料、设备的供应、验收和差价处理

一、由发包方供应以下材料、设备的实物或指标（详见附表二）；

二、除发包方供应以外的其他材料、设备由承包方采购；

三、发包方供应、承包方采购的材料、设备，必须附有产品合格证才能用于工程，任何一方认为对方提供的材料需要复验的，应允许复验。经复验符合质量要求的，方可用于工程，其复验费由要求复验方承担；不符合质量要求的，应按有关规定处理，其复验费由提供材料、设备方承担。

四、本工程材料和设备差价的处理办法：______________________________
____

第六条　工程价款的支付与结算

工程价款的支付和结算，应根据中国人民建设银行制定的“基本建设工程价款结算办法”执行。

一、本合同签订后________日内，发包方支付不少于合同总价（或当年投资额）的______%备料款，计人民币________万元；临时设施费，按土建工程合同总造价的________%计人民币________万元，安装工程按人工费的________%计人民币________万元；材料设备差价________万元，分________次支付，每次支付时

间、金额________________

二、发包方收到承包方的工程进度月报后必须在________日内按核实的工程进度支付进度款，工程进度款支付达到合同总价的________%时，按规定比例逐步开始扣回备料款。

三、工程价款支付达到合同总价款的95%时，不再按进度付款，办完交工验收后，待保修期满连本息（财政拨款不计息）一次支付给承包方。

四、如发包方拖欠工程进度款或尾款，应向承包方支付拖欠金额日万分之________的违约金。

五、确因发包方拖欠工程款、代购材料价差款而影响工程进度，造成承包方的停、窝工损失的，应由发包方承担。

六、本合同造价结算方式：____

七、承包方在单项工程竣工验收后________天内，将竣工结算文件送交发包方和经办银行审查，发包方在接到结算文件________天内审查完毕，如到期未提出书面异议，承包方可请求经办银行审定后拨款。

第七条　施工与设计变更

一、发包方交付的设计图纸、说明和有关技术资料，作为施工的有效依据，开工前由发包方组织设计交底和三方会审作出会审纪要，作为施工的补充依据，承、发包双方均不得擅自修改。

二、施工中如发现设计有错误或严重不合理的地方，承包方及时以书面形式通知发包方，由发包方及时会同设计等有关单位研究确定修改意见或变更设计文件，承包方按修改或变更的设计文件进行施工。若发生增加费用（包括返工损失、停工、窝工、人员和机械设备调迁、材料构配件积压的实际损失）由发包方负责，并调整合同造价。

三、承包方在保证工程质量和不降低设计标准的前提下，提出修改设计、修改工艺的合理化建议，经发包方、设计单位或有关技术部门同意后采取实施，其节约的价值按国家规定分配。

四、发包方如需设计变更，必须由原设计单位作出正式修改通知书和修改图纸，承包方才予实施。重大修改或增加造价时，必须另行协商，在取得投资落实证明，技术资料设计图纸齐全时，承包方才予实施。

第八条　工程验收

一、竣工工程验收，以国家颁发的《关于基本建设项目竣工验收暂行规定》、《工程施工及验收规范》、《建筑安装工程质量检验评定标准》和国务院有关部门制订的竣工验收规定及施工图纸及说明书、施工技术文件为依据。

二、工程施工中地下工程、结构工程必须具有隐蔽验收签证、试压、试水、抗渗等记录。

工程竣工质量经当地质量监督部门检验合格后，发包方须及时办理验收签证手续。

三、工程竣工验收后，方包方方可使用。

在规定的保修期内，凡因施工造成的质量事故和质量缺陷应由承包方无偿保修。其保修条件、范围和期限按城乡建设环境保护部（84）城建字第79号通知印发的《建筑工程保修办法（试行）》执行。

第九条 违约责任

承包方的责任：____

____

发包方的责任：____

____

第十条 合同争议救济途径

任何一方违反合同规定，按以下第三种方式解决：

一、双方友好协商；

二、向经济合同仲裁机关申请仲裁；

三、向人民法院起诉。

第十一条 附　　则

一、本合同一式________份，合同附件________份。甲乙双方各执正本一份，其余副本由发包方报送经办银行，当地工商行政管理机关、建设主管部门备案。按规定必须办理鉴（公）证的合同，送建筑的所在地工商、公证部门办理鉴（公）证。

二、本合同自双方代表签字，加盖双方公章或合同专用章即生效，需办理鉴（公）证的，自办毕鉴（公）证之日起生效；工程竣工验收符合要求，结清工程款后终止。

三、本合同签订后，承、发包双方如需提出修改时，经双方协商一致后，可以签订补充协议，作为本合同的补充合同。

发包方（盖章）：　　　　　　　　承包方（盖章）：
法定代表人（签章）：　　　　　　法定代表人（签章）：
委托代理人（签章）：　　　　　　委托代理人（签章）：
单位地址：　　　　　　　　　　　单位地址：

电话：　　　　　　　　　　　　电话：
传真：　　　　　　　　　　　　传真：
邮政编码：　　　　　　　　　　邮政编码：
　　年　　月　　日　　　　　　　　年　　月　　日
经办银行：
建筑管理部门：
公证机关：
公证意见：
公证人：

年　　月　　日

工程项目一览表

这份合同的写法与前面一份合同大致相同，只是由于合同的业务性质不同，因此内容和条款也就不同。从总体上看，这份合同的内容比较复杂，条款较多。为把复杂的内容表达得更为清楚，合同的订立者先按工程本身的情况对合同的内容进行分类，然后再循序渐进地写明各项条款，明确当事人各方在合同履行的各个环节中所应承担的义务和责任及所享有的权利。该合同内容齐全，结构谨严，富有条理。

四、经济合同的写作要求

在经济合同的签订中，必须注意以下几点：

第一，要熟悉有关法律法规和方针政策。经济合同的内容具有合法性，首先是指同有关法律法规的内容相切合，签订者熟悉有关法律法规，正是使合同内容具有合法性的首要前提。同时，合同能够成立，还要以不扰乱社会经济秩序，不损害国家利益和社会公共利益为前提，而党和国家的经济政策，正是维护社会经济秩序，维护国家利益和社会公共利益的有力保证，因此，对有关方针政策的精神，合同的签订者必须深入领会。

第二，要精通业务，了解情况。签订经济合同是一项业务活动，熟悉业务，对生产、经营及市场情况有全面的了解，才能掌握合同谈判的主动权，也才能确保自己的利益不受侵犯。

第三，要在平等协商，取得一致意见的基础上确定各项条款。合同内容应是当事人意愿的真实体现，采取欺诈、胁迫等手段所签订的经济合同，应被视作无效合同。为保证合同内容的公平性、有效性，《合同法》在“总则”部分便作出规定：“合同当事人的法律地位平等，一方不得将自己的意志强加给另一方。当事人依法享有自愿订立合同的权利，任何单位和个人不得非法干预。当事人应当遵循公平原则确定各方的权利和义务。”

第四，要认真书写，并不得随意涂改。书写合同要严肃认真，书写工具不合乎要求或字迹潦草、胡乱涂抹，都会给合同的保存和履行带来不便，因而是不允许的。随着办公自动化程度的提高，现在的合同大都是打印而成的。打印的合同更应做到字迹清楚，文面整洁。合同如有错误或遇到特殊情况确需修改时，应将双方同意的修改意见作为附件附上。如在原件上修改，应当加盖双方印章。为了防止伪造条款或添减页数，可在一式几份的合同上做一个相同的记号，如在骑缝处加盖印章，编排页码等。

第七章　招标、投标文书

一、招标、投标文书的涵义和作用

（一）招标、投标文书的涵义

1. 招标文书的涵义

招标人在进行某项科学研究、技术攻关、工程建设或合作经营业务、大批物资交易之前，所发布的用以公布项目内容及其要求、标准和条件，以期择优选择承包对象的文书，叫做招标文书。此外，向有关部门提出招标申请的“招标申请书”、反映评标（定标）过程和结果的“评标（定标）结果报告”、专门送交中标单位的“中标通知书”等招标人在招标过程中使用的文书，通常也被归入招标文书。

2. 投标文书的涵义

投标文书是指投标人按照招标书的要求，表明应标能力和条件，拟出方案，估算价格，投送给招标单位，以求中标的文字材料。

（二）招标投标文书的作用

招标、投标是当今世界广泛流行的一种经济活动方式。改革开放以来，这种公开竞争方式也开始在我国流行。1980 年 10 月国务院发布的《关于开展和保护社会主义竞争的暂行规定》指出：“对于一些适宜于承包的生产项目和经营项目，可以试行招标、投标的办法”。此后，招标、投标的办法，逐步为各行各业，特别是生产经营、科研单位所采用。实践证明，在生产经营、科学研究、技术服务、工程建筑及大宗商品交易活动中，招标、投标制度的推行，非常有利于加强行业之间、部门之间及单位之间的横向联系，可以直接促进公平竞争，提高经济效益。另外，招标、投标制度的推行，也有助于消除不正之风，减少营私舞弊、行贿受贿等违法乱纪现象，可使经济活动在社会的有效监督之下正常、有序、健康地进行。随着市场经济体制的推行，这种制度的作用势必会越来越大。

招标投标活动的进行，是离不开招标投标文书的。招标投标活动的日趋频繁和重要，会使得招标投标文书的写作越来越受重视。

二、招标、投标文书的特点和种类

（一）招标、投标文书的特点

招标、投标文书最为突出的两大特点是竞争性和公开性。

1. 竞争性

招标文书是招标者利用投标者之间的竞争从而达到优选投标者的目的的告知性文书；投标文书作为对招标要约的一种承诺，是投标者为了中标而按照招标者的要求，向招标者表明合作意愿并提供备选方案的说明性材料，投标书的编制和提出，就是一个比实力、比信誉、比策略的竞争过程。因此，不管是招标文书还是投标文书，都应突出其竞争性。

2. 公开性

招标、投标、开标、评标、决标、中标，直至签订中标合同等一系列环节，都是公开进行的，而且都要接受公证机关或其他有关机构的监督，招标、投标文书一经提出，便应当能够公开发布、公开审阅、公开评判。

（二）招标、投标文书的种类

一项招标、投标活动包含着若干个环节和步骤，大致可分为：一是招标单位编制和报审招标文件，刊登招标公告或发出招标通知书；二是投标单位索取招标文件，提交投标申请书；三是开标评标，公布预选中标单位；四是调查核实，确定中标单位，双方签订合同。在不同的环节中，需要使用不同种类的文书，而且不同的项目，所用的文书也是有区别的。大体说来，常用的招标文书有招标申请书、招标文件、招标书、邀请函、招标公告、招标通告、招标通知书、议标书、评标（定标）结果报告、中标通知书等；常用的投标文书有投标申请书、投标书、履约保证书等。下面就介绍几种比较常用的招标、投标文书的一般写法。

三、招标文书的写作要领

（一）招标书

1. 招标书的结构和内容

招标书一般是由标题、正文、落款三个部分构成的。

（1）标题。招标书的标题主要有以下几种：一是由招标单位、标的名称、事由、文种构成的标题，如《××洗衣机厂承包招标书》；二是只写招标单位和文种的标题，如《××市建筑公司招标书》；三是只写事由和文种的标题，如《建筑安装工程招标书》；四是只写文种的标题，如《招标书》或《招标说明书》。

（2）正文。正文通常包括导语、主体和结尾几个部分。

导语部分应当写明招标活动的基本情况，即招标的原因、目的、依据及标的（招标项目名称）等，文字要求准确精练。

主体部分是写入招标书的核心内容的部分。由于招标书的性质和内容不同，其写法也不尽相同。

但一般需要写入以下事项：标的概况、招标范围、投标方法、投标程序、投标资格、质量及技术要求、合同规则、权利义务、保证条件、支付办法及招标的起止时间、开标的时间和地点等。除文字说明之外，还可配以图表说明。

结尾部分应当写明招标者的联系地址、电话、邮编、电传、电挂和联系人等。

（3）落款。写明招标单位的名称（全称）、法人代表和签署日期。这些内容如在封面或正文部分已写明，落款可以从略。

为使正文更加简洁、顺畅，常常要把说明项目内容的材料，如工期一览表、设计和勘探资料及其他有关文件等附在招标书的后面。这些材料可以看作招标书的一部分，也可作为其他招标文书另发。

例如：

建筑安装工程招标书

为了提高建筑安装工程的建设速度，提高经济效益，经________（建设主管部门）批准，________（建设单位）对________建筑安装工程的全部工程（或单位工程、专业工程）进行公开招标。

一、招标工程的准备条件

本工程的以下招标条件已经具备：

1. 本工程已列入国家（或部、委、省、市、自治区）年度计划；

2. 已有经国家批准的设计单位的施工图和概算；

3. 建设用地已经征用，障碍物全部拆迁，现场施工的水、电、道路和通讯条件已经落实；

4. 资金、材料、设备分配计划和协作配套条件均已分别落实，能够保证供应，使拟建工程能在预定的建设工期内连续施工；

5. 已有当地建设部门颁发的建筑许可证；

6. 本工程的标底已报建设主管部门和建设银行复核。

二、工程内容、范围、工程量、工期、地质勘察单位和工程设计单位：

____

________________________________。

（此项也可用表格形式）

三、工程质量等级、技术要求、对工程材料和投标单位的特殊要求、工程验收标准：

____

____。

四、工程供料方式和主要材料价格，工程价款结算办法：

____

____。

五、组织投标人进行工程现场勘察、说明，招标文件交底的时间、地点：

____

____。

六、报名、投标日期、招标文件发送方式：

报名日期：19____年____月____日；

投标期限：19____年____月____日起至19____年____月____日止。

招标文件发送方式：____________________。

七、开标、评标时间及方式，中标依据和通知：

开标时间：19____年____月____日（发出招标文件至开标日期，一般不超过两个月）。

评标结束时间：19____年____月____日（从开标之日起至评标结束，一般不超过一个月）。

开标、评标方式：建设单位邀请建设主管部门、建设银行和公证处参加公开开标并审查证书，采取集体评议方式进行评标、定标工作。

中标依据及通知：本工程评定中标单位的依据是工程质量优良、工期适当、价格合理、社会信誉好，最低标价的投标单位不一定中标。所有投标企业的标价都高于标底时，如属标底计算错误，应按实予以调整；如标底无误，通过评价剔除不合理的部分，确定合理标价和中标企业。评定结束后五日内，招标单位通过邮寄（或专人送达）方式将中标通知书送发给中标单位，并在一个月内与中标单位签订__________建筑安装工程承包合同。

八、其他

____

____。

本招标方承诺，本招标书一经发出，不得改变原定招标文件内容，否则，将赔偿由此给投标者造成的损失。投标者按招标文件的要求，自费参加投标准备工作和投标，投标书应按规定格式填写，字迹要清楚，并加盖单位和代表人的印鉴。投标书必须密封，不得逾期寄达。投标书一经发出，不得以任何理由要求取回或更改。

在招标过程中发生争议，如双方自行协商不成，由负责招标管理工作的部门调解仲裁，对仲裁不服，可诉诸法院。

建设单位（即招标单位）：__________________________（盖章）
地　　址：____
邮政编码：____
联 系 人：____
电　　话：____

________年____月____日

例文的标题采用项目加文种的形式，正文采用导语加条文的写法，每一条都标有序码，条理清楚，一目了然。正文内容十分全面，投标人参加投标的应知事项（如招标的项目、方式、程序、要求等）一应俱全。落款一项写明招标单位的名称、地址、电话以及联系人和联系方法，便于投标者报送投标书。招标书仅起邀请投标人参加投标的作用，所列条件是比较原则性的，不可能也不必要将各种情况和盘托出，逐一说明，如果具体条件非常复杂，可另用招标文件说明。

2. 招标书的写作要求

（1）要做好调查研究。招标是一种公开的经济竞争行为，其目的是吸引众多投标者前来竞标，然后还要进行议标、评标，议标、评标的关键环节是“比价”，即对各家的报价书进行比较。招标者要通过比较确定最佳投标者，就必须做到事先对各种情况心中有数，在撰写招标书之前，一定要充分做好市场调查工作，了解和掌握市场信息，深入分析市场形势及其发展趋势。

（2）要实事求是地提出要求。无论什么项目的招标活动，都是为了在保质保量的前提下尽量节约资金，做到与市场状况相协调。各项指标的提出既不能过高，也不能过低。过高会使其他单位心存顾虑，不敢投标，造成废标；过低则会影响项目质量。所以，要从实际出发，实事求是地提出有关标的的要求，这样才能通过竞争达到好中选优的目的。

（3）要有法制观念。招标本身是一项法制性很强的经济活动，特别是我国加入WTO之后，很多经济活动都要与国际接轨，招标过程应在国际或国家专业公证、监督机关和业务主管部门的指导下进行。因此，招标书的编制既要遵守国际法准则，又要认真贯彻执行党和国家有关方针、政策及法律、法规，遵守有关招标工作的规定和办法。这不仅能够保证项目按质、按量、按时完成，而且日后如与中标单位发生纠纷，在解决问题时也有法律依据。

（4）要做到表述准确、规范

在招标书中，文字、数据、图表均应准确无误，语义不能有任何歧义。用语要讲求标准、合乎规定，对于技术规格和质量标准，一定要明确是国际标准、国家标准、部颁标准，还是企业标准，如果没有现行标准，则应注明是按图纸加工，还是按样品加工。假若表述不够准确、规范，如发生技术规格不符或质量事故，招标人则要承担经济赔偿责任。

（二）邀请函

邀请函是有限招标时使用的招标文书，即由招标单位或发包商，向预先选定的几家承包单位（商）发出的，邀请他们参加投标活动的函件。招标单位或受其委托的代理人，可以在自己比较熟悉的承包单位之间进行选择，也可以先发布通告，招请承包单位报名，经资格预审后再选定邀请对象。

邀请函主要包括以下项目：

1. 标题

一般有两种形式：一是只写“招标邀请函”；二是写明招标单位和文种，如《××建筑技术咨询服务公司邀请函》。

2. 发文字号

写在标题之下的右侧，如“设字85—03”，“设字”是发文单位的代号，“85—03”是文书顺序号，表明这是1985年的第3号文件。

3. 主送单位

即受邀投标单位的全称，写在发文字号下一行顶格处。

4. 正文

（1）导语。写明发函的根据、目的、招标项目名称等，常用过渡语“现将有关事宜函告如下”等，引出函件的主体。

（2）主体。写明招标项目的具体内容和要求，包括项目名称、型号、地址、承包方式、工程总量及对质量、工期等方面的要求或购买物资的名称、数量、价款等。

（3）时间安排。写明招标的起止时间，投标者领取招标文件的时间、地点和应缴费用以及开标的时间、地点，联系人姓名、地址等。

（4）结尾语。多写“此致、敬礼”之类的函件常用语。

5. 签署

这也是邀请函的重要组成部分，主要包括招标单位名称、地址、电传、电话号码等联系方式以及印章、发函日期等。

例如：

京华建筑经济技术咨询服务公司
邀请函

设字［××××］03号

致××××（指建筑设计单位名称）：

我公司受振华投资公司委托，承办该公司计划兴建的“喜鹊大厦”设计方案竞赛事务，特邀请你单位参加竞赛。现将有关事项介绍如下：

1. 建筑场地

拟建工程场地位于北京市朝阳区东三环路北段东侧，三元立交桥东南，东西长100米，南北宽40米，面积计4000平米，市政基础设施完备（见附图）。

2. 设计要求

拟兴建总建筑面积约36000平方米，包括办公室、会议室、展览厅、旅馆客房和公寓以及餐厅、商店、娱乐场所和车库等服务设施的多功能综合性大厦。地下室不少于三层，主要用做车库和技术设备层；地上25层左右，其中约25%为办公室、会议室、展览厅用房，45%为旅馆和公寓用房，15%为服务设施用房，5%为交通和公用面积，10%为后勤和管理用房。设计标准不追求豪华，但要求方便、舒适、现代化，旅馆客房单间建筑面积约30平方米，客房50～60平方米，公寓平均每套约100平方米。

3. 投资控制数额

包括勘察设计、建筑安装工程和设备购置费，控制投资额为人民币8000万元。

4. 参加竞赛的单位请提交如下文件和图纸

（1）设计机构简况表。

（2）设计营业证及设计机构等级证书的复印件。

（3）设计方案，包括总说明、总平面图、正立面和侧立面图、剖面图标准层和非标准层平面图、旅馆客房标准间和公寓标准套的平面图、投资估算（土建、设备购置、设备安装分列）。

（4）设计费报价单，说明如果参赛方案中选后，承包设计任务要求的设计费数额、付款条件和提交设计文件的时间。

5. 设计方案的评选

评选设计方案，以符合使用功能和美学功能的要求，符合规划管理部门的有关规定，技术先进可行、造价经济合理为标准，由各方面的专家组成的评选委员会以不记名投票方式选出三个优秀方案，本公司将进一步与设计单位洽商承包设计有关事宜。

6. 竞赛的时间安排和有关费用的负担

（1）×月×日踏勘场地和答疑，参赛单位各派代表二人参加，上午8点30分到本公司接待室集合，去现场的交通工具及工作午餐由本公司免费提供。

（2）×月×日下午5时为竞赛收件截止时间，邮寄者以邮局投递日戳为准，逾时无效。

（3）×月×日公布评选结果，中选与否，都以书面通知参赛单位。对入选的方案分别付适当报酬；对未入选的方案也酌致薄酬。

欢迎你单位参加竞赛，并预祝成功。

此致

敬礼

本公司地址：××××××

电　　话：××××××

联 系 人：×××

附件1　建筑场地平面图（略）

附件2　设计机构简况表（略）

京华建筑经济技术咨询服务公司（章）

××××

××××年×月×日

例文包括标题、发文字号、主送机关、正文、结尾语、签署、附件等几个部分，结构完整，内容齐全。正文的开头部分（第一自然段）主要交代缘起，发出邀请。然后对拟建工程场地、设计要求和方案评选、投资数额、对投标单位的具体要求，以及参加竞标的具体日程和有关事宜安排等，一一分层列项地加以介绍。重点突出，语气平和，较好地体现了认真严谨、热情诚恳的态度和相互尊重、正当竞争的原则。

（三）招标公告

招标公告是招标单位（或发包商）面向社会在一定范围内张榜公布招标目的、目标以及与此相关的某些具体事宜的告知性文书。

招标公告一般包括标题和正文两个部分。

1. 标题

标题主要有两种写法：一是只写“招标公告”；二是招标单位、项目名称加文种，如《××市修建科技大厦的招标公告》。还有的采用正标题加副标题的双行标题形式，即以正标题标明招标单位和文种，以副标题点明招标项目，这种形式的标题多见于招标公司所发布的招标公告。

2. 正文

正文部分主要包括：

（1）前言。在这个部分，通常写明招标的缘由和根据、招标项目的资金来源、招标范围等项内容。

（2）招标项目。在此要准确无误地说明招标项目，有的招标项目，除了要写明标的的名称、型号、数量、规格、价格外，还要写明对质量、工期的要求等。

（3）招标步骤。这是对招标工作作出具体安排的部分，主要应写明招标文件的发售日期、地点和发售办法，以及投标截止时间和投标地点、开标时间和开标地点等。

（4）结尾。写明招标单位的地址、邮政编码、电话、传真、电报挂号及联系人等。如果前面未写招标单位的全称、招标文书的发布日期，也要在此写清。

结尾也可以被看作尾部或落款。

国际招标公告的内容，与国内招标公告基本相同，但要明确用何种货币结算、付款办法及招标范围等项内容。国际招标公告修改定稿后，应翻译为两种或三种国际通用语言，同时发表。

例如：

××县淮北大堤加固影响处理工程招标公告

一、工程概况

1. 团湖电力排灌站建于1971年，位于县涡河左岸，设计排灌面积6万亩，原规模为：总装机755KW，28ZLB－70泵配JSL－12－8－155KW电机5台套；该站设备老化、耗能大、出水量小。

2. 龙亢翻水站建于1980年，位于涡河左岸龙亢闸下游，设计灌溉面积6.1万亩，原规模为：总装机720KW，28ZLB－70泵配JSL－12－8－130KW电机4台套；该站经多年运行，机泵及变压器设备老化，已不能正常使用。

3. 东毛沟站扩建，总装机310KW，28ZLB－70泵配JSL－12－8－155KW电机2台套。

二、招标内容

本次招标共分3个标段，具体如下：

第一标段：怀远县团湖电力排灌站、龙亢翻水站、东毛沟站扩建土建及设备安装标，主要工程量约：土方5700m^3，堆砌石1070m^3，砼及钢筋砼110m^3；

第二标段：龙亢翻水站、东毛沟站和团湖站设备采购标，主要工程量约：28ZLB－70泵6台，JSL－12－8－155KW电机5台，JSL－12－8－130KW电机4台；

第三标段：龙亢翻水站、东毛沟站设备采购标，主要工程量约：S11－800/10/0.4变压器一台，S11－400/10/0.4变压器一台，GGD2低压配电屏4块。

三、投标人资格要求

土建及安装工程标投标人需：（1）具有独立法人资格；（2）具备水利水电工程施工总承包三级（含三级）以上资质等级；（3）具有良好的财务状况、企业信誉和类似工程施工业绩和经验。

机电设备采购标投标人需：（1）具有独立法人资格；（2）具备生产制作许可证或相应产品3C认证证书；（3）具有同类设备制造业绩及良好的财务状况和企业信誉。

四、资格审查和购买招标文件及招标工作

1. 2007 年 11 月 27 日至 2007 年 12 月 9 日 8：30—11：30 和 15：00—17：30（北京时间，节假日不休息）在县淮北大堤加固工程征地拆迁及移民安置工作指挥部办公室（县水利局四楼）出售招标文件，每标段售价壹仟伍佰元（¥1500.00 元），售后不退。

2. 购买招标文件时须出示以下材料：（1）个人身份证；（2）单位介绍信；（3）营业执照副本；（4）资质证书副本（采购标包括生产许可证、产品合格证、认证证书和技术监督局出具的质量检验报告等）；（5）联合体协议书（如果有）或经营（或代理）许可证书（采购标）；（6）其它能证明其履约能力的材料。其中（1）、（3）、（4）、（5）四项须提交原件供查验，所有出示材料均需提供加盖单位公章的复印件。

五、联系方式

招标人：县淮北大堤加固工程征地拆迁及移民安置工作指挥部

地　址：安徽省怀远县

联系人：

电　话：　　　　　　　　　　　传真：

邮　编：

咨询人：

电　话：

传　真：

联系人：

地　址：

邮　编：

电话/传真：

县政府采购中心

二〇〇七年十一月十九日

标题包括公告事项、招标单位、项目名称和文种几项内容。正文采用开门见山式写法，开头便介绍工程概况，然后具体写明招标内容、资质要求、工作程序及联系方式，各条须知事项都写得清清楚楚。

（四）招标通告

同招标公告一样，招标通告也是招标单位（或发包商）公开招标时使用的一种招标文件，招标通告的写作要领与招标公告基本一致，所不同的是使用公告的招标项目的规模要大一些，招标单位的级别要高一些，而招标通告则没有这样的限制。

例如：

招　标　通　告

招标项目名称：××区政府采购中心杀毒软件招标通告

一、询价招标编号：NDJC－J－200601

二、询价项目内容：杀毒软件

三、内容及要求：杀毒软件瑞星企业版（详见询价文件）

四、领取招标文件截止时间：2006年6月12日下午6：00

五、领取招标文件必须带相关资料

六、领取招标文件地点：××市××区政府采购中心

七、报价人应于报价截止时间：2006年6月13日上午10点前将密封的投标文件送达××市××区政府采购中心，逾期送达的将不予接受。

八、招标时间：2006年6月13日上午10点正

联系人：

联系电话：

××市××区政府采购中心
二○○六年六月六日

招标通告用于公开招标活动中，而且一般应视项目性质和规模在当地或全国性报纸或专业刊物上发布。本例“通告”的正文，运用条文式写法，将招标事项一一写明。整个“通告”所涉及的事项虽然较多，但行文简洁，表达明晰。

（五）招标通知书

这是招标单位发往投标单位，正式请其参加投标，并明确招标工作日程安排的通知性文书。

招标通知书一般包括标题、发文字号、主送单位、正文和落款几个部分。

1. 标题

一般有两种写法：一是只写“招标通知书”；二是招标项目名称加文种。

2. 发文字号

由发文单位代字、年号和顺序号组成，如“京发［2001］18号”，一般标在标题之下。

3. 主送单位

写明被邀请投标单位的名称。

4. 正文

包括前言、主体和结尾几个部分。

（1）前言。因为是有限投标，有关单位已来函表示愿意参加投标，因此，招标通知书的前言只表明同意参加投标的态度即可。

（2）主体。写明有关招标的具体事宜，如发售招标文件的时间和费用、接受标书的时间等。

（3）结尾。多写“特此通知”等结尾语。

5. 落款

包括制发通知的单位名称、时间和印章。

例如：

招标通知书

（×关服标2006－041号）

因工作需要，决定对下列品牌的系统集成软件进行公开招投标采购。诚邀有代理下列品牌软件的合法代理商前来投标，为了共同做好招投标工作，现将参加招投标的有关事项通知如下：

一、参加投标的单位必须提供以下资料

1. 企业营业执照复印件

2. 能反映企业近两年的业绩说明及相关的合同或发票的复印件。

3. 代理或授权销售代理证书的复印件

4. 售后服务承诺条款

二、招投标采购的网络设备品牌、型号、配置和数量

详见《××海关采购系统集成软件报价单》

三、报价及服务说明

1. 报价必须包括税收、运费、安装费等各项费用。

2. 报价直接填入《海关采购系统集成软件报价单》内，否则，按照废标处理。

3. 投标控制价为135000元整，投标金额超过控制价，即为废标。

4. 投标单位必须严格按照该标书附件一要求的技术参数和培训要求进行投标，不符合该招投标文件规定的投标书为无效标书。

5. 产品的供应商必须是该产品的合法授权代理商。

四、交货日期

中标单位必须在接到《中标通知书》后5天内与我关有关单位订立书面合同，否则取消其中标资格。合同签订后10天内供货完毕。

五、招投标办法

投标单位将有关文件资料、报价单密封并加盖公司印章，带至或寄至××海关机关服务中心交李某收。

地址：××市××路××号

邮编：

联系电话：　　　　　　传真：

答疑时间为交标截止时间前一日。

六、报名截止时间为2006年10月30日至3日

七、领取标书时间为2006年11月6日8：00—11：30

八、投标截止时间为2006年10月8日上午9：30

九、评标办法

根据各单位的报价原则上取同等型号、同等配置的最低价的单位中标，确定中标单位后两天内通知中标单位。

十、评标小组

评标小组由××海关技术处、督察内审处和机关服务中心组成，出现异常情况由评标小组集体研究决定。××海关监察室对招投标程序的全过程进行监督。

特此通知

××海关机关服务中心
二〇〇六年十月三十日

例文的标题只标文种，而未涉及项目名称。正文采用前言加条文的写法，前言说明制发通知书的缘由，表明基本态度，再以一个过渡性语句引出主体部分；主体部分分条列项地写明招标工作的具体安排；最后以“特此通知”作为结语，收束全文。

（六）中标通知书

这是招标单位向中标单位发出的通知文书，其写作格式可参照招标通知书。

关于大秦铁路茶坞至大石庄段站前工程施工招标中标的通知

京铁基［××××］1097号

铁道部十六工程局、第三工程局、第一工程局：

在铁道部、建设银行具体指导下，经我局招标领导小组扩大会议评议并报部批准，茶坞至大石庄段（含段甲岭联络线）站前工程，由铁道部第十六、第三、第一工程局分段中标，共同承担施工。具体分段里程为：

十六工程局：下线DK342+767－DK379+500；

第一工程局：正线DK379+500－DK389+700；

第三工程局：正线 DK389 +700 – DK398 +000 及全部联络线。

请各中标单位按上述分段，仍以技术设计文件为准，计算出管段内的工作量，采用标书中报价单的形式，分项按各自的综合单价（临时工程费及其他费用按全线长为60 公里计算出的公里指标）计算各局的包价，在12 月上旬前，送我局北京基建发包组，核定包价。根据铁道部对技术设计的批复及降低大秦铁路工程造价措施所引起的变更（附铁道部批复及通知），以后另行修改包价。

特此通知

××××××××

××××年11 月30 日（印）

抄送：国家计委重点二局、部计统局、鉴定委员会、基建总局、大秦办公室、工程指挥部、第三设计院、建行北京市分行、前门支行

例文基本上是按照公文的格式撰写的。标题、发文字号、主送机关、正文、落款、抄送机关等项目一应俱全。正文部分首先简要说明“中标通知书”是在完成全部评审报批程序后发出的，从而确认了该文书的合法性和权威性；其次，明确告知分段中标的具体方位和里程；最后，写明要求各中标单位应在下一阶段完成的工作。

四、投标文书的写作要领

（一）投标书

1. 投标书的结构和内容

投标书通常是由标题、主送单位、正文、落款、附件几个部分组成的。

（1）标题。投标书的标题有以下几种形式：一是由投标单位、投标项目和文种构成，如《××（单位名称）承包洗衣机厂的投标书》；二是只写明项目和文种，如《××工程项目投标书》；三是只写投标单位和文种，如《××公司投标书》；四是只写文种，如《投标书》、《投标说明书》等。

（2）主送单位。即招标单位的名称，写在正文第一行顶格处，应写全称，如“××大厦建筑工程招标办公室”。

（3）正文。导语部分简要说明投标的依据、目的和指导思想以及投标人在此次竞争中的态度，这一部分要能起到统领全篇的作用。

主体部分是整个投标书的核心，应当根据招标书提出的目标、要求，具体介绍投标者现状，明确投标期限及投标形式，拟定标价，提供依据，阐明达到目标的办法和措施等。

（4）落款。应写明投标单位、地址、邮编、电挂、电话、电传和联系人、法人代表，签署日期，加盖公章。有的还要由上级业务主管部门和公证监督机关签名盖章。

如果是国际投标，则应将投标书译成外文，写明国别、付款方式及以何种货币付款等。

（5）附件。为了能够顺利中标，投标书一般都加有附件，对有关标价、承包（租赁、合作）形式、工期、质量、服务以及企业的级别、技术力量、设备状况、安全措施和业绩等作出非常详细的说明。如有必要，还应附上担保单位的担保书。

新建铁路××至×××线
××至×××线
投　标　书

投标单位××××（盖章）

20××年×月×日

××市铁路局：

我公司详细地研究了招标文件，进行了周密的现场勘察，作出了符合工期要求的施工安排，愿意以总包方式承担全部工程的施工任务。经报请上级主管部门同意并取得了投标保证书（见附件一）。

按招标文件规定的工程内容，经详细计算填报了报价单，总包价为人民币（大写）________元（详见报价单）。其他有关的技术组织措施及必要的文字说明已按要求填写如附件。

如能中标，我公司保证及时签订并认真执行合同，保证于20××年×月×日前进点开工，于20××年×月×日竣工。

投标单位：　　　（盖章）
负 责 人：　　　（盖章）
地　　址：
电　　话：

20××年×月×日

投标书附件清单：

标附一　投标保证书（略）
标附二　报价单（略）
标附三　主要工程的施工方法、施工顺序和总施工进度安排（略）
标附四　施工中保证工程质量的主要措施（略）
标附五　本工程跨越公路施工时采取的措施（略）
标附六　跨越京秦铁路的特大桥施工时对行车及施工安全的具体措施（略）
标附七　重载路基施工的具体措施（略）
标附八　国拨钢材、木材、水泥的总需量估算及垫用能力（略）
标附九　主要临时工程的项目、数量及需要租用土地的数量（略）
标附十　投标单位认为必要的其他文字说明（略）

这份投标书是由四个部分构成的：一是标书封面，所填项目一般包括投标项目、文种、时间和投标单位；二是投标书的正文，以投标函件的形式书写；三是落款，写明投标单位的名称、地址、负责人姓名和联系电话及发文时间，加盖印章；四是投标书的附件清单。其中正文大都要写主送单位、投标意向、资格介绍以及项目报价、履约保证等内容。例文基本上是采用文字加报表的形式编写的，文字部分主要表明态度；报表部分主要是对投标条件的说明和对投标要求的回复，所有报表均以附件的形式附在正文的后面。

2. 投标书的写作要求

（1）要实事求是。投标者必须在认真研究招标书的基础上，客观地估计自己的实力，并经过专家充分论证后，再决定是否投标。一经决定，便要实事求是地填写标单和撰写投标书，不可弄虚作假。因为一旦中标，就要在规定的期限内与招标方签订合同，并严格履行合同。如不实事求是地反映真实情况，则会为合同的履行留下后患。

（2）要有针对性。投标书应针对招标书的具体内容，如目标、造价、技术、设备、质量等级、安全措施、进度等，明确地表达投标意愿、投标能力等。如果内容笼统，表述不明，则无法使招标单位认可，也就难以中标。

（3）要讲求时效。招标都有明确的时限规定，投标一定要讲究时效，要在规定的时限内编制并送交投标书，这样才有中标的可能。

另外，需要注意的是，投标书写好密封后直接寄送招标单位，一经送达，便不能更改。如果书写有误或不够清楚，就有可能被视为废标。因此，投标单位在制作投标书时一定要谨慎对待，不可掉以轻心。

（二）几种常用的表格形式的投标书

表格形式的投标书也很常见，投标单位经常要应招标单位的要求，将投标事项填入表格。

下面就例举几种常用的表格所包含的内容。

《投标商业条件表》

1. 可供零部件名称；
2. 月可供数量；
3. 交货地点；
4. 服务条件；
5. 补充说明。

《投标企业资格表》

1. 企业名称、地点、性质；
2. 隶属机关；
3. 企业主要负责人姓名及职务；
4. 生产主要产品；
5. 全厂职工总数；
6. 企业简历；
7. 投标零部件的主要生产手段；
8. 主管部门意见；
9. 开户银行意见；
10. 电话、电挂。

《投标价格表》

1. 可供零部件名称；
2. 材质；
3. 可达质量标准；
4. 价格（元）/个；
5. 补充说明。

第八章　审计报告

一、审计报告的涵义和作用

审计报告，是审计机构或审计人员，在完成某一项审计工作后，向委托者或授权者提交的全面反映审计情况、分析结论、评价结果及处理意见等的一种书面报告。

在社会经济生活中，审计制度是一项重要的监督制度。目前，以国家审计为主导，内部审计为基础，社会审计为补充的审计体系在我国已初具规模。审计工作的进行，对堵塞经济漏洞，维护财经法纪，加强宏观调控，提高经济效益，有着十分重大的作用。

在各类审计文书中，审计报告是用得较多、写法也比较复杂的一种。凡是发出审计通知书，或者说凡是正式立项的审计活动，都要求提交审计报告。在实际工作中，审计报告的作用主要体现为：首先，审计报告全面反映被审计单位情况，因而可以作为有关机关或部门提出审计结论、作出处理决定的主要依据；其次，审计报告反映审计人员的看法和建议，因而可以作为改善工作，调整经营，作出合理的经济决策的重要参考；最后，审计报告反映审计工作的具体成果，因而可以作为衡量一项审计工作的完成状况和质量的基本凭证。

二、审计报告的种类和特点

（一）审计报告的种类

从不同的角度，可将审计报告划分为不同的类型。比如，依照审计活动的性质不同，将审计报告划分为：

1. 内部审计报告

内部审计是由单位内部的审计机构或专职人员对本单位或某一部门的经济工作所实施的审计活动，在内部审计活动中使用的审计报告，就是内部审计报告。

2. 外部审计报告

外部审计是由国家审计机关或社会审计机构对某单位或部门的经济工作实施的审计活动，在外部审计活动中使用的审计报告，就是外部审计报告。国家审计机关的审计报告，往往带有较强的权威性和强制性；由审计师事务所、会计师事务所等合法的民间审计机构提交的审计报告，则大都是为了用作证明或咨询，通常具有明显的公证性和参考性。在内容的侧重点上及语言的运用上，这两种不同的外部审计报告，常常会表现出一定的区别。

按照审计工作内容的不同，还可将审计报告划分为：

1. 财政财务审计报告

这是一种对被审计单位或部门的财政收支情况、财务核算情况及经营计划的实施情况等，作出全面说明的审计报告。

2. 财经纪律审计报告

这是一种着重反映并评价被审计单位或部门对各项财经纪律的遵守情况的审计报告。

3. 经济效益审计报告

这是一种考察被审计单位或部门的经营水平、管理状况及其实际效果，并分析经济效益好或不好的原因，提出提高经济效益的建议等的审计报告。

此外，按照审计范围的不同，还可将审计报告分为综合性审计报告和专题性审计报告；按照审计对象的情况和审计结论的不同，将审计报告分为肯定性的审计报告和否定性的审计报告，等等。分类的方法还有一些，在此就不一一介绍了。

（二）审计报告的特点

审计工作应当算是一项行政监督工作，审计报告除应具有一般行政性公文的特点之外，还应具有自身的一些特点。具体地说，审计报告的特点主要体现为：

1. 合法性

依法审计是审计监督的基本原则。首先，从事审计活动的机关或机构，必须具有合法的地位和职能。审计工作的实施者及审计报告的撰写人，必须是专业人员；其次，审计活动的进行，特别是结论和意见的提出，必须以有关法律法规为准绳，以贯彻党和国家的方针政策，维护国家和人民的根本利益为出发点。

2. 客观性

可以说，内容的真实，结论的可靠，就是审计报告的生命。审计报告所用的材料，无论是事例，还是数字，都必须准确无误，完全同客观情况相符合；写入审计报告的看法和结论，都必须是在以事实为依据的前提下得出的。按照个人意愿取舍甚至编造材料，或者不顾事实妄作评判，则不仅无法使审计报告起到应有的作用，还会给经济工作造成不必要的损失。

3. 权威性

对审计报告，特别是由国家审计机关制发的审计报告，有关单位和人员必须认真对待和执行。审计结论一旦作出，则带有强制性和指令性。如有不同意见，可按特定程序提出复审要求，但不能置之不理。

4. 公证性

在审计工作的进行中，审计人员要对大量的财务资料加以查核，要对实际情况作深入的调查和正确的判断，这就保证了审计报告内容的可信度和明确性，使得审计报告能够发挥证明的效用。特别是社会审计机构制作的审计报告，从功能上说，公证性更是其突出的特性之一。

5. 回复性

审计工作通常是受特定机关的委托进行的，审计范围、审计内容等的确定，必须遵从委托机关的要求，审计报告的写作也必须考虑委托机关的想法，以做到在全面反映情况的基础上突出重点，把委托机关最想了解的情况或者说最重要的情况写得详细、具体，尽可能为委托机关处理问题创造便利条件。

三、审计报告的写作

（一）审计报告的结构和内容

内容比较复杂、写法比较规范的审计报告主要应当包括下面几个部分：

1. 标题

标题一般写明审计机关名称、审计项目名称和文种名称，“审计项目”一项通常包含着被审计单位的名称，这项内容有的写得较为具体，有的则较为概括，如《××市审计局关于××公司违反财经纪律问题的审计报告》、《××审计师事务所关于××商场的审计报告》，前者相对具体一些，后者则相对概括一些，写得具体还是概括，往往同审计报告的类型和内容有关。很多审计报告的标题略去审计机关名称，只写项目名称和文种名称两项内容，如后面的例文。

2. 主送机关

审计工作的委托机关或单位，或者说审计报告需送交的机关或单位，是审计报告的主送机关，其名称要在标题之下、正文之上写明。

3. 正文

《中华人民共和国审计条例实施细则》规定：“审计工作人员起草的审计报告，主要包括下列内容：（1）审计的内容、范围、方式、时间及有关情况的概括；（2）与审计事项有关的事实；（3）依据的法律、法规、政策的规定；（4）初步结论，处理意见和建议。”上述各项内容通常是审计报告的正文部分应当具备的内容，具体地说，正文部分的内容主要包括：

（1）前言。在此可对审计工作概况加以介绍，如写明进行审计工作的依据、目的、时间及审计的范围、内容和方式等，也可以对审计对象的情况作一个简略的说明。

（2）情况。集中写明被审计单位的情况，通常要用精确的数字反映各项经济指标。

（3）问题。详细写明在审计中发现的问题，这是审计报告中非常重要的一项内容，后面的结论、意见、建议的提出都以此为出发点。

（4）结论。根据事实，明确对审计对象的看法，得出结论。

（5）意见。这主要是指对问题的处理意见。

（6）建议。为了帮助被审计单位改进工作，针对问题提出一些工作措施或办法。

（7）附件说明。如果在审计报告之后附有其他材料，要在正文的最后标明其名称、份数。

4. 落款

审计人员签名盖章，注明撰写审计报告的日期。

5. 抄送报单位

除主送机关之外，如果还有其他需了解审计报告内容的单位或部门，则应在最后注明。

请看一篇例文：

关于××商场2006年度财务收支的审计报告

××市审计局：

根据审代字第10号《审计任务书》，我们于200×年×月×日至×月××日对国营××百货商场2006年的财务收支情况进行了审计。审查了该商场2006年度资金表、经营情况表、有关财务收支的账簿，抽查了年度内的有关记账凭证和原始凭证，盘点了库存现金，按照审计计划如期完成了审计任务。查明：该商场2006年度尽管经营业务有所发展，较好地完成了商业任务，但由于财经法纪观念不强，财会工作薄弱，仍存在内部控制制度执行不严，会计处理不及时，财务收支不真实等错弊行为。计发现并落实的有：隐匿各项收入16152元，扩大各项开支40321元，人为加大销售成本25625元，造成偷漏营业税826.5元，偷漏所得税36265元。现将审计情况具体报告如下：

（一）被审计单位概况

国营××百货商场系××市百货公司所属的中型百货企业，以零售为主，兼营少量批发业务。19××年××月开业，经营大小百货、文化用品、针纺织品、五金交电、服装、鞋帽、家具、家用电器等类商品17000多种。商场设党支部，1999年实有干部职工1225人，除支部书记1人、经理1人、副经理2人等党政管理干部18人外，直接从事营业的人员207人，占全体人员的92%，财会专职人员6人，占全体人员的2.67%，按商品大类设十五个商品柜组，每个柜组的副组长为不脱产核算员。

近年来，在商业经济体制改革中，商场的经营业务有所发展，较好地完成了商业任务。该商场2006年的流动资金平均占用额为145万元（其中商品资金占82.7%），年销售总额为1387万元，实现毛利176万元，毛利率为12.73%，实现利润总额 85 万元，利润率为 6.13%，开支商品流通费 41 万元，费用水平为 2.95%，比上年下降 3.06%，全年全员劳动效率为 61664 元，人均利润为 3778 元，总的看来，各项主要经济指标完成计划较好。

但是，据有关部门介绍并从审计结果证实，商场的管理工作、财会工作处于中间状态，需采取措施，进一步加强。

（二）发现的问题和处理意见

除内部控制制度不严，存在漏洞，以及账务处理不及时，长期挂账，致使会计材料不实等问题已分别指出纠正外，查实的属于财务收支错弊问题和处理意见如下：

1. 加大销售成本，压低销售利润

（1）经查，该商场经营的两种电扇，2006 年 × 月份进货的价格每台已调低 30 元，而月末计算销售成本时仍按当月初成本计算，而未按先进先出法计算，使当月售出的 780 台电扇，每台多计成本 30 元，共计加大成本 23400 元，压低了销售利润，造成偷漏所得税 12870 元。商场财计股长 × × 承认有弄虚作假的错误并做了书面检查。

（2）该商场的小百货、文化用品和糖果烟酒三个商品柜组的库存商品分别实行售价金额核算，分柜组计算已销商品的进销差价。经审核计算发现，该三个商品柜组 12 月份的已销商品进销差价并未实际计算，而是按 11 月份的三个商品柜组的进销差价率计算的，致使 12 月份实际实现的进销差价少计 2225 元，造成少计利润，漏交所得税 1223.75 元。商场财计股长承认错误，并称当时因年终财会业务繁忙，图省事造成，并非故意作弊，经查证，× × 所述属实。

以上两项人为地扩大销售成本，压低利润，造成偷漏所得税14039.75元。虽已作出检查，但情节较为严重，除应立即调整账项，补缴所得税外，对 2006 年 6 月所售电扇 780 台有意多计成本偷漏所得税12870元，已征得税务局同意，处以一倍的罚金。

2. 隐匿收入，偷漏所得税

（1）该商场自 200 × 年 × 月起将 6 个临街门面橱窗租借给本市六家工厂商品宣传广告栏用。商场每月收取租金 1200 元（每个橱窗 200 元），全年合计 14400 元，记入“应付款——其它应付款”的有关明细账户下，长期悬挂，不作清结。商场承认此项收入准备用作“意外”支出，但尚未动用，以致偷漏营业税 744 元和所得税 7510 元。

（2）该商场 2006 年 10 月为家用电器厂代销 33 台滞销收录机，每台代销手续费 50 元，共得手续费 1650 元，采用以上手段，计偷营业税 82.5 元和所得税 862.13 元。

查以上两项均属营业外收入，应计入企业“其他收入”账户，并应照章缴纳营业税，计算经营成果。长期悬挂，备作“意外”开支，属隐匿收入行为。虽均未动用，但已造成严重后果应立即补交所漏营业税826.5元，余额转入2006年3月份“其他收入”账户计算损益。

3. 扩大商品流通费开支

（1）2006年×月××日支付购蒸笼9只一笔，单价35元，计315元，支付炊事用具款307元，两项合计622元列入“费用——其他费用”。该项开支均属商场集体食堂所用，按商业财务制度规定应由企业福利基金列支，违反规行制度，造成漏缴所得税342.10元。

（2）2006年×月××日支付“购消防运动会奖品”一笔，计493元，列入“费用——其他费用”。根据财务制度规定，职工运动会奖品属于福利基金开支范围，乱计费用造成漏交所得税271.15元。

（3）2006年7月20日支付“修仓库围墙”款20503元，以“费用——修理费”列支；7月26日支付“打水井”款6052元，以“费用——保管费”列支。经查两项工程的有关文件证实，该工程均系批准的自筹资金更新改造项目，应由企业“更新改造基金”列支，其乱计费用，造成偷漏所得税14605元。以上合计扩大费用开支27670元应立即进行账项调整，应由专项存款支出，造成偷漏所得税15218元应补缴入库。

4. 乱列其他支出（略）

（三）评价和建议

从这次审计中发现的以上问题可以看出，国营百货商场主要负责人法制观念淡薄，财会工作质量较低，并未从历次财务检查所发现的错弊行为中吸取教训，以致仍发生有意、无意隐匿收入、扩大开支、财务收支严重不实、偷漏国家税收等一系列违反国家财经纪律和财会制度的行为。为了维护国家利益，严肃财经法纪，促进改善管理，我们建议：

（1）除对上列问题分别按各项处理意见进行纠正、调整、补缴营业税826.50元，所得税36265元，处以罚款18920元外，并应将转作企业留利基金部分补缴相应的能源交通建设费。

（2）责成市百货公司对该商场的财会工作进行整顿，从此次审计所发现的问题中吸取教训，并采取措施予以改进。

（3）该商场经理××和财计股长××对上述舞弊行为负有直接责任，应向市公司作出检查。

本报告各项内容及建议，该商场已出具书面材料，表示完全同意。以上报告妥否，请审核。

附：国营××百货商场对本报告表示同意材料一份。

审计组组长××（印）

审计员××（印）
××（印）
200×年×月××日

这篇审计报告的标题是由审计项目和文种名称两个要素构成的，在“审计项目”中点明被审计单位和审计内容。“××市审计局”为报告的主送机关。正文的第一个自然段是前言部分，在此说明进行该项审计工作的根据、时间及审计的范围、内容，并概述审计结果，“现将审计情况具体报告如下”是审计报告的前言和主体部分之间惯用的过渡语；主体的第一个部分“被审计单位概况”，全面介绍被审计单位的基本状况和年度经营状况，着重说明该商场几项主要经济指标的完成情况；第二个部分“发现的问题和处理意见”，把问题和处理意见放在一起来写，写完一个方面的问题，并指明问题的性质，便提出对这个问题的处理意见；第三个部分“评价及建议”，先对被审计单位作出总的评价，然后针对最突出的问题，提出三条处理问题，改善工作的建议；正文的最后一项是附件的说明。落款包括两项内容，一是审计人员署名盖章，二是日期。

（二）审计报告写作的注意事项

为维护审计报告的客观性和权威性，使其应有的效用得到充分发挥，在审计报告的写作中必须注意以下几点：

第一，要坚持实事求是的原则。一切从实际情况出发，实事求是地反映情况、研究问题，坚持排除一切干扰，努力认清事实真相，是审计工作者良好的职业道德和应有的工作态度，也是使审计报告具有客观性和权威性的首要前提。

当前，我国正处在经济体制改革时期，在改革中会不断出现一些新情况、新问题，给审计人员依法进行审计监督增加了一定的难度，这样，在撰写审计报告时坚持实事求是的原则，还包括要对具体问题进行具体分析这层涵义。

第二，要有较强的法制观念和较高的政策水平。审计报告带有一定的法律效用，撰写审计报告，必须做到依法办事，照章办事。要做到这一点，主要应当注意：一是在反映问题时，要有充足而且合法的证据；二是在分析问题时，要准确运用有关法律法规和政策规定，以对问题有正确的认识；三是在处理问题时，必须找到有关法律法规和政策依据。有关法律条文或方针政策的引用要确切，不能似是而非或者断章取义。总之，反映、分析和处理问题，既要符合实际情况，又要符合有关法律法规的规定和有关方针政策的精神，以保证审计工作的合法性和权威性。

第三，要具备足够的业务知识。审计工作是一项专业性极强的工作，审计工作的开展和审计报告的撰写需要使用大量的业务知识。审计工作人员，除了应当掌握审计专业知识之外，还必须掌握充足的财务会计、经营管理及调查研究、专业写作等各方面的业务知识，这样工作起来才会感到得心应手，写出的审计报告也才能具有较高的质量。

第九章　涉外经济文书

一、涉外经济文书的涵义和作用

涉外经济文书，简称外经文书，是涉外文书的一个重要的种类。涉外文书是所有在涉外活动中形成和使用的各类文书的总称，主要包括外交文书、外事文书和外经文书三类。

外交文书，主要是指国家元首、政府首脑、外交部和外交代表机构等，为实施国家对外政策，进行诸如访问、谈判、交涉、缔结条约、参加国际会议和国际组织等外交活动时，所形成和使用的文书材料。

外事文书，主要是指国家机关、地方政府及其领导人或企事业单位及有关涉外部门，围绕着对外政策的实施，为处理具体的对外事务，在与相应的外国机构、个人相互交往中形成和使用的文书材料。它与外交文书有所不同，外交文书一般在专门的外交机关里形成和使用，而外事文书的应用范围较广，凡有外事活动的单位都有可能用到这类文书。外交文书用于外交部及其代表机关以国家名义进行的对外活动；而外事文书则用于以机关团体、地方政府或个人的名义所进行的对外活动。

外经文书，即涉外经济文书，是指在对外贸易和对外经济合作等各种对外经济往来活动中所形成和使用的文书材料。严格地说，这类文书也可算作外事文书的一类，但由于它的数量较大，又限于反映经济活动的内容，所以把它单独列为一类，称作涉外经济文书。

我国实行改革开放以来，涉外活动日益频繁，对外贸易、对外经济合作与交流在整个国家经济生活中所起的作用越来越大，这也就使得外经文书的写作显得越来越重要。

二、涉外经济文书的主要种类

对外贸易及对外经济合作与交流所涉及的领域极为广泛，类型非常多样，简单地说，包括涉外贸易、运输、保险、投资、融资、技术转让、资源开发、补偿贸易、来料加工、劳务输出、招标投标等多种经济活动。而在上述每一种涉外经济活动的进行中，都是离不开涉外经济文书的使用的。同时，从纵向的角度来看，在一项较为复杂的涉外经济活动的进行中，往往先后需要使用不同种类的涉外经济文书，比如，在创办一个合资企业的过程中，在工作的不同阶段可能要求制作不同的文书材料。具体地说，大致会依次用到项目意向书、项目建议书、项目可行性研究报告、项目协议书、项目合同书及合作章程等等。总之，涉外经济活动的多样性和复杂性，必然使得作为其工具的外经文书具有文种齐全、分工明确的特点。

在实际工作中，用途较大，使用频率较高的外经文书主要包括以下几类：

（一）磋商类文书

这是中外双方的有关人员就某一项目进行洽谈，并形成初步意见后制作的文书材料，如，会谈纪要、意向书、备忘录等。内容真实准确，制作迅速及时，或者说，具有较强的纪实性和时间性，是这类外经文书的突出特点。

（二）申报类文书

这是为使涉外经贸项目获得批准，中方人员在充分调查研究的基础上，向上级有关主管部门提交的说明情况、表明意向的文书材料，如，项目建议书、可行性研究报告等。材料可靠，内容翔实，理由充分，论证严密，要求明确，是这类涉外文书必须具备的几个特点。

（三）合同类文书

这是在涉外经济活动中，双方当事人为明确各自的权利与义务而订立的带有法律效力和凭证作用的契约性文书。涉外经济合同的种类很多，常用的有贸易合同、补偿贸易合同、国际劳务合同、合资合作经营合同、技术转让合同、租赁合同、工程承包合同、信贷合同等等。内容的法规性和格式的固定性，是这类文书最为重要的两个特点。

除以上几类，外经文书还应包括诉讼类文书、发布类文书、宣传类文书等类别。由于这几类文书的写法与同类非涉外性文书的写法没有太大的差别，这里就不一一介绍了。

在各类涉外经济文书中，最具法规性、实效性和程式化特点，因而实际用处最大，写作要求最为严格的就是涉外经济合同，下面就着重谈谈有关涉外经济合同写作的一些问题。

三、涉外经济合同的写作

按照《中华人民共和国合同法》及有关法律规定，涉外经济合同一般应当具备以下条款：合同当事人的名称、国籍、主营业场所或者住所；合同签订的日期、地点；合同的类型和合同标的的种类、范围；合同标的的技术条件、质量、标准、规格、数量；履行的期限、地点和方式；价格条件、支付金额、支付方式和各种附带的费用；合同能否转让或者合同转让的条件；违反合同的赔偿和其他责任；合同发生争议时的解决方法；合同使用的文字及其效力。上述条款是各类涉外经济合同都应具备的主要条款，但在不同类型的合同中，各条款的具体内容和表述方式是不同的，而且，有些合同除应具备上述条款，还应根据需要写入其他一些条款。

涉外经济合同所涉及的领域十分广泛，种类很多，而其中使用频率较高，适用范围较大，同时又比较有代表性的是涉外贸易合同，下面就介绍一下此类合同的结构和内容。

涉外贸易，又称对外贸易或进出口贸易，是指企业或其他经济组织，同国外的企业或其他经济组织及个人之间所进行的货物买卖活动。在实施这种货物买卖活动之前，当事人所订立的明确规定双方在贸易中的权利与义务关系的协议书，即为涉外贸易合同。

涉外贸易合同通常是由以下三个部分构成的：

（一）首部

涉外贸易合同的首部包括的项目主要有：

1. 合同名称

可根据贸易活动的内容写为“销售合同”、“代理销售合同”、“订货合同”、“购货合同”、“进口合同”、“出口合同”等，有的还加上货物名称，这是对合同性质的明确。

2. 合同编号

为便于对涉外贸易活动进行管理，要为每一份合同编制序号，并在合同中注明。

3. 订立合同的日期和双方当事人

写明当事人的名称、住所、电话号码、电报挂号或电传号。

（二）正文

1. 序言

序言又称开头语，主要用以明确当事人双方同意进行贸易并就有关问题达成协议的意愿，引出协议内容，即正文的各项条款。

2. 主体

这是合同的主要部分，一般由各项条款构成。常写的条款有：

（1）品质条款。这项条款是合同中比较重要的一项条款。商品的品质直接关系到买方的利益，如在合同履行时发现它不符合合同规定，买方有权退换、索赔或解除合同，所以这项条款一定要写得具体、明确。

品质条款的内容包括商品的名称、质量、等级、规格、型号、标准、产地等。

品质条款的订立，应根据实际情况，采用恰当的方式。比如，有些货物的贸易是凭合同规定的规格、标准进行的，订立品质条款，应注明国际通用的标准、规格、等级以及国内或国外有关部门的规定，必要时还要标明有关标准颁布的年代；有些货物的贸易是凭样品进行的，订立品质条款，应注明样品是由哪一方提供的，样品的生产和存放日期、地点等；有些货物的贸易是凭商标或说明书进行的，订立品质条款，则要注明其商标、牌号或说明书。

品质条款的制定，要符合生产和消费实际，要求过高或过低，都不利于合同的履行。

（2）数量条款。商品的数量可用重量、体积、面积、容积、长度、件数等单位来表达。表达要精确无误，不能有丝毫含糊，如以“吨”为单位时，要注明是“公吨”还是“长吨”。国际现行的度量衡单位有公制、英制、美制三种，因此，还要明确所用的是哪一种度量衡制度。此外，有的需要根据实际情况，对溢短装条款作合理的规定，以使货物的交付数量有一定的伸缩余地。

（3）价格条款。同以上条款一样，这项条款也是合同的重要条款。商品的每一个计量单位的价格金额叫单价，一批商品的总价格金额叫总价，也叫总值。合同的价格条款一般包括单位和总价两个部分，同时还要注明用何种货币计价。

在价格条款中，为使行文更加简洁，应按国际贸易惯例使用价格术语。最常用的价格术语有：FOB，即装运港船上交货价或离岸价；CIF，即成本加保险费、运费价或到岸价；C&F，即成本加运费价。

（4）包装条款。在这项条款中，一般包括商品包装的方式、材料、每个包装单位所包含的商品的数量及包装尺寸、费用负担和标志等内容。包装条款的内容要具体，如有特殊要求，一定要在合同中注明。如后面例文所写的“包装：单层新麻袋装，每袋净重 100 公斤，皮重不少于 1 公斤。所有麻袋必须坚固，适于海洋运输和粗暴搬运。”不仅注明包装材料应为新麻袋，而且注明包装材料必须坚固到“适于海洋运输和粗暴搬运”的程度。包装标志即唛头（Marking），是指在外包装上加印的文字、图形或数字等标志，合同应对包装标志的印刷要求作出规定。

（5）装运条款。在这项条款中，应写明装运时间、装运港和目的港、装运条件等内容。

装运时间，一般应写明双方规定的装运日期，即规定某年某月某日装运或某年某月某日前装运，而不能笼统地写为“近期装运”或“尽快装运”，免得在合同的履行中由于双方对此有不同的解释而产生纠纷。

装运港和目的港为哪个港口，也应在合同中清清楚楚地写明。装运港多由卖方指定，目的港多由买方指定，通常 FOB 合同要注明装运港，CIF 和 C&F 合同要注明目的港。

装运条件，包括使用何种运输工具及其由何方租用、准备装运的通知、装货率、不能按时装运的责任及处罚等项目。

（6）保险条款。这项条款主要用以规定由哪一方投保和支付保险费用，有的还要规定投保的险种与保险金额、赔偿责任等。由于 FOB 合同用得较多，也就是买方承担风险的情况比较常见，因此，往往由买方投保。

（7）支付条款。这项条款是合同的重要条款之一。在此必须明确规定用何种货币，在什么时间、地点，以什么样的方式支付货款。支付方式主要有买方汇款、银行托收、信用证支付等几种，究竟采用哪种支付方式，要视买卖双方的情况而定。

（8）检验条款。这项条款通常包括检验机构、检验时间和地点、检验项目、检验方法和标准、检验证书等内容的明确。有的合同还规定复验机构、复验期限、检验费用的负担等项目。

（9）索赔条款。通过检验或复验，如发现商品质量或数量与合同规定的内容不符，买方可提出索赔要求。索赔条款是同检验条款密切相关的，因此在一些合同中，这两个条款合为一个条款。

索赔条款主要应当明确当一方违反合同时，另一方有权索赔，即应在规定期限内，以合同中标明的检验机构签发的检验证书为依据，向对方申明赔偿要求和办法。

（10）不可抗力条款。此条款的作用是明确在签订合同之后，如果发生了当事人不能预见或人力不可抗拒的事故，以致影响合同的履行，当事人可根据这一条款，免予承担不履约或延期履约的责任。

这项条款的内容主要包括不可抗力事故的范围、后果及出具事故证明的机构、事故发生后通知对方的期限等的规定。

（11）仲裁条款。这项条款用以规定双方发生争议时，应当如何交付第三者仲裁解决。主要包括仲裁地点、仲裁机构、仲裁程序、仲裁效力和仲裁费用等内容的明确。

（三）尾部

尾部是指合同的结尾和落款部分，主要用以标明合同以何种语言制作及合同的份数、法律效力。此外，还有买卖双方的签字。如有附件，要在此注明附件的份数和名称。

下面请看两份合同样式：

进 口 合 同

买方：　　　　　　　　　　　　　　　　　　　　合同号：××××

法定代表人：　　　　　　　　　　　　　　　　　日　期：××××

卖方：

法定代表人：

买卖双方在平等、互利原则上，经充分协商一致，由买方购进，卖方出售下列货物，并按下列条款履行：

第一条　货物名称、规格、生产国别、制造工厂、包装及唛头。

每件货物上用不褪色的涂料标明货号、毛重、净重、编号、尺码、目的口岸，并标明下列唛头：

第二条 数量、单价、总值。

第三条 装运期限：

每月交货数量必须一次交清，不得分批装运。

第四条 装运口岸：

第五条 目的口岸：

第六条 付款条件：买方在收到卖方关于预计装船日期及准备装船的数量的通知后，应于装运前20天通过______租船公司租订舱位。卖方负担货物的一切费用风险到货装到船面为止。

(a) 卖方必须在合同规定的交货期限30天前，将合同号码、货物名称、数量、装运口岸及预计货物运达装运口岸日期，以电报通知买方以便买方安排舱位。并同时通知买方在装货港的船舶代理，若在规定期限内买方未接到前述通知，即作为卖方同意在合同规定期内任何日期交货，并由买方主动租订舱位。

(b) 买方应在船只受载期12天前将船名、预计受载日期、装载数量、合同号码、船舶代理人，以电报通知卖方，卖方应联系船舶代理人配合，按期备货装船。如买方因故需要变更船只或更改船期时，买方或船舶代理人应及时通知卖方。

(c) 买方所租船只按期到达装运口岸后，如卖方不能按时备货装船，买方因而遭受的一切损失包括空舱费、延期费及/或罚款等由卖方负担。如船只不能于船舶代理人所确定的受载期内到达，在港口免费堆存期满后第16天起发生的仓库租费、保险费由买方负担，但卖方仍负有载货船只到达装运口岸后立即将货物装船之义务并负担费用及风险，前述各种损失均凭原始单据核实支付。

第七条 成本加运费价条款：

卖方负责将合同所列货物由装运口岸装班轮到达目的口岸，中途不得转船。货物不得用悬挂买方不能接受的国家的旗帜的船只装运。载货船只在驶抵本合同规定的口岸前不得停靠______附近地区。

第八条 装运通知：卖方在货物装船后，立即将合同号、品名、件数、毛重、发票金额、载货船名及装船日期以电报通知买方。

第九条 保险：自装船起由买方自理，但卖方应按本合同规定通知买方。如卖方未能按此办理，买方因而遭受的一切损失全由卖方负担。

第十条 检验和索赔：货卸目的口岸，买方有权申请________________。

第十一条 不可抗议免责条款（略）

第十二条 关于合同争议如果协商解决不成，可提交中国国际贸易促进委员会仲裁委员会进行仲裁。

买方代表人：（盖章） 卖方代表人：（盖章）

年 月 日 年 月 日

出 口 合 同

卖方：　　　　　　　　买方：　　　　　　　　合 同 号：
地址：　　　　　　　　地址：　　　　　　　　签约日期：
电话：　　　　　　　　电话：　　　　　　　　签约地点：
传真：　　　　　　　　传真：
电传：　　　　　　　　电传：

双方同意按照下列条款由卖方出售、买方购进下列货物：

1. 货物名称、规格：

2. 数量：

3. 单价：

4. 总值：

（上述2.3.4条合计）

5. 交货条件：

FOB/CFR/CIF ________/________。

除非另有规定，"CFR"和"CIF"均应依照国际商会制定的《国际贸易术语解释通则》（INCO TERMS 2010）办理。

6. 货物生产标准：

7. 包装：

8. 码头：

9. 装运期限：

10. 装运港口：

11. 目的港口：

12. 保险：

当交货条件为FOB或CFR时，应由买方负责投保；

当交货条件为CIF时，应由卖方按发票金额110%投保________险；附加险：________。

13. 支付条款：

13.1　信用证（L/C）支付方式

买方应在装运期前/合同生效后________日，在____________银行以电传/电信方式开立以卖方为受益人的不可撤销的议付信用证，信用证应在装船完毕后____________内在受益人所在地到期。

13.2　托收（D/P或D/A）支付

货物发运后，卖方出具以买方为付款人的付款跟单汇票，按即期付款交单（D/P）方式，通过卖方银行及____________银行向买方转交单证，换取货物。

货物发运后，卖方出具以买方为付款人的承兑跟单汇票，汇付款期限为____________后____________，按即期承兑交单（D/A ________日）方式，通过卖方银行及____________银行，经买方承兑后，向买方转交单证，买方按汇票期限到期支付货款。

13.3　汇付（T/T 或 M/T）

买方在受到卖方依本合同第 14 条规定提交的海运单据后七日内，以电汇/信汇方式支付货款。

14. 单证：

卖方应向议付银行提交下列单证：

（a）标明通知收货人/受货代理人的全套清洁的、已装船的、空白抬头、空白背书并注明运费已付/到付的海运提单。

（b）商业发票________份；

（c）在 CIF 条件下的保险单/保险凭证________份；

（d）装箱单一式________份；

（e）品质证明书；

（f）原产地证明书。

15. 装运条件：

15.1　在 FOB 条件下，由买方负责按照合同规定的交货日期洽定舱位。卖方应在合同规定的装船期前________日将合同号、货物名称、数量、金额、箱数、总重量、总体积及货物在装运港备妥待运的日期以电传/传真通知买方。买方应在装船期前________日通知卖方船名、预计装船日期、合同号，以便卖方安排装运。如果有必要改变装运船只或者其到达日期，买方或其运输代理应及时通知卖方。如果船只不能在买方通知的船期后________日内到达装运港，买方应承担从第________日起发生的货物仓储保管费用。

15.2　在 FOB、CFR 和 CIF 条件下，卖方在货物装船完毕后应立即以电传/传真向买方及买方指定的代理人发出装船通知。装船通知应包括合同号、货物名称、数量、毛重、包装尺码、发票金额、提单号码、启航期和预计到达的目的港的日期。如货物系危险品或易燃品，也应注明货物号。

15.3　允许/不允许部分装运或转运。

15.4　卖方有权在________%数量内溢装或短装。

16. 质量/数量不符和索赔条款：

在货物运抵目的港后，一旦发现货物之质量、数量或重量与合同规定的不符，买方可以凭借双方同意的检验组织所出具的检验证书，向卖方索赔。但是，应由保险公司或航运公司负责的损失除外。有关质量不符的索赔应由买方在货物到港后30 天内提出；有关数量或重量不符的索赔应在货物到港后 15 天内提出。卖方应在收到索赔要求后 30 天回复买方。

17. 不可抗力：

卖方对由于下列原因而导致不能或暂时不能履行全部或部分合同义务的，不负责任：水灾、火灾、地震、干旱、战争或其他任何在签约时卖方不能预料、无法控制且不能避免和克服的事件。但卖方应尽快地将所发生的事件通知对方，并应在事件发生后15天内将有关机构出具的不可抗力事件的证明寄交对方。如果不可抗力事件之影响超过120天，双方应协商合同继续履行或终止履行的事宜。

18. 仲裁：

因履行本合同所发生的一切争议，双方应友好协商解决，如协商仍不能解决争议，则应将争议提交中国国际经济贸易仲裁委员会（北京），依据其仲裁规则仲裁。仲裁裁决是终局的，对双方都有拘束力。仲裁费应由败诉一方承担，但仲裁委员会另有裁定的除外。在仲裁期间，除仲裁部分之外的其他合同条款应继续执行。

19. 特殊条款：

本合同由双方代表签字后生效，一式两份，双方各执一份。

卖方：　　　　　　　　　　　　　　　买方：

授权代表：（签字）　　　　　　　　　授权代表：（签字）

年　　月　　日　　　　　　　　　　　年　　月　　日

四、签订涉外经济合同的注意事项

订立涉外经济合同，除了应当依循签订经济合同的一般原则之外，还应注意以下几点：

第一，要以遵守我国法律，并不得损害社会公共利益为前提。为保证合同的合法性和有效性，在订立合同之前，必须充分了解我国法律、法规的有关规定，并认真考虑该项经济活动的进行是否有利于促进国民经济的总体发展，是否有利于保障社会公共利益，而不能只将目光盯在一时一地的短期、局部效益上。《中华人民共和国合同法》明确规定：订立合同，必须遵守中华人民共和国法律，并不得损害中华人民共和国的社会公共利益。违反中华人民共和国法律或者社会公共利益的合同无效。

另外，签订合同还应考虑国家有关的方针政策，不能将与现行政策相抵触的内容写入合同。

第二，要熟悉有关国际条约、国际惯例和有关国家的涉外贸易法规。签订涉外经济合同是一种国际交往行为，有关国际条约、国际惯例对各方都起着法律规范作用，不得无故违反。《中华人民共和国合同法》规定：中华人民共和国缔结或者参加的与合同有关的国际条约同中华人民共和国法律有不同规定的，适用该国际条约的规定。但是，中华人民共和国声明保留的条款除外。同时，不同国家的法律和习惯存在着一定的差异，不同国家的当事人对国际条约的理解也可能有所不同，由此就会导致当事人对一些条款、名词术语的解释的差异，因而，事先掌握有关情况，才会使合同当事人具备对话的基础，使当事人对合同的条款及其所涉及的名词术语的理解趋于一致，也才不至于在合同的履行中产生分歧和误解。

第三，要依循实事求是的原则。签订合同是一种法律行为，合同则是一种带有法律效力的文书，对各方当事人都有着法定的约束力，违约者将被依法追究责任，并受到处罚。为确保合同顺利履行，在确定条款的过程中，必须全面考虑当事人的履约能力，要对当事人的资信、货源、运输和付款接货条件等多方面的情况作一番认真的考察，以使最后确定下来的各项条款切合实际，便于履行。

第四，要严防欺诈行为的出现。《中华人民共和国合同法》规定：采取欺诈或者胁迫手段订立的合同无效。涉外经济合同的订立和履行均为跨国行为，当事人各方往往缺乏深入了解的条件，这就更需要在情况的调查研究，在信息的沟通上多作努力，以免盲目从事，上当受骗，给自己带来不必要的麻烦和损失。

第五，要注意内容的完备性。这里所说的内容完备主要有这样几层涵义：一是指内容的真实性。订立合同必须真实地反映各方当事人的意愿和平等协商的结果，而不能断章取义，或者遗漏某些应当列入的条款；二是指内容的预见性。涉外经济活动往往具有周期长、规模大的特点，常常会涉及各种复杂的因素。在订立合同时，要对可能出现的各种情况有所预见，并在条款中有所体现；三是指内容的具体性。合同的条款不能过于笼统，对重要条款及容易引起争议的条款，要有说明。对一些关键名词，要作解释。

此外，在语言的运用上，要力求措辞用语的确切、简明，切忌语义含混，语句拖沓。

第十章　经济诉讼文书

一、经济诉讼文书的性质和作用

诉讼文书，又称诉状，是指诉讼当事人为保护和实现自身的合法权益，在依法行使其诉讼权利时书写的法律文书。

诉讼文书有两大类，一类是刑事诉讼文书，一类是民事诉讼文书，在民事诉讼文书中，用来处理经济事务，解决经济纠纷的诉状，被称作经济诉讼文书。

从法律工作的角度来说，经济诉讼文书是司法文书的重要组成部分；从经济工作的角度来说，它们又是实用价值很高的经济应用文。因此，了解经济诉讼文书的特点和作用，掌握其写作方法，是十分必要的。

经济诉讼文书在社会经济生活中有着非常重要的作用，而且，其作用的发挥又是与实际经济工作、司法工作的进行密切结合在一起的。

首先，经济活动的复杂化和规范化使得经济诉讼文书的实用性越来越强。我国正处在经济体制改革的重要阶段，新旧经济体制的交替，多种经济成分的并存，国际经济往来的日益频繁，经济利益关系的调整，必然会带来一些矛盾和问题。而在经济活动正在步入规范化和法制化道路的今天，许多矛盾和问题是需要通过法律的渠道和手段加以解决的，经济诉讼文书正是以法律的渠道和手段解决问题的必备工具。

其次，人们法制观念的加强也使得经济诉讼文书的用途越来越大。随着人们的法制观念的增强，以法律的手段处理经济问题，特别是解决经济纠纷，越来越显示出合理性和有效性，也为越来越多的人所接受。经济纠纷案件几乎会涉及所有的经济领域，比如土地纠纷、产权纠纷、经济合同纠纷、专利纠纷、商标纠纷、环境污染引起的赔偿纠纷及涉外经济纠纷等等。在这些纠纷中，如当事人之间协商调解无效，都可以诉诸法律，请求司法机关予以裁决，这时，经济诉讼文书就起着最直接的作用。

最后，除了在现实经济工作中的作用之外，经济诉讼文书的历史凭证作用也是不可忽视的。各类经济诉讼文书忠实地记录了某一特定时期社会经济和法律实践活动的内容，有着一定的文献价值，可对以后的经济法律工作起到借鉴或指导作用。同时，某一特定时期的经济司法工作水平也可以通过各类经济诉讼文书反映出来。

二、经济诉讼文书的主要种类

经济诉讼文书主要有下面几种：

（一）起诉状

起诉状，是原告当事人依法向人民法院提出诉讼请求及其理由和根据，从而引起诉讼程序发生的一种书状。

通过提交起诉状提起经济诉讼，是当事人运用法律赋予自己的权利的一种行为。起诉状既是人民法院立案和审判的凭据之一，也是判决和裁定的依据之一。

（二）答辩状

答辩状，是指被告人或者被上诉人，针对原告人或者上诉人提出的诉讼请求及其理由，向人民法院作出答复或辩驳的一种书状。

被告人或者被上诉人针对起诉状或上诉状的内容提出答辩状，体现了诉讼当事人权利和义务一律平等的原则，也有利于人民法院在全面了解案情的基础上判明是非，作出正确的判决。

（三）上诉状

上诉状，是指诉讼当事人对一审法院的判决或裁定不服，依照法律规定的期限和程序，向上一级人民法院提起上诉，请求重新审判的书状。

提出上诉状可以引起第二审程序的发生，有利于保护当事人的合法权益，也有利于加强上级法院对下级法院审判工作的监督。

（四）申诉状

申诉状，是指诉讼当事人及其诉讼代理人或其他公民，对已经发生法律效力的法院判决或裁定不服，认为存在错误，向人民法院请求重新审查案件的书状。

申诉状是决定是否开始审判监督程序的主要依据，它的使用有利于法院改进审判工作，也有利于避免发生冤假错案。

三、起诉状和答辩状的一般写法

（一）经济纠纷起诉状的结构和内容

经济纠纷起诉状，是指经济纠纷案件的原告或者原告的法定代理人，为维护其经济权益，就有关权利和义务的纠纷，依法向人民法院提起诉讼的书状。

经济纠纷起诉状通常包括下面几个部分：

1. 首部

首部主要写明两项内容：

（1）标题。这是诉状的名称，一般要反映案件类别和文种，可直接写“经济纠纷起诉状”，也可以写“民事诉状”。

（2）当事人的基本情况。按照先原告后被告的顺序，依次写清各方当事人的姓名、性别、年龄、民族、籍贯、职业、工作单位、住址等自然情况；凡属单位起诉，应注明单位全称、地址及其法定代表人的姓名、职务等自然情况，如有诉讼代理人，应注明代理人姓名、单位、代理权限等情况；如有两个以上的原告或被告，应按其在经济纠纷案件中的地位，从重要到一般地列出。

2. 请求事项

请求事项是原告的诉讼意图和目的的体现。在这个部分，应根据经济纠纷的实质和争执的焦点，申明请求人民法院依法解决的问题或者依法保护的权益，明确诉讼标的，如请求归还财产，清偿债务，履行合同，赔偿损失，等等。

写请求事项应注意两点：一是内容要明确、具体，例如，请求事项为履行合同，就应当写明是请求法院判决履行合同的全部条款，还是部分条款。如为部分条款，则要写明究竟是哪一条哪一款；二是要求要合理适度，提出请求事项，不仅要依循有关法律条文，而且要考虑被告的经济状况和负担能力。要求不当，不利于审理工作的顺利进行，也不利于法院作出合理的判决和裁定。

3. 事实和理由

这部分内容是经济纠纷起诉状的核心内容，是请求人民法院受理案件，裁决当事人之间的权益纠纷或争议的重要依据。写入这一部分的内容主要有：

（1）介绍情况。写明经济纠纷发生的原因、时间、地点、经过、结果等，明确当事人各方争执的焦点和实质性分歧。在写纠纷的由来和发展时，要注意分清责任，指明被告人侵权行为的具体事实及其造成的后果和应负的法律责任。如原告在纠纷中有过错，应负一定的责任，也应实事求是地写出。

（2）列举证据。要把证明被告人侵权行为的证据，包括书证、物证、证人的证言以及其他能起证明作用的材料一一列出。此外，还要说明各种证据的来源及证人的姓名、职业、住址等情况。

（3）阐明道理。根据事实和证据，认定被告侵权行为的性质、危害、后果及责任。引用法律条文，说明提起诉讼、提出请求的理由和根据。

4. 尾部

尾部主要包括三项内容：一是经济纠纷诉状所送交的人民法院，分两行写“此致”和“××人民法院”；二是具状人签名并盖章；三是具状日期，注明具状的年、月、日。

5. 附项

写明诉状副本多少份，物证多少件，书证多少件。

请看例文：

民事起诉状

原告：北京××技术开发公司

住所地：北京市海淀区××路××号

法定代表人：张×　性别：男　年龄：45 岁　住址：××××

被告：北京××技术有限公司

住所地：北京市朝阳区××路××号

法定代表人：李×　性别：男　年龄：38 岁　住址：××××

诉讼请求：

1. 请求判令被告支付应得款项人民币肆拾捌万陆仟肆佰柒拾捌元肆角捌分（486478.48 元）。

2. 请求判令被告支付应得款利息人民币肆拾肆万肆仟伍佰肆拾伍元柒角肆分（444545.74 元）。

3. 请求判令被告承担本案诉讼费用。

事实与理由：

2001 年 12 月 15 日，原被告双方签订了《“一点通时代驿站（VCD2.0）版”项目合作合同》，双方约定：原告将其自行研发并拥有自主知识产权的中小学系列教学软件“一点通”提供给被告独家推广销售。生产计划由被告负责制定，原告负责加工生产，被告根据产品生产数量分时间段按比例给付原告应得款项。当日，双方还就第一阶段的产品供应签订了《补充合同一》。在合同履行过程中，原告根据合同规定及被告的书面生产计划按时完成了生产及交货义务。而被告在接收货物以后迟迟不予支付原告应得款项，直到 2003 年 1 月 13 日，才支付了款项 3 万元。后经原告多次催要，被告仍以单位无钱为由拒绝支付。现诉至贵院，请求依法保护原告合法权益。

此致

北京市××区人民法院

起诉人：北京××技术开发公司

二〇〇五年十一月二日

附件：

1. 本状副本 4 份

2. 书证、物证 6 份

这份起诉状的首部包括标题和当事人的基本情况两个项目。标题标明案件类别和文种名称，当事人为两个单位，按照先原告后被告的顺序，依次注明两个单位的全称、地址及其原告的法定代表人的姓名、性别、年龄及住址；在“请求事项”部分，原告提出了追回货款，赔付利息损失的请求，金额非常具体、明确；在“事实和理由”部分，首先边讲述事情的经过，边举出证据，事实比较清楚。然后援引合同条款，指明被告行为的性质侵害了原告的合法权益，并以此作为提出诉讼请求的依据。这里如能引用法律条文讲明道理，就更有说服力了。最后申明准予请求的意愿；尾部主要有三项内容，即送交起诉状的法院名称、起诉人或称具状人、具状日期；附项共有两项内容，一是本状副本的份数，二是书证和物证材料的份数。

（二）经济纠纷答辩状的结构和内容

经济纠纷答辩状，其实可分为一审程序中所用的答辩状和二审程序中所用的答辩状两种。在经济纠纷诉讼过程中，被告收到法院送达的起诉状副本之后，针对原告起诉状的内容，提出的答复和辩驳的书状，是一审程序上的答辩状；当事人不服一审判决，向法院提出上诉状时，被上诉人收到法院送达的上诉状副本之后，针对上诉状的内容，提出的答复和辩驳的书状，是二审程序上的答辩状。在整个诉讼过程中，各方当事人都有可能用到答辩状。

在诉讼过程中，写好答辩状具有非常重要的意义。就被告人或被上诉人一方来说，通过答辩状的提交，可以达到维护自己的合法权益的目的。从法院的角度来说，将起诉状和答辩状结合起来看，可以全面了解诉讼双方的意见、要求和主张，有利于合理地行使审判权，正确审理案件。

经济纠纷答辩状通常包括下面几个部分：

1. 首　部

首部主要写明两项内容：

（1）标题。标题要反映案件类型和文种名称，可以直接写“经济纠纷答辩状”，也可以按经济纠纷案件的归类，写为“民事诉讼答辩状”。

（2）答辩人的基本情况。写明答辩人的姓名、性别、年龄、民族、籍贯、职业、住址等情况；如果答辩人为企事业单位，则要写明单位的全称、地址及其法定代表人的姓名、职务等；如有诉讼代理人，则应在答辩人或其法定代表人之下，写明其姓名、单位、住址等。

前面说过，起诉状不仅要写入原告的基本情况，而且应写入被告的基本情况，而答辩状只写答辩人的情况即可，不必写被答辩人的情况。申诉状这一项的写法与答辩状相同，即只写申诉人一方情况。上诉状的写法则与起诉状相同，既要写上诉人情况，又要写被上诉人情况。这是几种常用的诉讼文书的写法区别之一。

2. 答辩案由

这是正文的前言部分，主要写明答辩状是就何人起诉或上诉的何案提出答辩的，一般表述为："答辩人于××××年×月×日，接到××人民法院交来原告人（上诉人）×××因××××一案的起诉状副本一份，现答辩如下："，或"现就××××一案，答辩如下："。

上诉状和申诉状也均有案由一项，其写法与此相似。例如，在上诉状的"答辩案由"中，可写入"上诉人因××诉××违反合同、拖欠货款一案，不服××人民法院20××年×月××日以×字××号判决书作出的民事判决，现提出上诉。"之类的文字。

3. 答辩理由和意见

这是答辩状的核心部分。在"理由"部分，一般应针对原告或上诉人在起诉状或上诉状中提出的事实和理由，进行反驳。反驳要以事实和法律为依据，要有针对性，而不能强词夺理或空发议论。

在"意见"部分，要在充分阐明答辩理由的基础上，简要写明自己的看法和主张。写入这一部分的内容通常有：根据事实，说明自己的答辩的正确性；根据有关法律法规，说明自己的答辩的合理性；指出原告人或上诉人的诉讼请求的谬误所在；提出请人民法院合理裁决的请求等。如果起诉状或上诉状的某些内容是可以被肯定或被接受的，也应表明态度。如要反诉原告人或上诉人，则应提出反诉请求。

4. 尾　部

在结尾部分，首先写明呈文对象，即先写"此致"，再另起一行写"××人民法院"；接着是答辩人签名、盖章；最后是具状年、月、日。如答辩状为律师代书，还要注明代书人。

5. 附项

附项部分所写事项，同起诉状相同。这个项目究竟是否需要，要视实际情况而定。

下面请看一篇例文：

民事答辩状

答辩人：北京××技术开发公司

住所地：北京市海淀区××路××号

法定代表人：张×　性别：男　年龄：45岁　住址：××××

因北京××技术有限公司上诉答辩人合同纠纷一案，被上诉人针对上诉人的上诉事实与理由提出答辩意见如下：

一、关于双方的合同性质问题

2001年12月15日双方签订了名为《"一点通时代驿站（VCD2.0）版"项目合作合同》的协议，并于同日签订《补充协议》，共同约定被上诉人将其自行研发并拥有自主知识产权的中小学系列教学软件"一点通"提供给上诉人独家推广销售。生产计划由上诉人负责制定，被上诉人负责加工生产，上诉人根据产品生产数量分时间段按比例给付被上诉人应得款项。因此，被上诉人的权利义务是：

（1）以自己拥有著作权的技术与被告合作，并保证合同所涉产品拥有全部著作权，上诉人对该产品的销售不侵犯任何第三人的合法权利；

（2）根据上诉人下达的生产指令生产产品；

（3）将生产出来的产品交付上诉人；

被上诉人的权利则是根据合同约定，获得相应的收益，即按生产产品的数量取得 1070×3100×30% =995100 元的应得款。

上诉人的权利义务则是：

（1）拥有该产品的独家销售权；

（2）向被上诉人下达生产计划，接收原告交付的产品；

（3）向被上诉人支付应得款，并且保证按比例分段向被上诉人支付全部应得款。

该合同名为合作合同，但从相关具体条款及双方执行情况看，其实质内容是被上诉人将自己拥有知识产权的 VCD 产品独家出售于上诉人供其在市场上销售。从 2002 年 3 月 4 日上诉人向被上诉人发出的《同意生产及订货证明》也可以看出，上诉人是在向被上诉人订货，即购买。因此，该合同实质上应当是具有买卖性质的合同。被上诉人曾以买卖合同为案由诉至海淀法院，但法院认定该合同为合作合同，以案由不服驳回起诉。而《合同法》里并没有关于"合作合同"的具体规定，因此双方签订的合同应为《合同法》所说的无名合同。根据《合同法》第 124 条的规定"本法分则或其他法律没有明文规定的合同，适用本法总则的规定，并可以参照本法分则或其他法律最为相类似的规定。"所以，无论被上诉人以什么样的案由起诉，都应当根据合同法的基本精神，并结合合同的具体条款、实际履行情况，明确双方的权利义务，确认合同的真实性质。既然改合同中双方的权利义务是明确的，则无论合同性质如何，上诉人都应当按合同约定实际履行自己的付款义务。

二、关于结算方式

合同约定"乙方应得款余额于乙方将产品交付甲方后，由甲方按每月回款实数据实支付给乙方。甲方同时保证至少按如下时间和比例结算乙方应得款余额。……"本条款的涵义是：首先甲方按每月回款实数据实结算，同时，甲方保证至少按约定的时间和比例结算乙方应得款余额。也就是说，甲方除了每月按实际销售数额支付乙方应得款后，在约定的期限内必须将乙方全部应得款如数支付。该处"乙方应得款余额"，应为乙方应得款减去甲方按月如数结算后的剩余应得款项。上述两层涵义相辅相成，并不是像上诉人所说，是所谓的保底条款。因为上诉人所引用的最高人民法院关于印发《关于审理联营合同纠纷案件若干问题的解答》的通知中第四款，只适用于当事人双方为了实现合同目的，在各自权利主体之外，专门设立的联营企业，在本案中，双方根本不存在类似的联营体，因此，是不能使用该条款的。况且，合同一方面明确约定了该产品由上诉人独家推广销售，被上诉人负责生产，另一方面在合同签订的当日就在补充合同中明确了被上诉人应得款，那么，就丝毫不存在上诉人所谓的“理想应得款”和“现实应得款”一说。上诉人如此篡改合同本意，分明是想将自己在销售阶段的风险转嫁到无辜的被上诉人身上。

三、关于上诉人所称投入支出比

合同约定被上诉人以拥有独立知识产权的产品授权上诉人独家销售，其投入的是无形的智力创造的成果，该产品独家销售归上诉人所有，难道这就不是投入吗？至于生产费用等，合同约定的十分明确具体，应由上诉人承担，这也是无可争议的事实。

四、关于被上诉人实际应得款计算问题

被上诉人实际向上诉人交付光盘31个品种，93000盒，按码洋的30%结算共计963000元，以及出版样盘的生产费用11978.48元，合计974978.48元，扣除上诉人已经支付的518500元，以及2003年7月4日从上诉人初提回光盘10870盒，374990元，30%折后112497元，则上诉人还应当支付被上诉人343981.48元。该数据是严格按照双方在履行当中真实的往来情况计算出来的。至于提回的部分光盘，被上诉人将光盘出售给上诉人的价格就是按30折算，那么货物提回来自然应当按此比例计算。同样，利息的计算，被上诉人也是严格根据合同约定，按照上诉人每批次应结款分时间段计算的，并未多收。

综上所述，原审法院认定的事实是清楚的，适用法律也是正确的，恳请贵院依法维持原判，驳回上诉人的上诉请求。

此致

北京市第二中级人民法院

答辩人：北京××技术开发公司

二〇〇五年十一月十七日

附件：

1. 本状副本4份
2. 书证3份

这份答辩状是针对前面所例举的起诉状的被告所提出的上诉状而制发的，是用于二审程序的答辩状。首部包括标题和答辩人的基本情况两个项目。标题标明案件类别和文种名称，在当事人一项，写明答辩人的全称、地址及其法定代表人的姓名、性别、年龄及住址；在“答辩案由”部分，写明该答辩状是就何人起诉的何案提出答辩的，引出下文，简明扼要；在“答辩理由和意见”部分，以事实和法律为依据，逐条阐述对双方所争议问题的意见，事实写得比较清楚，分析显得较为有力。最后总述意见，表明态度；尾部和附项两个部分的写法同前面的起诉状例文基本相同。

四、经济诉讼文书写作的注意事项

撰写经济诉讼文书，必须注意以下几点：

第一，写作体式要合乎规范。经济诉讼文书属于司法文书，而司法文书对体例格式的要求是非常严格的。撰写经济诉讼文书要严格依循有关格式的规定，不能随意增减项目，也不能随意安排结构，变动各项目的排列次序。在司法实践中，经常看到有人按一般书信或人民来信的格式写诉状，这是不妥的，对这样的诉状法院是很难接受的。

第二，诉讼事实要真实可靠。“以事实为依据，以法律为准绳”，是法院进行案件审理工作的基本原则。因此，在撰写诉状时，一定要实事求是地反映情况，把事情的真实情况原原本本地写出，既不能按照自己的需要加以取舍，也不能任意夸大或缩小。只有全面、客观地反映情况，所写诉状才能真正成为法院作出公正合理的裁决的依据。歪曲事实，弄虚作假，有碍于审判工作的顺利进行，要负法律责任。

第三，诉讼证据要确凿无误。在诉讼中，证据的例举非常重要。例举证据是为了证明事实，所有证据不可信，事实则无法得到证明。对列举的各类证据，无论是物证、书证或其他证明材料，都要在认真查对后使用，在提出时还要对其可信度做必要的说明。有意提供伪证，是要受到法律的处罚的。

第四，诉讼理由要有根据。阐明理由，讲清道理，提出主张，必须依照有关法律或政策规定，或者说要有法律或政策规定作依据。引用具体法律条款或政策条文，一定要用得确切、适应，而不能断章取义或牵强附会。在讲道理时，还要善于抓住问题的关键，突出重点，在主要理由的申诉上多用笔墨。

第五，诉讼请求或案由要明确具体。在经济纠纷起诉状中，有“请求事项”一项，在答辩状、上诉状及申诉状中，则有案由一项。这个部分一般所占篇幅不长，但要用高度概括的语言把事项说清。同时，要注意不能一味求简，写得过于模糊、笼统。特别是在起诉状中，这部分内容是否明确具体，常常直接关系到案件的审理和裁决情况。关于起诉状中的“请求事项”部分的写作要求，前面已有涉及，这里就不再专门谈了。

第六，语言表达要得体。经济诉讼文书的语言运用，除了应当合乎应用类文章语言运用的共同要求之外，还应特别注意：一是语句的使用要突出文种特色。在司法文书的使用中，许多用语已经固定下来，成为程式化的东西，对这些固定的说法，不能随意改动；二是要用具有肯定、判断等语义特征的句式及陈述性句式，以增强诉状的说服力。模棱两可、似是而非的语言，不宜用于司法文书当中；三是在事实的陈述中，要保持语言的客观、平和，尽量不用带有感情色彩或修辞效果的语句。

第十一章 股份制文书

一、股份制文书的涵义、用途和种类

（一）股份制文书的涵义和用途

股份制文书是专门由股份制企业在其经营活动中制作和使用的各类文书的总称，是股份制企业用以处理其经营事务，反映其经营状况的专用文书。

股份制企业是全部注册资本由全体股东共同出资，并以股份形式构成的企业。目前，我国的股份制企业主要有有限责任公司和股份有限公司两种组织形式。有限责任公司是指由两个以上股东共同出资，每个股东以其所认缴的出资额对公司承担有限责任，公司以其全部资产对其债务承担责任的企业法人；股份有限公司是指全部注册资本由等额股份构成并通过发行股票（或股权证）筹集资本的企业法人。在以上两种股份制企业的设立和运作中，都需要制作和使用一系列文书材料。而从实际情况来看，尤以股份有限公司所用的文书材料最为复杂，最为多样。

在股份有限公司设立和运作的每一个阶段，每一个环节，都是离不开股份制文书的。首先，从设立阶段来看，股份有限公司的设立方式有两种，一种是发起设立，一种是募集设立。所谓发起设立，是指由发起人认购公司应发行的全部股份而设立公司；所谓募集设立，是指由发起人认购公司应发行股份的一部分，其余部分向社会公开募集而设立公司。无论采用哪种方式设立股份有限公司，均必须经过国务院授权的部门或者省级人民政府批准。而正因为必须经过申报和审批程序，草拟并提交申请书、发起人协议书、公司章程、验资证明，以及设立公司的可行性研究报告等文件就成了一项必不可少的工作。

《中华人民共和国公司法》规定，以募集设立方式设立股份公司，发起人在向社会公开募集股份时，必须向国务院证券管理部门递交募股申请，并报送下列材料：批准设立公司的文件；公司章程；经营估算书；发起人姓名或者名称的说明，发起人认购的股份数、出资种类及验资证明；招股说明书；代收股款银行的名称及地址；承销机构名称及有关协议。在公司创立大会结束后三十日内，董事会应向公司登记机关报送下列文件：有关主管部门的批准文件；创立大会的会议记录；公司章程；筹办公司的财务审计报告；验资证明；董事会、监事会成员姓名及住所；法定代表人的姓名、住所。

已经批准设立的股份有限公司，有一部分将成为上市公司。所谓上市公司，是指该公司发行的股票，经国务院或者国务院授权的证券管理部门批准，可在证券交易所上市交易的股份有限公司。由一般的股份有限公司变为上市公司是有条件的，并要经过较严格的申报和审批手续，这就又需要草拟和报送有关书面文件。股份有限公司获准公开发行股票、将其股票在证券交易场所交易，按照《公开发行股票公司信息披露实施细则》（试行）的规定，必须公开披露的信息包括（但不限于）：招股说明书；上市公告书；定期报告，包括：年度报告和中期报告；临时报告，包括：重大事件公告和收购与合并公告。

股份有限公司和两个以上的国有企业或者其他两个以上的国有投资主体投资设立的有限责任公司，为筹集生产经营资金，可以依照有关规定发行公司债券。而公司在向国务院证券管理部门申请批准发行公司债券，应当提交下列文件：公司登记证明；公司章程；公司债券募集办法；资产评估报告和验资报告。

从以上所述不难看出，无论是从股份制企业本身的设立过程和工作运行的角度来看，还是从国家对股份制企业的审批和管理，或者社会公众对股份制企业的监督的角度来看，股份制文书的写作都有着非常重要的意义。股份制文书的写作，既是股份制企业，也是证券主管机关、公司登记机关以及证券中介机构，如会计师事务所、律师事务所、资产评估机构等，需要经常接触的一项工作，对于上述单位、部门或者机构的有关人员来说，这方面的知识是必须具备的专业知识。

（二）股份制文书的主要种类

前面说过，在一个股份制企业的设立和运行的不同阶段，需要报送和公布不同种类的股份制文书，或者说，股份制文书因不同阶段的工作需要相应地形成了不同的文种。根据我国近年来股份制工作试点的情况，归结起来，常用的股份制文书主要有以下几种：

1. 设立股份公司的申请书

申请书的用途在于使证券主管机关了解股份公司发起人的基本情况，设立股份公司的构想以及已经具备的条件，以便提出是否批准设立的意见。

申请书应当写明的事项通常有：发起人的名称、住所及法定代表人，拟设公司的名称及宗旨，公司设立后的资金投向和经营范围，公司设立的方法（如新建设立或改制设立等），股本总额及发起人认购数额所占的比重，股份募集范围及途径，公司的股权结构，发起人的情况及其资信证明等。

2. 设立股份公司的可行性研究报告

可行性研究报告是设立股份公司需要提交的重要文件，其写作质量的高低，直接关系到主管机关对公司设立的态度，关系到社会公众对将设立的公司的信心，也直接影响着公司的集资能力。

可行性研究报告要在真实地反映情况的基础上，作出恰当的分析和科学的预测。

3. 公司章程

从某种意义说，章程就是一个公司的“根本大法”。因为就其内容而言，章程是明确公司组织机构和经营活动的基本规则的文件；就其实际效用而言，章程则是当事人之间或同涉及的第三者之间约定各自行业的带有法律意义的契约性文书。制订章程，可使股东的合法权益得到确认和保护，使公司的各项活动真正做到“有章可循”，从而得以正常、有序地进行。

4. 发起人协议书

股份公司的设立一般都是由几个法人单位发起的，在设立公司之前，各发起人要共同签署发起人协议书。协议书的用途就在于明确各发起人在设立公司过程中的权利和义务，制约各发起人的行为，并用作申办设立公司的有关手续的有效凭据和解决发起人之间的矛盾与纠纷的法律依据。

5. 出资证明书

有限责任公司成立后，应当向股东签发出资证明书。出资证明书所应载明的事项主要有：公司名称；公司登记日期；公司注册资本；股东的姓名或者名称、缴纳的出资额和出资日期；出资证明书的编号和核发日期。

6. 招股说明书

股份有限公司发行股票，应当按照规定编制招股说明书。发行人必须将一切对投资者进行投资判断有重大影响的信息予以披露，以利于投资者更好地做出投资决策，是编制招股说明书的基本原则。招股说明书的编制情况既关系到股东的切身利益，也关系到公司的筹资能力和声誉。同时，政府主管机关还要以此为据，对股份公司进行监督管理。

7. 上市公告书

股票获准在证券交易所交易后，上市公司应当制作并公布上市公告书，以向社会公众公开披露有关信息。

上市公告书除应包括招股说明书的主要内容外，还应当载明以下事项：股票获准在证券交易所交易的日期和批准文号；股票发行情况、股权结构和最大的十名股东的名单及持股数额；公司创立大会或者股东大会同意公司股票在证券交易所交易的决议；董事、监事和高级管理人员简历及其持有本公司证券的情况；公司近三年或者成立以来的经营业绩和财务状况以及下一年的盈利预测文件；证券交易所要求载明的其他事项。

8. 定期报告

按照规定，公开发行股票公司在每个会计年度应不少于两次向公众提供公司的定期报告。定期报告包括中期报告和年度报告。公司必须在每个会计年度的前六个月结束后六十日内编制完成中期报告，在每个会计年度结束后一百二十日内编制完成年度报告。中期报告和年度报告完成后，除向证监会报送备案，还应将报告摘要公开刊登在证监会指定的报刊上，并将报告置于公司所在地、挂牌交易的证券交易场所、有关证券经营机构及其网点，以供投资公众查阅。

9. 临时报告

公开发行股票公司在经营中如遇公司的某些情况有所变动，可根据需要编制临时报告。临时报告主要有两种：

一种是重大事件公告。公司发生重大事件，应当编制重大事件公告书。而所谓的重大事件，简单地说，就是可能对公司的股票价格产生重大影响的事件，具体包括哪些情况，《股票发行与交易管理暂行条例》及《公开发行股票公司信息披露实施细则》（试行）有明确的规定。

重大事件公告应对事件真相及其实质作出说明。

另一种是公司收购公告。任何法人直接或者间接持有一个上市公司发行在外的普通股达到百分之五时，应当自该事实发生之日起三个工作日内，向该公司、证券交易所和证监会作出书面报告并公告。任何法人持有一个上市公司百分之五以上的发行在外的普通股时，其持有该种股票的增减变化每达到该种股票发行在外总额的百分之二时，应当自该事实发生之日起三个工作日内，向该公司、证券交易场所和证监会作出书面报告并公告。

收购公告书应当载明（但不限于）以下事项：收购人名称、所在地、所有制性质及收购代理人；收购人的董事、监事、高级管理人员名单及简要情况（收购人为非股份有限公司者，其主管机构、主要经营管理人员及主要从属和所属机构的情况）；收购人的董事、监事、高级管理人员及其关联公司持有收购人和被收购人股份数量；持有收购人 5%以上股份的股东和最大的十名股东名单及简要情况；收购价格、支付方式、日程安排（不得少于二十个工作日）及说明；收购人欲收购股票数量（欲收购时加已持有量不得低于被收购人发行在外普通股的50%）；收购人和被收购人的股东的权利和义务；收购人前三年的资产负债、盈亏概况及股权结构；收购人在过去十二个月中的其他收购情况；收购人对被收购人继续经营的计划；收购人对被收购人资产的重整计划；收购人对被收购人员工的安排计划；被收购人资产重估及说明；收购后，收购人或收购人组成的新公司的章程及有关内部规则；收购后，收购人或收购人与被收购人组成的新公司对其关联公司的贷款、抵押及债务担保等负债情况；收购人、被收购人各自现有的重大合同及说明；收购后，收购人或收购人与被收购人组成的新公司的发展规划和未来一个会计年度的盈利预测；证监会要求载明的其他事项。

临时报告的报送和公布方法同定期报告大致相同。

10. 股票发售通告或股票认购申请表发售通告

股份有限公司在股票获准公开上市发售时，应当发布股票发售通告，说明股票发售办法。目前，由于股票发售的供求矛盾较大，各地采取的发售步骤和办法通常是：先发售股票认购申请表，然后公开摇号抽签，确定中签率和中签号码，中签人再凭股票认购申请表去购买股票。这种股票认购申请表的发售，也应事先发出通告，以使社会公众周知。

除上述文种之外，股份制文书还有其他一些种类，这里不再一一列举。

二、几种常用的股份制文书的一般写法

在前面列举的各文种中，有些文种的写法比较简单或者尚有变化，因此暂时不作专门介绍。下面介绍几种写法相对复杂和固定，同时影响面又较大的股份制文书的一般写法。

（一）公司章程

公司章程不仅是公司的自治法规，而且是有关部门代表国家管理公司的重要依据。在公司从设立到运行的各个阶段，公司章程都有着非常重要的作用。具体地说，公司章程的作用主要体现在以下几个方面：

首先，公司章程是设立公司时需要提交的最重要的文件之一。按照《公司法》的规定，订立公司章程是设立公司的一个条件。审批机关和登记机关要对公司章程进行审查，以决定是否予以批准和登记。可以说，公司的设立程序是自章程的订立开始的，没有公司章程，公司就无法获得批准并完成登记。

其次，公司章程是确定公司内部权利、义务关系的基本准则。从某种意义上说，公司章程相当于公司发起人或股东之间的合同，其中对各种权利、义务关系的规定就是带有法律效力的条款，对股东和由股东利害关系所派生的组织机构及其成员的行为均有约束和规范效用。最后，公司章程是公司进行对外经营或其他交往活动的主要依据，也是有关部门对公司进行监督管理的凭借之一。公司的任何经营和交往活动都必须“照章办事”，不能违反章程对公司的活动原则作出的规定。凡依公司章程进行的正常经营和交往活动，是可以依法受到保护的。国家有关部门审核公司章程，并根据章程条款对公司实施监督和管理，是保证公司的经营活动合法化的必要手段。为了维护社会经济秩序和交易安全，公司的住所、法定代表人、注册资本、经营范围、股东或发起人姓名等章程内容，应是可供公众查阅的信息。

从写法特别是结构框架上看，公司章程同前边曾介绍过的作为一般规章制度的章程基本没有什么区别，只是对公司章程的载明事项，有一些具体的规定。按照《中华人民共和国公司法》的规定，有限责任公司章程应当载明下列事项：公司名称和住所；公司经营范围；公司注册资本；股东的姓名或者名称；股东的权利和义务；股东的出资方式和出资额；股东转让出资的条件；公司的机构及其产生办法、职权、议事规则；公司的法定代表人；公司的解散事由与清算办法；股东认为需要规定的其他事项。

股份有限公司章程应当载明下列事项：公司名称和住所；公司经营范围；公司设立方式；公司股份总数、每股金额和注册资本；发起人的姓名或者名称、认购的股份数；股东的权利和义务；董事会的组成、职权、任期和议事规则；公司法定代表人；监事会的组成、职权、任期和议事规则；公司利润分配方法；公司的解散事由与清算

办法；公司的通知和公告办法；股东大会认为需要规定的其他事项。

（二）招股说明书

招股说明书既是企业发行股票必备的申报文件之一，又是股票获准发行后必须披露的信息材料之一。为规范其写法，中国证监会正式颁布了《公开发行股票公司信息披露的内容与格式准则》第一号——《招股说明书的内容与格式》，要求“凡在中华人民共和国境内公开发行股票的发行人，在申请发行股票时，应当按照本准则编制招股说明书。”按照该准则的规定，招股说明书的内容与格式包括：

1. 封　面

封面应载明下列事项：

（1）发行人的名称及公司住所；

（2）“招股说明书”字样，送交证监会审核的稿件，必须标有“送审稿”显著字样；

（3）说明发行股票的类型，例如普通股、优先股或者境内上市外资股等；如果同时发行认股证，还须列明认股证与股票的比例；

（4）重要提示，必须写明“发行人保证本招股说明书的内容真实、准确、完整。政府及国家证券管理部门对本次发行所做出的任何规定，均不表明其对发行人所发行的股票的价值或者投资人的收益做出实质性判断或者保证。任何与之相反的声明均属虚假不实陈述。”之类的内容。

（5）发行量、每股面值、每股发行价、发行费用、募集资金，采用上网竞价方式发行股票的，应标明发行底价。上述内容可列入一个简单的表格中，以便表达得更加简洁明确。

（6）发行方式及发行期；

（7）拟上市证券交易场所；

（8）主承销商；

（9）推荐人；

（10）签署日期。

2. 目　录

包括每一节的标题及相应的页数。

3. 正　文

（1）主要资料。本节应以2~3页的较少篇幅，将招股说明书的关键内容摘要刊印出来，以使投资人尽快了解该说明书提供的主要信息。“主要材料”不是误导投资人，同时为提醒投资人阅读全文，以正确了解招股说明书的完整内容，应写入下述文字：“以下资料节录自本招股说明书。欲购买本次发行股票的投资者，在作出投资决策前，应该认真阅读招股说明书全文。”

本节包括以下内容：发行人简介，写明设立情况、主营业务、资产规模、经营业绩、股权结构（以图表示意）、职工人数等项内容；本次发行，写明本次发行的一般情况（主要包括股票种类、每股发行价、每股面值及本次公开发行数量、发行总值、盈利预测、每股盈利、预计市盈利、发行前每股净资产、发行后每股净资产等）、本次发行前已发行的股票及本次发行后的股权结构变化、募股资金的运用、股利分配、风险因素、发行地区和发行对象及承销期的起止日期、拟上市证券交易场所等项内容；主要会计数据（采用列表式），写明资产负债表数据（包括营运资金、总资产、长期负债、股东权益等）和利润表数据（包括销售收入、营业利润、利润总额、净利润等），上述数据应摘自后面的“财务会计资料”一节中所列会计报表；预计时间表，写明发行上市过程中各个相应的重要日期。

（2）释义。为招股说明书中具有特定涵义的词语下定义，对之作出明确的解释和说明。

（3）绪言。在绪言部分，必须说明的事项主要有：本说明书的编写所依据的法规；发行人董事会成员（或股份有限公司筹备组成员）已批准该招股说明书，确信其中不存在任何重大遗漏或者误导并对其真实性、准确性、完整性负个别的和连带的责任。绪言部分还必须载入以下文字：“新发行的股票是根据本说明书所载明的资料申请发行的。除本发行人和主承销商外，没有委托或授权任何其他人提供未在本说明书列载的信息和对本说明书作任何解释或者说明。”同时，应当提醒投资人自行负担买卖该发行人股票所应支付的税款，发行人、推荐人和承销商对此不承担责任。

（4）发售新股的有关当事人。本节应列出有关当事人的机构名称、所在地、电话、传真以及这些当事人中负责与本次发行销售有关事项的联系人姓名。

（5）风险因素与对策。本节应当介绍的风险因素包括投资风险和股市风险。

本节开头应写入下述提示性文字：“投资者在评价本发行人此次发售的股票时，除本招股说明书提供的其他资料外，应特别认真地考虑下述各项风险因素。”

（6）募集资金的运用。本节应当具体说明对所募集资金的运用计划。

（7）股利分配政策。本节说明发行人关于股利分配的各项政策：发行人股利分配的一般政策；发行人在发行股票后第一个盈利年度是否准备派发股利，如果准备发放，将发放几次，约在何时发放；不同类别股票在股利分配方面的权益；如果暂时不准备派发股利，简要说明原因；新股东是否享有公司本次股票发行完成前的滚存利润；其他应说明的股利分配政策。

如果发行人的决策机构为股份有限公司筹备组，无法确定股利分配政策，需等发行之后由首届股东大会选举出的董事会予以确定，则本节须将此情况如实披露。

如果发行人为业已存续的股份有限公司，还应披露历年分红派息情况。

（8）验资报告。本节是注册会计师对发起人根据法规规定投入股份有限公司筹备机构的股本及其他净资产项目进行验证后出具的验资报告。

（9）承销。本节说明与本次承销和发行有关的事项。

（10）发行人情况。本节简要介绍发行人的全面情况。

（11）发行人公司章程或公司章程草案的摘录。本节摘录发行人公司章程或章程草案中的部分主要内容，包括（但不限于）下列各项：股东的权利、义务；股东大会的职权和议事规则；公司法定代表人及其职权；董事会的组成、职权和议事规则；经营管理机构的组成、职权和议事规则；监事会的组成、职权和议事规则。

（12）董事、监事、高级管理人员及重要职员。本节介绍发行人的董事、监事、高级管理人员及重要职员的简单情况。

（13）经营业绩。本节介绍发行人在过去至少三年中的经营业绩，包括（但不限于）下列内容：生产经营的一般情况；每年销售总额和利润总额的情况；发行人业务收入的主要构成；完成的主要工作，包括完成的重大项目和科研成果等；产品或者服务的市场情况；产品性能、质量方面的情况；筹资与投资方面的情况；生产经营设备、主要固定资产增加、改进的情况；职工数量与业务水平方面的变化，等等。

（14）股本。本节介绍发行人股本的下列有关情况：注册股份；已发行的股份；超过面值缴入的资本及其用途；如果发行人已进行过股份制改组、定向募集或本次发行不是首次公开发行，列表说明发行人股权结构的历次变动情况及原因；如果已发行过内部职工股，内部职工股是否严格地限制在本企业职工范围之内，是否已全部按照要求集中托管，托管单位及确认部门，以及根据有关规定，内部职工股不得上市交易的截止日；本次为设立发行时，发起人认购股份数额，并按持股人类别划分为国家持股、法人持股、个人持股、外资持股等；本次发行后公司股份的结构；本次发行后净资产总额；本次发行前每股净资产；本次发行后每股净资产；本次发行前持有发行人5%以上（含）股权的股东或按持股比例排列的前10名股东名单及其简要情况；董事、监事、高级管理人员及重要职员持有股份数额及比例，包括持有本发行人及其他关联企业股份的情况。

（15）债项。本节陈述发行人本身在特定日期（不得早于本招股说明书所载最新一期财务报表截止日）的主要借款情况，包括银行贷款、公司债、对内部人员和关联企业负债等以及或有负债（如对外提保、票据贴现等）、主要合同承诺。

（16）主要固定资产。本节介绍发行人拥有或占有的主要固定资产的种类、原值、用途、折旧情况和所在地等。

（17）财务会计资料。本节应全文引用有资格从事证券相关业务的会计师事务所出具的审计报告及发行人编制的财务报表及附注。

本节应提供其不少于最近三年的利润表、不少于最近两年的资产负债表以及不少于最近一年的财务状况变动表或现金流量表数据。

财务报表附注应参照《公开发行股票公司信息披露的内容与格式准则》第二号《年度报告的内容与格式》中的《财务报表附注指引（试行）》及其附件《对财务报表项目附注内容的要求》编制。另外，发行人还应在报表附注中披露关联交易情况，可分项逐年列示，并注明最近一年各项关联交易占当年各该类交易的比例。

发行人为业已存续的股份有限公司的，应对各期财务报表项目出现非正常变动的情况在附注中加以说明。未提供利润分配表者还应在附注中披露历年利润分配情况；发行人为新改制企业的，应在附注中就财务报表模拟编制的情况予以说明，包括对报告主体的模拟情况和对所采用的会计政策的模拟情况。

申请公开发行股票的发行人设有子公司的，应当提供合并报表及其发行人单独的报表。

本节还应当提供下列信息：计算流动比率、速动比率、资产负债率、应收账款周转率、存货周转率、净资产收益率、每股净利等各项财务指标；如果有正在进行或者计划进行的重大资本支出项目，说明资本支出项目对企业财务状况和经营成果的影响及其资金来源；说明发行人在最近三年中资产流动性的情况及变化的趋势，包括营运资金和流动性比率的增减变动及其原因；说明发行人在最近三年中利润构成、盈利水平变化趋势及原因；说明发行人最近三年股本及其他净资产项目的变化情况。

（18）资产评估。本节介绍发行人根据国家有关法规要求，聘请有资格从事证券相关业务的评估机构对其资产进行有效评估的情况。

（19）盈利预测。提供盈利预测的发行人应提醒投资者，鉴于盈利预测所依据的种种假设的不确定性，进行投资判断时不应过于依赖该项资料。

预测的数据包括会计年度净利润总额、每股盈利、市盈率、预测实现后每股净资产。发行人如果享有优惠税率，应披露其依据及批准机关。如果发行人有需要编制合并报表的子公司，本节还应提供合并盈利预测。

盈利预测表后应附有与本预测相关的背景及分析资料。

（20）公司发展规划。本节介绍发行人已经制定的、有一定依据、比较切实可行的发展计划与安排。

（21）重要合同及重大诉讼事项。本节简要介绍发行人已签订的重要合同和作为一方当事人的尚未做出判决的重大诉讼事项。

（22）其他重要事项。本节披露发行人认为对投资者作出投资判断有重大影响的其他事项。

（23）董事会成员及承销团成员签署意见。

4. 附　录

附录至少应包括以下各项内容：财务报表差异调节表：资产评估报告（如果土地单独评估，还需提供土地评估报告）；盈利预测报告和注册会计的意见；验资报告；法律意见书；发行人的公司章程的细则；发行人的营业执照；关于本次发行的股东大会公告及决议。

5. 备查文件

备查文件至少应当包括以下各项：审计报告、财务报表及附注；发行人成立的注册登记文件；主管部门和证券交易所批准发行上市的文件；承销协议；国家资产管理部门关于资产评估的确认报告；发行人改组的其他有关资料；重要合同；证监会要求的其他文件。

为便于人们迅速了解招股说明书的主要内容，《公开发行股票公司信息披露实施细则》规定，发行人应以不少于一万字的篇幅编制《招股说明书概要》，在承销期开始前2至5个工作日内刊登在至少一种证监会指定的报刊上及发行人选择的其他报刊上。对《招股说明书概要》所必须载明的事项，中国证券监督管理委员会也有明确的规定。

（三）年度报告

中国证券监督管理委员会制发的《公开发行股票公司信息披露的内容与格式准则第二号〈年度报告的内容与格式〉》规定，凡根据《股票条例》在中华人民共和国境内公开发行股票的股份有限公司均应按照该准则编制年度报告。按照该准则的规定，年度报告的内容与格式包括：

1. 封面及目录

封面应载明公司的正式名称、“年度报告”字样和报告期年份，并可以载有本公司的外文名称以及公司徽章或其他标记的图案。

2. 正文。正文部分所写内容主要有：

（1）公司简介。以400字以内的篇幅简要介绍公司的历史与发展、各项主营业务、突出的特点及规模等。

（2）会计数据和业务数据摘要。采用数据列表方式（还可以附有图形表），提供至报告年度末为止的公司前三年（或自公司成立以来）的主要会计数据和财务指标，包括（但不限于）以下各项：净营业收入、税后利润、总资产、股东权益、每股收益、每股净资产、每股红利、净资产收益率等。

除会计数据和财务指标外，也可以采用数据列表方式或图形表方式，提供与上述会计数据相同期间的业务数据和指标，例如，产品销售量、市场份额、以实物量计算的人均劳动生产率、公司各项主要业务占总收入的百分比，公司各地区收入占总收入的百分比等等。

（3）董事长和总经理的业务报告。公司的董事长或总经理应向股东和其他年度报告使用人报告公司的经营情况及本节规定的其他内容，主要包括：公司经营情况的回顾；对实际经营结果与盈利预测的重大差异的说明；对前次募集资金的运用情况的说明；新年度的业务发展规划，其他需要披露的业务情况与事项。

（4）董事会报告。本节主要包括：董事会工作报告摘要；股票与股东情况介绍；董事、监事与高级管理人员情况介绍；重大诉讼事项报告；年度股东会情况介绍；其他报告事项，例如：注册会计师、法律顾问的变更及选定用于披露信息的报刊的名称等等。

（5）财务报告。本节提供公司的财务报告和注册会计师就该财务报告发表的审计报告。具体地说，主要包括三项内容：一是财务报表，包括公司报告年度末及其前一个年度末的比较式资产负债表，该两年度的比较式利润及利润分配表、财务状况变动表（或现金流量表）。财务报表的编制必须符合有关规定。二是财务报表注释，这是财务报告中不要缺少的一个组成部分，应在此写入的主要事项有公司的主要会计政策、报表内项目的分解与详细说明，报表上的非常规项目及非正常情况，表内无法反映的重要事项等。三是审计报告，审计报告必须由具有从事证券业务资格的注册会计师出具。

（6）公司在报告年度内发生的重大事件及其披露情况简介。凡公司在报告年度内发生过《股票条例》第六十条和《信息细则》第十七条所列举的重大事件，以及公司董事会判断为重大事件的事件，应对这些事件及其披露情况，做一个简单的说明。

（7）关联企业。本节列示（也可采用图示或附以图示的方式）关联企业的有关资料，包括（但不限于）关联企业的名称、所在地、主营业务范围以及本公司持有该关联企业所有者权益的份额。

（8）有关本公司的参考信息。本节内容包括（但不限于）以下项目：公司正式的中文名称；公司总部所在地、通讯地址、邮政编码及各种通讯工具的号码；公司首次注册登记日期、地点；报告期内变更注册日期、地点；工商登记号码；税务登记号码；股票上市产易场所名称；公司在上市交易场所的编号；公司股票主承销机构名称（如果在报告期内有证券发行行为）；公司未上市股票的托管机构名称；会计师事务所名称、办公地；法律顾问名称、办公地；公司负责信息披露事务人员的姓名、联系地址、电话等。

3. 备查文件。在报告中应明确备查文件是否齐备、完整。备查文件是在披露年度报告后公司在办公地点备置的有关文件，主要包括：载有董事长、总经理亲笔签名的年度报告原本；载有会计师事务所盖章、注册会计师亲笔签字的审计报告正文及财务报表；年度内发行新股时的《招股说明书》（或《配股说明书》）、《上市公告书》）；在其他证券市场公布的年度报告文本；公司各类统计报表和原始记录（对个别公司，经股东大会批准，并经政府有关部门认可后，有关内容可免予向社会公众公开提供）。

（四）中期报告

中期报告也是公开发行股票公司必须按期披露的信息之一，它通常是由以下几个部分构成的：

1. 标　题

标题一般包括公司名称、年度和文种几个要素。

2. 题　注

用以注明报告所反映的经营情况的时限。

3. 说　明

写明制发报告的根据，明确对报告内容加以解释及对其真实性、准确性、完整性负责的责任和义务。

4. 正　文

按照中国证券监督管理委员会制发的《公开发行股票公司信息披露的内容与格式

准则第三号〈中期报告的内容与格式〉》的规定，中期报告的正文应当包括以下项目：

（1）财务报告。这一部分一般包括财务报表和财务报表附注两项内容。财务报表至少应包括资产负债表和损益表，财务报表的编制应符合财政部、中国证券监督管理委员会颁布的有关准则、制度和规定。财务报表附注主要应对一些情况的变化作出说明，如，会计政策或方法、报告主体、生产经营环境与宏观政策或法规的重大变化及报表中某些项目的异常变化等等。

（2）经营情况的回顾与展望。这一部分包括上半年经营情况的回顾和下半年经营计划的安排。

（3）重大事件的说明。本节须列示根据《股票条例》第六十条及《信息细则》第四章、第五章的规定，公司在报告期内发生的须予披露的重大事件，如在报告期内已公布了重大事件公告，此处可将重大事件的主要内容及披露情况简要介绍。如报告期内无重大诉讼、仲裁事项，应明确说明“本报告期内公司无重大诉讼、仲裁事项”。

（4）发行在外股票的变动和股权结构的变化。介绍公司在本报告期末股票与股东的情况及其在报告期内的变动情况。

（5）股东大会简介。披露召开股东大会（包括年度股东大会和临时股东大会）的情况，例如：召开股东大会的地址、时间；到会股东的情况；董事会提交股东大会讨论和作出表决的事项以及会议通过的决议。如果股东大会对年度预分方案进行了修改，应予披露；如果股东大会对公司章程进行了修改，应介绍修改情况；如果在报告期内没有召开股东大会，则应明确说明：“本报告期内公司没有召开年度股东大会或临时股东大会”。未召开年度股东大会的，应说明原因。

5. 备查文件

在报告中应明确说明备查文件是否齐备、完整。备查文件是在披露中期报告后公司在办公地点备置的有关文件，主要包括：载有董事长、总经理亲笔签名的中期报告原本；报告期内发行新股时的《招股说明书》（或《配股说明书》、《上市公告书》）；在其他证券市场公布的中期报告文本。

由于招股说明书、年度报告、中期报告的篇幅较长，而且比较容易在报刊上找到，这里就不再选录例文了。

三、股份制文书写作的注意事项

如前所述，股份制文书的种类很多，每一种股份制文书都有其特殊的写作要求。就其总体情况而言，在撰写股份制文书时应当注意以下几点：

第一，要依循有关规定。顾名思义，凡股份公司都是由一些股东合股而成的。股份公司，特别是股票上市交易的股份公司，股东数量大，影响面广，而股份制文书的制发又往往直接关系到股东的切身利益，因此对之要求严格。对股份制企业，特别是上市公司的文件报送和信息披露问题，有关部门已作过一些规定，如《中华人民共和国公司法》和《股票发行交易管理暂行条例》均有涉及这一问题的条款；《公开发行股票公司信息披露实施细则》则是专门对上市公司的信息披露问题作出明确规定的文件，其中对信息的种类、披露的办法、制作的要求乃至文中所含事项等，均有规定；为规范公开发行与上市公司的信息披露行为，保护投资者的合法权益，中国证券监督管理委员会还制定了《公开发行股票公司信息披露的内容与格式准则》。该准则对几种常用的股份制文书的具体写法，加以详细说明，要求上市公司执行。

总之，股份制文书均为规范化程度较强的文种，在动笔撰写股份制文书之前，一定要认真阅读有关规定，严格按照规定的要求去写。

第二，要准确地反映情况。这包括两层涵义，首先，股份制文书中所用材料，必须绝对真实可靠，没有任何虚假成分。使用虚假的材料欺骗主管机构或社会公众，会造成极为严重的后果，是必须杜绝的违法行为；其次，股份制文书的内容必须全面详尽，应当写入的事项不能有任何遗漏。《公开发行股票公司信息披露实施细则》规定：公司的全体发起人或者董事必须保证公开披露文件内容没有虚假、严重误导性陈述或重大遗漏，并就其保证承担连带责任；公开披露文件涉及财务会计、法律、资产评估等事项的，应当由具有从事证券业务资格的会计师事务所、律师事务所和资产评估机构等专业性中介机构审查验证，并出具意见。专业性中介机构及人员必须保证其审查验证的文件的内容没有虚假、严重误导性陈述或者重大遗漏，并应对此承担相应的法律责任；承销股票的证券经营机构必须对招股说明书内容的真实性、准确性、完整性进行认真查核，保证经其查核的文件内容没有虚假、严重误导性陈述或者重大遗漏，并且对此承担相应的法律责任。

可以说，准确地反映情况，是股份制文书起到应有作用的首要前提，也是对股份制文书写作的最基本的要求。要使股份制文书符合这一要求，制作者必须具有良好的职业道德、正确的工作态度和较高的业务水平。特别值得注意的是，股份制文书中常常需要使用大量的数据，对所用数据，一定要认真核对，同时，文字表述也应朴实庄重，恰如其分，而决不能夸大其辞，哗众取宠。

第三，要确保文书的时效性。股份制文书按时报送和公布，才能使其特定的效用得到发挥，也正因为如此，对许多股份制文书的报送和发布，如招股说明书、上市公告书、定期报告、临时报告等等，都有严格的时间要求。这种时间要求不仅是指送交和发布的时间不得无故延误，有时也指不能随意提前。例如，股份有限公司的股票公开上市发售的上市公告书，必须在公开挂牌产易的前三天之内公布。向社会公开募股的招股说明书，必须在正式募股前五天之内公布，过早过晚均不合乎要求。按照规定，任何人不得以任何形式，在规定的时间之前泄漏上市公告书和招股说明书的内容。同时，晚于规定时间公布上市公告书和招股说明书，也是不被允许的。另外，对有些文书的使用期限也是有规定的，超过使用期限，文书便自动失效。对股份制文书的时限性的规定，直接关系到文书本身的效用性和经营活动的合法性，在写作时必须给予充分注意。

第四，要注意发挥证券中介机构的作用。为适应股份制企业发展的需要，近年来我国出现了一批证券中介机构，如经审查批准有资格从事证券工作的会计师事务所、审计师事务所、律师事务所、资产评估机构、证券咨询机构以及各种证券承销机构。在股份制运作中，这些中介机构起着重要的作用。股份制企业制作股份制文书，往往要经会计师事务所、律师事务所和证券咨询机构等审核有关资料，或得到这些机构的帮助，有的就直接请这些机构代理制作。股票的发行、股权证的托管等事宜，则要由证券承销机构办理。正因为证券中介机构在股份制运作中有着不可或缺的作用，所以在制作股份制文书时一定要注意与其合作，发挥其作用，以保证股份制文书的有效性和高质量。

第三编

经济研究文章

经济研究文章是指用来进行经济科学研究的文章。学术性，逻辑性和可读性，是这类文章所应具备的基本特征，也可以说是这类文章的必备条件。

经济研究文章应当具有学术性主要包括下面几层涵义，一是研究对象应是带有学术意义的问题，二是对问题的分析应从学术研究的角度展开，三是研究成果应有一定的理论价值。

经济研究文章具有逻辑性，首先就体现在文章应有一个能使观点和材料得以高度统一的逻辑框架，提出问题、分析问题到解决问题是经济研究文章的基本结构脉络，同时也是符合人的认识规律的逻辑程序。撰写这类文章，不能只出示观点，或只使用材料，而要把用材料证明观点的推理过程体现出来。另外，从写作目的的角度来看，撰写这类文章是为了使读者理解并接受自己对问题的看法，凭借着逻辑力量说服读者，而不是以感情力量打动读者，是这类文章的一个突出的特点。

强调经济研究文章应当具有可读性，是因为这类文章所表述的通常是复杂、抽象的事理，很容易使读者产生艰深晦涩、枯燥无味的感觉，所以在写作时要有意识地在增强文章的可读性方面多下功夫，要善于深入浅出、直白晓畅地把复杂、抽象的事理讲述清楚。如果从更宽泛的意义上说，经济研究文章的可读性应当包含着文通、理顺、事明这样几层涵义。所谓文通是指文章写得很通顺、很通俗，读者在阅读时不会因表达而遇到障碍，所谓理顺是指文章内容合乎逻辑，顺乎情理，而不是强词夺理，把不合乎逻辑的东西强加于人；所谓事明是指观点的表达要清楚、明确。主张什么，反对什么，要明白无误地告诉读者，而不能含而不露。

以上三个方面的特点，可以说是经济研究文章的共同特征。除了具备这些共同特征之外，不同种类的文章还有自己的一些特点。经济研究文章的种类很多，在此无法一一介绍，下面只介绍一下学术论文和常见的学术情报的写作要领。

第一章 经济论文

一、概 述

（一）经济论文的性质和功用

经济论文是对各种经济现象及观念进行研究，并表述研究成果的学术性文章。它既是用来进行经济科学研究的凭借，又是反映经济研究成果的工具。

通过以上定义，可以看出经济论文的基本性质和功用。

首先，经济论文是应用于经济科学研究的文章，它所研究和描述的对象是经济领域内的学术问题。

学术研究的领域十分宽广，不同学科的论文有着不同的研究和描述对象，例如文艺学论文《论市场经济大潮中的严肃文艺》，是以文艺现象为研究对象的，教育学论文《自控式教育及其与传统教育的比较》，则是以教育现象为研究对象的。经济论文作为学术论文的一大门类，同其他学科论文的一个很显著区别，就是必须以经济问题为研究对象，如《重新认识财政范围》、《向市场经济过渡中的投资政策分析》、《关于破产与兼并问题的思考》等等，所研究的都是现实经济问题。

同时，经济领域中的问题又是多种多样的，探讨经济问题还可以使用不同的文章形式，也就是说，探讨经济问题的文章未必就是经济论文。那么，应当如何划分经济论文同其他经济专业文章的界限呢？简单地说，只有以学术问题为研究对象，并从理论研究的角度对问题进行探讨的文章，才是经济论文。

其次，经济论文是用来探讨经济理论问题，进行经济科学研究的重要凭借。

撰写经济论文，决不仅仅是文字表达问题。一篇论文质量的高低，也决不仅仅取决于行文阶段的工作做得如何。可以说，完整的论文写作过程同整个科学研究过程是相重合、相一致的。论文题目的确定也就是研究课题的选择，论文内容的形成，也即研究成果的取得，而研究成果的取得是离不开课题研究的，可以说，课题研究是论文写作过程中的关键环节，也是科学研究的主要步骤。论文的执笔写作，则是研究成果的演化和整合阶段，是科学研究的继续。

正因为论文写作同科学研究是密不可分的，所以人们常把论文写作作为培养和考察一个人的科研能力的重要手段。

最后，经济论文是描述经济科学研究成果、传播学术信息的主要工具。

服务于社会，服务于国家经济建设，是经济科学研究的使命。而要使科学研究的社会效益、经济效益得以实现，就必须通过一定的媒体形式，将研究成果公诸于世。同其他媒体形式相比，学术论文可谓是表述科学研究成果的最简便、最得力的工具。

（二）经济论文的基本特征

独创性、科学性和理论性，是学术论文都应具备的一般特征，而这些特征在经济论文中有着独特的表现形式。

1. 独创性

独创性是经济论文的生命。所谓独创性，严格地说，是指论文作者所提出的观点，是对某一个问题的全新认识，是与众不同或前所未有的看法。当然，对于一般人来说，特别是对于研究水平不是很高的青年学生来说，要拿出一个有价值、有意义的新的学术见解并非易事，因此，如果能够使用别人没有用过的材料，或者能够采用新的研究方法，从一个新的角度，重新对已有的理论观点加以阐释，论文也应当算作有一定的独创性。

2. 科学性

独创性是经济论文的生命，而科学性则是独创性的前提。撰写论文必须善于创新，但创新并不是故意标新立异，哗众取宠，在保证论文的科学性的前提下的创新，才是有意义的创新。论文失去了科学性，不仅无法起到应有的作用，而且会适得其反，会将人们的认识引入误区。可以说，科学性是一篇论文所应具备的起码的条件。

经济论文是议论文的一种，论点、论据、论证是论文的几个基本要素，论文的科学性就分别体现在这几个方面。论点客观、正确，论据可靠、充分，论证严谨、有力，是论文具有科学性的主要内涵。

3. 理论性

经济论文的理论性，首先就体现论述的完整上。一篇经济论文，应当自成一个理论认识系统。从提出问题，到解决问题，从论述的展开，到观点的明确，要围绕着一个中心，要一环紧扣一环。写入论文的所有的内容，都应纳入一个严密的推理过程之中。论文的理论性还体现在其内容的深度上。经济论文所反映的不是一般的现象和过程，也不是浅显的经验法则，而是对事物的本质和规律的理论认识。

上面所说的独创性、科学性、理论性是一篇合格的经济论文所必须具备的特征，因而也可以说是经济论文的必备条件。

二、经济论文的写作

（一）研究课题的选择

1. 选题的意义

选择并确定研究的课题，是论文写作的第一个步骤，也是非常关键的一个步骤。

选题决定着论文的价值，也关系到论文写作的成败。有人说，选对了题目，论文就等于完成了一半，这种说法很有道理。所谓“选对了题目”，包括两层涵义：一是指选题与客观需要相符合，二是指选题与研究状况相适应。前者可以保证选题具有实际意义。而选题有意义，对课题的研究才会有意义，反映研究成果的论文也才会有价值；后者可以保证研究者有能力、有条件对问题展开研究，研究工作能够顺利进行，并取得成功。

从最直接的意义上说，选题是一项具体的科学研究活动开始的标志，它为整个活动确立了明确的目标。科学研究是一项目的性极强的活动，漫无目的的研究是不会有什么结果的。有了问题，才谈得上问题的解决，课题确定了之后，工作也就有了方向，所有的努力才会集中到一点上，才容易有收效。

无论从哪个角度来说，选题的意义都是不可低估的。撰写论文，必须重视选题，第一步就要争取“选对题”。

2. 课题的类型

科学研究有两大类，一类是开创性研究，一类是发展性研究。所谓开创性研究，就是对别人没有研究过的问题进行的研究；所谓发展性研究，就是在已有研究成果的基础上，对别人曾研究过的问题所作的进一步的研究。与此相对应，研究课题也就分为两大类：

（1）开创性研究的课题。开创性研究的课题，也就是别人没有研究过的问题。有些问题属于早已存在，但却长期被人们所忽视，或者由于条件的制约，一直无法进行研究的问题；也有一些问题是在经济生活的发展中产生出来的新问题。在每个时代、每个时期，都有许多问题可以作为开创性研究的课题。比如，目前在社会主义市场经济体制的建立中，从宏观到微观，一些新的问题正等待着人们去研究。研究这些问题，容易有所突破，有所创新，而且研究成果往往能够起到及时指导社会经济实践的重要作用。

进行开创性研究，一般没有太多的资料可以利用，也没有现成的方法可作借鉴，难度大，困难多，通常要求研究者具有较高的研究水平和较好的意志品质。

（2）发展性研究课题。发展性研究课题，是需要进一步研究的问题。有些问题，虽然曾有人对之作过研究，但随着时间的推移，情况有了变化，条件有了改善，已有的研究成果或显陈旧落后，或暴露出种种不妥之处，因而有了继续或者重新研究的必要。

发展性研究不是重复性研究，因为究竟是不是重复性研究，不能简单地看问题是否已被研究过，关键是要看能否形成新的认识。发展性研究的形式有很多种，常见有下面几种：

① 深化、补充已有的观点。这是指在已有的研究的基础上，进行更加广泛、深入的研究，以使已有的研究成果得到丰富和发展，使已有的理论观点得到演化和补充。

② 批驳、修正已有的观点。研究同一个课题，得出有所不同甚至截然相反的学术

观点，在学术研究中是常有的现象。

批驳、修正已有的观点，主要有两种情况：一种情况是参加学术争论，就一个正在讨论，尚有争议的问题，发表自己的看法。例如，有关股份制的很多问题都处于探讨阶段，对同一个问题，人们往往有着不同的认识，各种观点并存。对这样的问题加以研究，无疑是有助于澄清问题，加深人们对股份制的认识的。另一种情况是修正或推翻"通说定论"。所谓"通说定论"，是指在一定的时期内已为人们所接受、所认同的理论学说。如果发现这样的理论学说有错误、有偏颇，要大胆地予以纠正。纠正"通说定论"的学术论文，通常具有较高的学术价值。

③ 赋予已有理论以新的社会意义。有些问题早已有了众所周知的结论，仅从科学发展的角度来看，已失去了重新研究的意义。但从社会需要的角度来看，确有一些问题有重新提出的必要。结合经济发展实际，挖掘原有理论的现实意义，有时能够起到调整人们的认识，为国家经济生活提供重要的理论借鉴的作用。

经济科学研究的最终目的，就是能动地指导社会经济实践，有效地服务于社会经济生活。在新的经济形势下，赋予已有理论以新的社会意义，有助于充分地发挥理论的实际效用。

3. 选题的原则

课题的弃取，不能随心所欲，而必须有一个标准和根据。选题的原则，就是衡量课题、决定弃取的标准和根据。

课题有意义，作者有见解，是写出高质量的论文的两个决定性因素。选择课题，主要就应该考虑这两个因素。

（1）要选择客观上有意义的课题。课题有意义，是使论文有价值的一个前提。就其直接意义而言，课题的客观意义包含两项内容：一是社会意义，二是学术意义。就其本质而言，这两项内容又是统一的。

① 要选择具有社会意义的课题。选择具有社会意义的课题，主要是指选题要着眼于社会经济实践的需要，要以满足社会经济实践的需要为出发点。从根本上说，国家建设的总目标，是指导各行各业做好各项工作的指针，科学研究也必须围绕着总目标的实现进行，而不能与此相脱离。无论是解决重大的理论问题，还是解决某一方面的具体问题，也无论是直接还是间接，只要于国家建设的总目标的实现有利，就是有意义的研究。

在同总目标相一致的前提下，立足于现实，选择急需解决的现实经济问题进行研究，能够最大限度地实现经济理论的社会价值。在社会科学研究中，经济科学研究的现实性最强。经济理论可以直接对国家的经济生活产生影响，经济论文的选题也最容易反映社会现实的需要。比如，美元跌价，人民币升值，这种状况对我国的对外贸易是否会有影响，或者会有什么样的影响，是迫切需要研究的现实经济问题。对这一问题的研究，会为决策机构确定贸易策略提供极大的帮助。

为加强选题的现实针对性，论文作者应当做到：一要深入生活，密切注意经济形势的变化，及时抓住经济工作中出现的新问题；二是认真领会各项经济政策，并把它作为确定选题目标的一个依据。合理的经济政策反映着经济实践的需要，预示着经济生活发展的方向，同国家经济政策的基本精神相一致的选题，通常是比较切合实际的选题。

② 是选择具有学术意义的课题。选择具有学术意义的课题，主要是指选题要考虑学科建设、学科发展的需要，选择那些有利于学科的自身完善的课题去研究。

怎样才能选取具有学术意义的课题呢？一是要了解本学科、本专业的研究动态，在学术研究的“前沿阵地”选题。科学发展的过程，是一个知识长期积累的过程。在已有的研究成果的基础上，选择前沿性的问题加以研究，容易达到新的高度，为学科的发展作出贡献；二是要了解本学科、本专业的研究历史，着力解决重大的基本理论问题。有些问题的研究，从表面看来现实意义不大，甚至看不出会对社会经济生活产生什么影响，但从整个学科、专业发展的角度来看，却是至关紧要的。因为它会对其他问题的解决，以至会对学科体系的严整化产生影响。选择这样的课题进行研究，有着重要的学术意义。

将课题的客观意义区分为社会意义和学术意义，只是看问题的角度有所不同。从根本上说，理论与实践是统一的，一切学术研究的最终目的，都是服务于社会，课题的社会意义和学术意义是无法割裂开来的。

（2）要选择主观上有见解的课题。课题有意义，只能说课题研究的进行是必要的，而究竟能否写出一篇高水平的论文，还要看作者能否完成课题研究，能否提出有价值的学术见解。对学术见解的产生及其价值起制约作用的因素很多，其中比较重要的是作者的能力、兴趣和某些外在条件，选题时应对此有充分的考虑。

① 要选择有能力完成的课题。要选择有能力完成的课题，是保证课题研究取得成功的首要前提。人们常说，尺有所短，寸有所长，每个人都有自己的长处和不足。就一般情况而言，课题对路子，合口味，同自己的能力特点相适应，就能得心应手、高效率地完成研究任务。科学研究是知识性劳动，知识结构是构成科学研究能力系统的基础，知识结构是否优化，各种知识的“构成比”是否合理，是选题时必须重视的因素之一。

② 要选择有兴趣完成的课题。要选择有兴趣完成的课题，是保证课题研究取得成功的必要条件。兴趣是人对事物的选择性态度，是一个人积极探究某种事物的认识倾向。在科学研究中，往往表现为研究者对某一个课题，始终如一、坚持不懈的探求精神。科学研究是一项异常艰苦的劳动，研究者对自己所研究的问题感兴趣，就会不计个人得失，执著地研究下去，直到取得成功。在此意义上可以说，兴趣是完成科学研究的一种巨大的推动力。同时，兴趣还可以调动研究者心理活动的积极性，使研究者的思维进入异常活跃的状态，达到一个较高的水平。另外，从兴趣产生的原因来看，选题时也必须重视兴趣的因素。兴趣往往是研究者对课题的客观意义和个人的研究能力深刻认识的结果，一位有社会责任心和学术洞察力的研究者，是不会对毫无实际意

义或自己根本没有能力完成的课题发生兴趣的。

③ 要选择有条件完成的课题。这里所说的条件是指完成一项科学研究所必需，同时又不以研究者的意志为转移的外在条件。

首先是资料条件。资料是科学研究展开的凭借，是学术见解产生的基础。撰写论文，从事研究，不能没有资料，而资料又不是随手可取的，资料条件对于每个人并不是都相同的。资料的种类很多，就以文献资料的获取为例。每个人都处于特定的生活环境之中，可以经常利用的图书情报机构有限，而任何一个图书情报机构都不会无所不包，为此，选题时就要考虑能否拿到有关文献资料，经过努力，得到的资料是否齐全、够用。

其次是时间条件。科学研究是一个过程，是否具有充足的时间条件，直接关系到研究的成败。有些论文的写作，比如毕业论文或学位论文的写作，必须在限定的时间内完成，这就更要求论文作者在选题时充分考虑时间条件，根据时间条件，衡量课题的大小是否适中和难易程序如何。

最后是导师指导条件。这一点对于青年学生及所有缺乏研究经验的人来说，尤为重要。专家学者并非样样皆通，在导师所熟悉的专业领域内选题，容易得到全面、切实的指导。

总之，选择客观有意义的课题的选题原则，决定了完成论文的客观必要性，选择主观上有见解的课题的选题原则，决定了完成论文的现实可能性。只有同时符合这两条原则的课题，才是可选的课题。

（二）写作计划的制定

论文写作计划大致应该包括以下项目；

1. 课题的提出及其内容的阐释

2. 研究目的和具体要求的说明

3. 时间的估定

整个论文写作过程的起始时间，也就是从选题到论文的最后完成的总的期限，要在这里写明。至于第一阶段的工作所需要的时间，应随着工作步骤的安排得到落实。

4. 工作步骤的安排

这一项内容是整个写作计划的主体部分，要尽可能写得详尽一些。由于论文写作过程比较复杂，环节比较多，所以这个大的项目还往往包括若干小的项目。按照论文写作自身的程序，可以对工作步骤作出如下安排：

（1）搜集、占有资料

要写明获取资料的基本途径及所需要的时间。这一项内容写得越细越好。

（2）阅读、整理、研究资料

（3）拟定提纲，撰写论文

要写明从行文的准备到文章的定稿大致所需的时间，对每一个环节的工作都应有具体的打算。

在工作步骤的安排中，论文作者在各个阶段所要采取的相应的措施，也基本得到了落实。对在这一项中所无法涉及的具体措施，要专门加以说明。

5. 其他情况的说明

如果需要一定的物力、财力，如实验设备、研究经费等，也要作出具体的安排或预算；如果是集体合作研究项目，就是说论文的作者不止一个人，还要对分工情况有所说明。

同所有的计划一样，写作计划也是事先制定出来的，在计划的执行中，难免会有一些没有预料到的情况出现，或者发现计划本身有不尽完善、合理之处，这就需要根据实际情况，对计划加以调整、修订，否则，计划就会失去可行性。

（三）课题的研究

1. 课题研究的意义和内容

选择课题是论文写作过程中极为重要的一步，随之而来的课题研究则是具有决定意义的环节。在实际写作中常有这种情况，有人在选题时非常慎重，充分考虑了各个方面的因素，也可以说确定了一个比较理想的题目。可是，由于对问题研究得不够深入，或者由于研究工作有失误，终于未能写出一篇高质量的论文，甚至根本就无法撰写论文。能否取得有价值的学术见解，从而能否写出一篇水平较高的论文，主要取决于课题研究的成败。因此可以说，课题研究是论文写作过程中的关键性环节。

人是科学研究的主体，一切深刻的学术见解都是人脑对客观事物概括的、本质的、能动的反映，是主体思维同外界信息相互作用的结果，主体思维和外界信息，是学术见解产生的两个必备要素，缺少其中任何一个要素，课题研究的进行和完成都是不可能的。要取得课题研究的成功，就必须从这两个方面入手，进行积极的努力。说得具体一些，就是要在资料工作的进行和思维方法的运用上多下功夫。

其实，在课题研究中，既没有不需要研究者的思维活动介入的资料工作，也没有完全脱离开资料，不以资料内容为凭借的主体思维，资料工作的进行同思维方法的运用是交织在一起的，把这两项内容分开来谈，只是为了便于说明问题。

2. 资料的获取

论文作者所用的资料种类繁多，来源广泛，搜集资料的工作非常复杂，要把这项工作做好，首先就必须了解获取资料的基本途径。

获取论文写作资料的基本途径有：

（1）观察。观察，是知觉的一种形式，是对客观对象有目的、有计划，比较持久的主动知觉过程，其目的是认识某一过程或某一现象的变化情况。科学研究中的观察是从课题研究的需要出发，采用一定的方法，对自然条件下的客观事物进行系统、能动的考察。观察是获取感性资料的基本途径之一，成功的观察能为科学研究提供可靠、有力的事实依据。

成功的观察应该具有客观性、系统性和精确性。为确保观察的成功，观察者必须注意以下几点：一要明确观察目的，确定恰当的观察对象，这是保证观察取得成功的先决条件；二是采取实事求是的态度，尽量做到客观地观察。观察的目的是了解事物的真相，取得真实的材料，为达到这一目的，就必须保持观察的客观性；三要采取科学的观察方法，以提高观察的质量。观察是一项系统性极强的活动，在观察中不能想到什么就看什么，要有计划、有步骤地按照严格的程序完成这一过程。观察是一项细致的工作，观察者的注意力要高度集中，密切注意事物的一切细微的差异和变化。观察是"思维着的知觉"，观察者必须边观察边思考，以抓住事物的本质特征。

（2）实验。实验是根据科学研究的需要，人为地创造条件，控制研究对象，观察、分析研究对象的状态和变化，以从中找出规律，得出结论的活动。

实验的方法具有强化和纯化客观对象的作用，它能够排除外界干扰，使事物的某种状态和运动规律，在非常特殊的情况下显露出来，为人们所认识。采用实验的方法，可以人为地控制条件，这就为揭示一种现象产生、发展、消亡和变化的原因，创造了条件；实验可以人为地重复进行，这就有利于研究者排除事物变化的偶然性因素，抓住其必然性。

实验的形式有两种：一种是实验室实验，一种是自然实验。实验室实验在实验室内进行，即在使用仪器、精确控制的条件下，精密观察和记录某一现象的产生、变化的情况，并分析其原因。自然实验是在正常的生活环境中，适当控制条件，结合其他日常活动而进行的实验。观察新事实，作出新发现和通过事实，检验理论，是科学实验的两个基本目的。

（3）调查。调查是亲自深入到实际生活中，有步骤、有目的地对某一客观对象进行认真考察，了解某一方面的情况的行为方式。

调查的方法有两大类，即普遍调查和非普遍调查。

普遍调查简称普查，是在一定的范围内，对所有的对象逐一进行调查。具有较高的准确性，据此可以得到真实可靠的资料，是这种调查的长处。但如果研究课题大，调查的范围过广，进行这种调查，则需要花费大量的人力、物力、财力，难度很大。

非普遍调查是指在一定的范围内，选择部分对象进行调查，这是一种通过个别看一般，通过部分看整体的调查方法。非普遍调查常用的方法还可分重点调查、典型调查和抽样调查等三种。重点调查是指在一定的范围内，选取重点样本，以重点样本为对象进行调查；典型调查是指在一定的范围内，选取有代表性的典型样本，只以典型样本为对象进行调查；抽样调查是在一定范围内，抽取部分样本进行调查。这三种调查方法各有其长处和不足，比如，采用重点调查和典型调查的方法，容易对调查对象作深入、细致的了解，有可能在较短的时间内，得到较多的资料。然而，调查对象的确定又往往带有一定的主观性，如果重点和典型确定得不够恰当，调查结果则难免会有片面性，甚至完全不能反映总体的情况。相比之下，抽样调查的科学性和实用性则更强一些，因而采用这种调查方法的人越来越多。

调查的方式很多，常用的有三种：一种是开会调查，这是一种传统的调查方式。研究者既可以专门召集知情人开会，也可以利用其他会议，顺便了解情况；第二种是采访，采访也叫个别访问，这是一种向个别人了解情况的调查方式；第三种是问卷，这是一种书面调查的方式，即以一定的卷面形式，提出若干问题，让调查对象填写回答。

（4）利用图书情报机构。利用图书情报机构，是获取文献资料的基本途径。而文献资料是科学研究资料的一个重要的门类，进行科学研究是离不开这类资料的。

为能有效地利用图书情报机构，提高文献检索的效率，论文作者必须做到：

① 要熟悉图书分类法。图书分类就是根据图书内容的学科性质或其他特征，划分图书类型，并把它们系统地组织起来，给予必要的揭示。目前，国内各图书馆的图书分类所依照的规则主要有《中国人民大学图书馆图书分类法》、《中小型图书馆图书分类表草案》、《中国科学院图书馆图书分类法》、《武汉大学图书馆图书分类法》和《中国图书资料分类法》、《中国图书馆图书分类法》等几种分类法。

比较正规的图书馆，除了使用分类目录，一般还同时使用书名目录、著者目录和主题目录。这几种目录分别有自己的特点和用途，适用于不同的场合，指示着不同的检索途径。比如，如果只知文献名，不知文献所属类别和著者姓名，就要查书名目录；如果只知著者姓名，而不知确切的书名及其所属类别，就要查著者目录，确定了研究方向或研究课题，通过分类目录，能够全面、系统地掌握有关资料，不仅可以得到已知的资料，还可以找到未知的资料；如果既不知道所需文献的归类，又不知道书名和著者，只是要查找关于某个专题的资料时，就要查主题目录；总而言之，这几种不同的目录形成了一个图书检索网络，分别从不同的角度为读者提供着资料线索。

② 要善于使用检索工具。检索工具主要有目录、索引和文摘等几种。

目录是一种标示图书或其他出版物外表特征的系统化的检索工具，比如，用以查考古籍的书目《四库全书总目》，用以查考现代图书的国家书目《全国总书目》和《全国新书目》、专门介绍各类期刊和报纸的目录《全国中文期刊联合目录》、专门报道外文图书的《外文图书总目录》等等，都是人们经常使用的目录。

索引又称引得或通检，这是一种揭示文献外表特征或内容特征的检索工具。索引的种类很多，人们经常使用的索引有三种，即有关古籍的索引、报刊综合索引和专题性索引。

文摘即文献内容的摘要，是一种不但揭示文献的外表特征，而且揭示文献的主要内容的检索工具。

③ 要选用合理的检索方法。检索文献资料的方法主要有三种：

一是追溯法。这是以已掌握的文献资料后面所附的文献目录为线索，追溯查找其他文献的检索方法。在缺少检索工具或检索工具不够齐全的情况下，可以使用这种检索方法。但每种文献所附的参考文献毕竟是有限的，因此仅使用这种方法查找资料，漏检的可能性较大。

二是常用法。这是一种利用工具书查找文献资料的检索方法。如果在搜集资料时能够找到必要的检索工具，就应采用常用法，以便迅速、准确地找到比较齐全的文献资料。

常用法还有顺查法、倒查法和抽查法之分。顺查法是利用检索工具，由远及近地查找文献资料的方法，即从研究课题产生的超始年代查起，按照时间的先后顺序，逐年查找。采用这种检索方法，既能防止漏检资料，又能摸清问题的来龙去脉。不过，如果问题产生的时间过久，研究历史过长，则工作量极大，要花费很多时间和精力才能完成这项工作；倒查法是利用检索工具，由近及远地查找文献资料的方法，即从近期的文献查起，逐年向前推移查找所需文献资料。后期的文献资料能够反映课题研究的最新水平，而且常常包含着前期文献资料的内容，能够集中体现已有的研究成果，所以，采用倒查法查找资料，有利于节省时间，提高效率。但同顺查法相比，采用这种检索方法，漏检的可能性要大一些；抽查法是在全面了解本学科或某个课题的发展状况的基础上，选定其中学术研究最为繁荣，文献发表得最为集中的重要年代，进行重点检索的方法。采用这种检索方法的好处是可在较短的时间内，得到较为丰富的资料，前提则是必须准确地把握学科发展或课程研究的情况，以便正确地确定重点时期。

三是循环法。循环法也叫混合法，这是一种把追溯法和常用法结合起来使用，循环查找文献资料的检索方法。使用这种方法的一般顺序是，先利用检索工具，也就是通过常用法，找到一些文献资料，再利用这些文献资料所附的参考文献目录追溯查找资料。如果已有了基本的检索工具，又占有了一定数量的资料，就可以采用循环法查找资料了。

3. 资料的记录

记录科学研究资料的方式很多，其中，笔记是最基本的记录手段，它具有其他记录方式所不具备的灵活性和实用性，为此，这里谈资料的记录和整理，主要就是谈笔记的使用。

（1）笔记的种类。阅读文献资料，需要记录的内容很多，对于不同的内容，人们常常采用不同的方式加以处理，这样，按照记录内容和记录方式的不同，就可以将笔记划分为不同的种类，常用的有以下五类：

一是摘录笔记。在阅读资料时，遇到重要的段落和关键的语句，如文献的论点和结论，以及其他具有重要参考价值或可以直接引证的材料，应如实摘记下来。

二是提要笔记。读完文献之后，对文献的基本状况、主要内容作全面的概括，把它写成一个简短的纲要，就形成了提要笔记。

三是提纲笔记。在阅读书籍或篇幅较长的论文时，对全文的总的观点、每个部分或每个层次的观点，以及说明观点的主要材料，加以高度概括，并把它们依次排列出来，写成一个能够反映读物的基本结构框架的大纲，即是提纲笔记。

四是心得笔记。这是一种专门记录自己在阅读中所产生的体会、收获或对读物的批评、质疑意见的笔记。

五是索引笔记。在查阅资料时，遇到与自己的专业研究方向有关，估计以后有可能用到，但暂时又觉得没有条件或者没有必要仔细阅读的文献或者其中的某些章节，为了今后查阅的方便，可把书名或篇名、作者、出版单位或出处、出版时间等记录下来，还可对其内容作一个极其简要的介绍，这种笔记就是索引笔记。

（2）笔记的形式。记录和处理资料，可使用不同形式的笔记。究竟在什么场合使用哪种形式的笔记，应该根据资料内容的特点和科学研究的需要来确定，同时也要考虑个人的习惯。笔记的形式主要有以下三种：

一是在文献上作记号、写眉批。在文献上作记号是指在阅读过程中，随时发现有特殊意义的地方，就随时在上面标上醒目的符号，如各种线段、三角号、加重号、小方框等等；在文献上写眉批是指在阅读的进行中，以简洁明了的语言，把对所读内容的归纳或自己的心得体会，写在书页的空白处。

二是成册的笔记本。由于它具有容量大、易管理的特点，在平时积累资料，特别是在记录系统性较强、文字较多的文献内容时，人们常常会使用它。使用成册笔记本要特别注意资料的分类，要尽量避免把各种资料混记在一起，或者说，每本笔记的内容应有相对的单一性。

三是卡片和活页纸。在所有的记录工具中，可以说，卡片和活页纸最为方便灵活，而也最适用于科学研究资料的记录和处理。

卡片具有其他记录工具所无法替代的功用。比如，研究一个尚有争议的问题，可以把人们对这个问题的不同看法全部摘记在卡片上，然后把它们排列在一起，进行比较研究，从而发现问题，受到启发，提出新的看法。有时，对一件事不同的文献可能有不同的记载，这就需要把各种记载文字分别写在卡片上，进行对比、分析、核实，以便判明真假、辨明是非。另外，准备把哪些资料写入论文的哪个部分，也可以通过卡片的分类或归类反映出来。从原则上说，凡是准备写入论文的资料都应先摘记在卡片上，不仅文献资料应该如此，就是其他类型的资料，比如从观察、调查、实验中得到的资料也应如此，这样使用起来是非常方便的。

卡片虽有种种长处，但也并非可以完全取代其他记录工具，也就是说只用卡片也会有种种不便之处。比如在查阅长篇论文或书籍时，仅仅使用卡片，就会发现有些资料是无法得到妥善处理的。把卡片和活页纸配合起来使用，即用卡片记录观点、概念和其他一些重要的材料，用活页纸写出文献的提纲，记下它的逻辑构成，就可以既掌握文献的观点和材料，又明确它的整个逻辑构成体系，使资料的全部内容得到妥善的处理。把卡片和活页纸配合起来使用，可以使这两种工具的优势都得到发挥，是比较科学的作法。

4. 思维方法的运用

（1）要掌握科学的逻辑思维方法。进行科学研究是离不开理论思维也即语词——逻辑思维的，而理论思维又有形而上学思维和辩证思维之分。从本质上说，只有同形而上学思维相对的辩证思维才是唯一正确、科学的思维方法。辩证思维的方法主要有归纳和演绎、分析和综合、抽象和具体、逻辑和历史等几种。

① 归纳和演绎。归纳是通过个别认识一般，从个别事实走向一般结论、概念的思维方法。在科学研究中，从大量的代表着个别情况的资料出发，得出一个一般性科学原理，主要就是归纳的方法在起作用。演绎则是一种通过一般认识个别，从一般原理、概念走向个别结论的思维方法。在科学研究中，演绎方法有着非常重要的作用，从搜集资料，到整理、研究资料，以至提出结论、验证结论，始终离不开演绎方法。科学研究不仅要以充分的资料为前提，还要以正确的理论作指导，如果只强调归纳，而忽视了演绎，就会导致经验主义。

归纳和演绎是两种相互依存的思维方法，归纳是演绎的基础，没有归纳方法，演绎方法所依据的一般原则也就无从产生。同时，归纳也离不开演绎，必须以演绎为前导。

② 分析和综合。分析是把整体分解为一个一个部分，分别对每一个部分进行认识的方法。综合是在充分认识事物的各个部分的基础上，把对事物的各个部分的认识有机地结合成一个整体认识的方法。综合在分析的基础上进行，分析为综合服务，又要以综合为归结点。

在认识过程中，分析和综合互为前提、互为条件，分别在不同的认识阶段，发挥着不同的作用。在获取新的科学认识，形成新的科学理论的活动中，分析和综合是不可缺少的思维方法。

③ 抽象和具体。抽象和具体是同分析和综合相联系着的思维方法。人的思维过程发展的一般规律是先由具体到抽象，再由抽象到具体，只是后一个具体是更高层次的理性的具体。在认识活动开始时，客观事物的总体面貌呈现在人的眼前，人对客观事物的认识是感性的具体的认识。通过分析方法的运用，思维进入了抽象阶段，认识了事物的某一方面的质的规定性，感性认识上升为理性认识。接着，再运用综合的方法，把事物的各个方面的本质特征按其固有的联系结合起来，形成对事物的整体认识，这个整体认识不是感性认识，而是能够全面反映事物的本质特征的理性的具体的认识。在认识从具体到抽象，再从抽象到具体的过程中，始终离不开分析和综合的思维方法。

科学认识必须经历从具体到抽象，再由抽象到具体这样两个阶段，作为科学认识成果的具体应该是第二个具体。

④ 逻辑和历史。历史的方法是指对事物发展的自然进程进行客观描述的方法，同历史的方法相对而言的逻辑的方法，则是以理论的形态概括地反映历史过程的思维方法。采用历史的方法，能够完整地再现客观事物的真实面貌，采用逻辑方法能够摆脱社会历史过程中的偶然现象和历史现象中的细节问题的干扰，取得对客观世界的规律性认识。

上面所介绍的各种辩证思维的方法，是相互联系着的整体，每一种方法都不是万能的，都要以其他方法的运用为前提，或为补充。把这些方法综合起来，加以合理地运用，才能达到辩证思维的目的。

（2）要善于进行创造性思维。科学研究是一项复杂的创造性活动，而人的创造活动的进行，是离不开创造性思维的。

思维的灵感状态是思维的最佳状态，灵感的出现，往往预示着创造性思维活动的成功、新的思维产品的产生。下面就围绕着灵感状态的出现，简单地介绍一下进行创造性思维的条件和方法。

① 要加大信息的存贮量。思维不能凭空进行，要以一定的信息内容为材料，创造性思维也不例外。新的思维产品的产生是各种信息在人的大脑中反复作用的结果，思维的灵感状态是人脑中的某些信息点的突发性联结，是信息所呈现的一种较佳结合态。人脑中适用信息的存贮量，直接关系到创造性思维的质量。一般来说，存入研究者大脑中的关联信息越多，信息间的相互作用、信息点联结的机会也就越多，有所发现、有所创造的概率也就越大。打个比方来说，这就如同在一个特定的空间内，如果只有两个球体，球和球之间相碰撞的机会就要少一些，如果放入几十个球体，球和球之间相碰撞的机会就要多一些，球体之间相碰撞的机会随着球体数量的增加而增加。可以说，加大信息的存贮量，是进行创造性思维的基础，是提高创造性思维效率的重要条件。

② 要加大信息间作用的势能和频率。信息点的联结需要纽带，信息间的作用要以信息的运动为前提，这就如同在一个特定的空间内放置了较多的球体，球和球之间虽然有了相碰撞的可能，但假如它们完全静止不动，则是无法发生碰撞的。要使信息相互作用，仅强调信息的数量是不够的，还必须使信息“动”起来，信息间相互作用就是在信息的运动中进行的。

具体地说，加速信息的运动，加大信息间作用的势能和频率，从积极的角度来看，主要应该着眼于以下环节的改善：

首先，进行创造性思维，要求研究者具有敏锐的感知力。发现问题，感知外界信息，是创造性思维活动的发端，也是引发灵感的契机。一个人的感知力强，感觉灵敏，才能迅速对外界信息的刺激作出反应，这是取得创造性思维成果的必要条件。

其次，进行创造性思维，还要求研究者能够集中精力，潜心思索问题。从心理学的角度来看，一个人长时间思考某个问题，就会在大脑皮层上形成相应的优势兴奋中心，这时再稍一受到外界信息的刺激，马上就能作出反应，实现思维的飞跃——产生灵感。甚至有时，自己觉得已不再思考这个问题了，而问题的答案却在无意中得到，在毫无准备的情况下灵感突至。实际上，无意识状态下的灵感也是以有意识的思考为前提的，长时间潜心思索一个问题，会使思维产生惯性，也就是说尽管大脑已不再有意识地思考这个问题，但在无意识或潜意识中对问题的思考不知不觉地延续下来。

最后，解决问题的愿望、动机、目的，对问题的兴趣以及研究者的情绪状态、性格特征等各种非智能因素，也会对思维的效率，从而对信息间相互作用的频率和势能产生影响，对这些因素也应多加注意。

从消极的方面来看，要提高创造性思维的效率，还必须注意下面几个问题：

一要努力克服思维的从众倾向。科学研究要从资料出发，思维是在已有的思想材料的基础上进行的，因而容易受到束缚；研究者主体又生活在具体的社会环境之中，各种社会观念、特定的文化氛围不能不对之发生影响。善于摆脱束缚，排除干扰，才有可能取得创造性思维的成果。

二要努力避免思维定势所造成的消极影响。前面说过，创造性思维的完成离不开对问题的潜心思索，而一个人由于长时间集中思考一个问题，又很容易在头脑中形成固定的思路，思维定向运动，心理活动表现出较强的惯性和明显的趋向性。当沿着一个固定的思路思考问题，屡遭失败，久无突破，以至山穷水尽时，就要考虑另辟蹊径，调整思路，变换思维的角度，谋求新的解决问题的途径。为了摆脱习惯思路的束缚，可以采取两种方法：一种方法是同他人讨论，或翻阅新的资料，以接受新的刺激，以新的信息启发自己的思想；另一种方法是暂且做做其他事情，把正在研究的问题搁置一段时间，以使原有的思路淡化，使思维跳出原来的圈子，走出“原地转”的境地。

三要努力消除妨碍创造性思维的非智能因素。不利于创造性思维进行的非智能因素很多，其中特别值得重视的是研究者自身性格特征中的一些不利方面，如胆怯、懒惰等等，可能对创造活动产生的妨碍。

科学研究活动的进行需要研究者具有较强的创造性思维能力，同时，研究者的创造思维能力又会在科学研究这类复杂的创造性活动中，得到锻炼和提高。对于一名青年学生来说，只要勤于努力，肯于钻研，就有可能在论文写作实践中获得同科学研究需要相适应的创造性思维能力。

（四）文章的执笔写作

一项写作活动要由许多方面的工作组成，而各方面的工作做得如何，最终都要借助于行文——执笔写作，以文章的形式反映出来。经济论文是描述学术成果的工具，学术成果的取得固然是写作之本，如何更好地把取得的学术成果反映出来，也同样是不可忽视的。如果再进一步说，论文写作中的行文决不仅仅是对写作形式的谋求，更不是对研究成果的机械反映，行文本身就是一个再创造的过程。在行文中，观点可能会得到加工、深化或修正，某些资料可能会被重新认识。总之，行文是使研究成果得以升华的重要途径。

论文的执笔写作是一项非常复杂的工作，要涉及一些具体的环节和步骤，下面所提到的就是其中几个比较重要的环节。要提高论文的质量，在文章的执笔写作阶段，主要就应该在这些环节的改善上多下功夫。

1. 材料的选取

在课题研究中，研究者通过各种渠道，得到了大量的资料。掌握足够的资料是展开课题研究的必备条件，是产生观点的基础。但从论文写作的实际情况来看，资料并不是搜集得越多越好；从文章的实际效果来看，资料也不是用得越多越好。资料的占有和使用，应遵循“厚积而薄发”、“博收而约取”的原则，在全部可用的有关资料中，选取最有用处的资料表达观点，构成文章。

人们通常把写入文章的资料称为材料，那么，写文章应该选用什么样的材料呢？这就涉及到材料的选取问题了。概括地说，选取材料要考虑两条原则：一是要有利于支撑观点，二是要有利于吸引读者。具体地说，选取材料的标准主要有以下四条：

（1）要选取确实的材料。确实的材料即真实准确的材料，是同客观实际相符合的材料。保证材料的确实性，是选取材料的首要标准。强调这一标准，首先是因为资料是产生观点的基础，只有从真实准确的资料出发，才能得出正确的结论；其次是因为材料是支撑观点的凭借，只有文章中使用真实准确的材料，才会使读者信服并接受文章的观点。

（2）要选取有力的材料。有力的材料是指具有说服力和表现力的材料，或者说，是必要的、典型的材料。必要的材料同观点有着密切的关系，因而是为观点的证明和表达所必需的材料。可有可无的材料，不是必要的材料，一般是应当放弃的材料。典型的材料是能够反映事物的本质及共性特征的材料，是有着较为丰富的内涵，因而可以充分说明问题的材料。

（3）要选取富有新意的材料。前面说过，具有独创性，是经济论文的一个重要的特征，而这一特征要通过文章的各构成要素体现出来。一篇高质量的论文，不仅应有新颖独特的观点，还应尽量使用能给读者以新鲜感的材料，而且，更进一步说，新的观点的提出往往要以新的材料的使用为基础。

广而言之，选用富有新意的材料，主要包括下面几种情况：一是把新的事实或新的思想成果用作材料；二是把早已存在，但并未被发现或未引起人们普遍注意的事物用作材料；三是从全新的角度使用人们已比较熟悉的材料，以使旧的材料产生新意。

（4）要选取易于理解的材料。材料是构成文章内容的基本要素之一，读者理解了材料，才能进而理解文章的观点。为便于读者阅读论文，在文章中应尽量避免使用难以为读者所理解的材料，即要尽量选用读者容易理解的材料。

选取易于理解的材料，必须注意两个问题：首先，要考虑读者的理解能力，要使所用材料同读者对象的理解能力相适应。其次，如果仅从材料本身的情况来看，则应多选用一些具体、翔实的材料。对于任何一位读者来说，具体的内容都比抽象的内容更易理解一些。

2. 结构的安排

为使观点和材料在一篇文章中得到有机的统一，必须设置一个能把观点和材料包括进去的逻辑框架，这个逻辑框架就是文章的结构。简单地说，结构即文章的内部构造，安排结构即谋篇布局，设定文章的总体格局。

安排全篇论文的结构，主要应做好两项工作。

（1）确定结构程序。所谓结构程序，是指构造文章的步骤，或者说是指文章本身的基本构成模式。实用型文章大都有着比较固定的结构形式，学术论文也不例外。从文体类型的角度来看，学术论文是议论文的一种，而在议论文写作中，作者的思路通常是循着提出问题、分析问题和解决问题的顺序展开的，这一思路外化为文章的结构，就形成了文章的序论、本论、结论三大部分，议论文的这种结构形式常被人们称为“三段论式”。“三段论式”是对所有议论文体的一般结构特点的总结，因而也同样适用于学术论文。

①序论。序论又称前言、引言、引论、绪论等等，这是一篇论文的开头部分。这一部分所写的内容通常包括：

提出问题。这几乎是所有的学术论文的序论部分都应具备的一项内容，序论部分的其他内容的表述也往往是围绕着问题的提出的。如《论混合所有制的经济合理性》的序论部分：

> 经过十多年的改革，我国的所有制结构发生了巨大的变化。大量非公有企业的出现，以及国有企业的股份化，使我国原来单一的公有制结构转变成了多种经济成分并存的“混合所有制结构”。
>
> 但是，这种混合所有制结构，是否只是向完全的私有制方向发展过程中的一种过渡？也就是说，混合所有制这种所有制形态，是否具有经济学意义上的合理性？要全面回答这个问题，只凭一篇论文的有限篇幅是困难的。本文试图从一个侧面，在理论所允许的最大范围内贴近“混合所有”这一我国所有制结构的特征，就上述问题提出自己的一些看法。

指明选题的背景、缘由、意义等。如论文《关于农村私营经济发展的理论分析》的序论部分，在提出问题的同时，还介绍了选题的现实背景和缘由：

> 私营经济的恢复和发展，是十年来所有制结构变革的重要内容。在三十年公有化以后，那些非常了解私有制“弊端”的人们在公有制经济土壤上重新办起了私营企业，显然具有不同于社会主义改造初期的社会意义。它的产生和发展，是历史性倒退，还是历史性进步？迫切需要从理论上作出回答。

明确观点，概括自己对问题的基本看法。例如《社会主义市场经济》一文的序论部分：

> 提出社会主义市场经济这一命题在理论上是否科学，在实践上有何意义，这是需要很好地研究的问题。我们认为，市场是商品经济高度发展的一个合乎逻辑的阶段，并不是资本主义的专利，它在我国必将发展起来。改革完成后所形成的我国新经济体制，只有实行市场经济和计划经济相结合，才能促进现代化建设取得彻底胜利。

阐释基本概念。文章的基本概念是指构成研究课题和论文的基本观点的核心概念。为保证论题及论点的确定性、一致性，在序论部分可对基本概念的涵义加以阐释。例如《论银行的控制与被控制——兼议中国的银行体制改革》的序论部分：

> 银行被称为金融中介人。它大体上发挥四种基本职能：第一，提供资产负债管理方面的服务；第二，用其负债作为支付手段；第三，转化流动资产为非流动资产；第四，督察负债人的经济行为。普通的书籍多分析前三种职能，对第四种职能少有深论。本文在分析西方银行学和金融发展学的基础上研讨银行职能的特殊性问题，着重研究两个问题，即银行的控制与被控制问题。银行的控制指的是银行对经济系统的控制职能。银行在经济活动中控制非银行经济部门，特别是生产部门——企业。银行的被控制涉及到货币当局和政府对银行进行的各种管理。

除了以上各项内容，研究方法或论证方法的说明、研究范围的划定等等，也是学术论文的序论部分常写的内容。此外，论文的序论部分还可以写入其他一些内容，比如，如果是驳论式论文，则有必要在序论中简单评介对方的主要观点，这也可以被看作这类论文提出问题的一种方式；如果论文的篇幅较长，则可以在序论中对本论部分的内容作一个简要的介绍，或对论证结果加以揭示。

以上所例举的几项内容，在一篇论文的序论中一般不会全部涉及。论文作者可以根据自己的需要，有所选择、有所侧重地写好其中的某一项或某几项内容。

② 本论。本论是论文的主体部分，是对问题展开分析、对观点加以证明的部分，是全面、详尽、集中地表述研究成果的部分。

本论部分的篇幅长，容量大，一般不会只由一个层次或一个段落构成。不同的层次或段落之间发生着密切的结构关系，按照层次或段落之间的结构关系的不同，可以把本论部分的结构形式分为并列式、递进式和混合式三种。

并列式结构又称横式结构，是指各个小的论点相提并论，各个层次平行排列，分别从不同的角度、不同的侧面对问题加以论述，使文章内容呈现出一种齐头并进式的格局。

递进式结构又称纵式结构，或直线式结构，是指由浅入深，一层深于一层地表述内容的结构方式。各层次的内容步步深入，后一个层次的内容是对前一个层次的内容的发展，后一个论点是对前一个论点的深化。

所谓的混合式结构是把并列式同递进式混合在一起使用的结构形式。与其内容的复杂性相适应，经济论文的结构形式极少是单一的。有的文章的各大层次之间具有并列关系，而各大层次内部的段落之间却具有递进关系，或者在彼此之间具有递进关系的大的层次的内部，包含着具有并列关系的段落，并列中有递进，递进中有并列；也有的文章各大层次之间所具有的结构关系就不是单一的，并列关系与递进关系分别存在于文章不同的层次之间。

为使本论部分更有条理性，人们常在这一部分的各个层次之前加上一些外在的标志，这些用以区分层次的外在标志主要有序码、小标题、序码和小标题相结合及空行等几种。

③ 结论。结论是一篇论文的收束部分。经济论文的结论部分大致包括以下几项内容：

提出论证结果。在这一部分中，作者可对全篇文章所论证的问题及论证内容作一个归纳，提出自己对问题的总体性看法、总结性意见。例如《关于农村私营经济发展的理论分析》的结论部分：

> 上面我们从不同的侧面分析得出同样的结论，即当今中国农村发展私营经济是一种历史性进步。虽然私营经济的发展是对公有经济的一种叛逆，但它们处在两个不同的发展空间。到目前为止，那种全面否定公有制、企图以私有制替代公有制的观点似未找到令人信服的论据。随着公有经济自身实现形式的不断完善，与商品经济成功地实现对接，在公有制占主导地位的前提下，公有经济与私营经济同时并存、协调发展的互补应将得到充分发挥。

指明进一步研究的方向。在论文的结论部分，作者有时不仅概括论证结果，而且还指出在该项课题研究中所存在的不足，提出还有哪些方面的问题值得人们继续探讨，以为他人的科研选题提供一个线索。例如论文《论宏观比较投资效益》的最后一个部分：

> 宏观比较投资效益范畴的建立及其理论模型的构造，是固定资产投资的宏观经济效益研究的一次尝试，还有许多问题需要进一步探讨。第一，宏观比较投资效益的理论分析结构是以运筹学中的目标规划为基础的，这是通过采用目标规划来取代线性规划，达到由目标一维性分析向目标多维性分析的转变。本文已经根据目标规模的基本原理建立了宏观比较投资效益的初步理论模型，但是，如何把这种理论模型更加具体化，还有一些操作上的问题需要进一步研究解决。第二，宏观比较投资效益的理论分析结构建立以后，统计指标和考核方式都应当作相应的调整，但是，怎样进行这种调整，也是需要研究的问题。

以上是经济论文的结论部分常写的两项内容。此外，根据实际情况，还可以在这一部分写入其他一些内容，比如，如果研究成果具有较高的实用价值，作者还应写明对研究成果的推广与应用的期望，或就此提出具体的建议。如果研究成果是带有一定突破性的，或其意义及影响是不易为读者所了解的，则有必要在结论部分对研究成果的意义及其可能产生的影响，作一个实事求是的说明和估测。

序论、本论、结论三个部分前后相续、紧密衔接，是论文常见的结构程序。但也有的文章开篇便直接进入对问题的论证，结篇点题，揭示论旨，即只有本论、结论，而没有一个相对独立的序论部分；也有的论文在序论中便概括全文的内容要点，出示论证结果，或在本论部分边论述边总结，并不专门以结论的形式收束全文，文章只有序论、本论，而没有一个单独的结论部分。后面两种结构程序可被看作序论→本论→结论这种结构程序的演化或变体。在论文的撰写中，究竟采用哪种结构程序为好，要视写作的需要而定。

（2）拟定写作提纲。写作提纲是作者整理思路，并使思路定型化的凭借，是文章的逻辑关系视觉化的最好形式，它具有帮助思考、指导写作的作用。人们常把写作提纲比作文章的“设计图”，建造一座大厦，是离不开设计图的，撰写一篇论文，同样也是离不开写作提纲的。如果所写的文章较短，结构也极简单，那么只以打腹稿的方式安排结构，或许不会有什么不便之处。如果所写的是学术论文等篇幅较长，结构也较复杂的文章，光靠打腹稿就不解决问题了。可以说，编写写作提纲是论文起草前的准备工作中的不可缺少的一项，而且，其他几项工作的结果也应在写作提纲中得到落实和反映。

一份完整、正规的写作提纲，应由标题、观点句和内容纲要等几个项目构成。

① 标题。为论文拟制标题，一般可以着眼于两个方面，也就是说可以从两个角度去考虑，这样，论文的标题也就相应地形成了两种类型：

一种是揭示课题的标题。这类标题所反映的只是文章所要证明的问题，而不涉及作者对问题的看法。经济论文的标题以这类标题居多。这类标题只写问题，不另加其他词语，如《倒 U 曲线的“阶梯形”变异》、《分税制对农业投入的影响》、《近代资本主义精神与新教伦理的关系》；更为常见的是在标题的前后加上标明文种的词语，如《中国社会主义市场经济体制的实质问题探讨》、《现代市场经济中的银企关系分析》、《试论会计信息系统模式及其结构特征》，标题以“论……”、“……论”、“……探析”、“……分析”、“……研究”的形式出现，便于透视文种，会使读者对文章类型一目了然。

另一种论文标题是揭示论点的标题。这种直接反映作者对问题的看法，或者说标题就是对文章的内容要点的概括。在经济论文中，揭示论点的标题虽然不如揭示课题的标题的使用频率高，但也是一种比较常见的标题形式，如《股份合作制是优化农村经济系统的组织形式》、《理顺产权要正确处理好几个关系》。

② 观点句。观点句也叫论点句或主题句，简单地说，就是概括全篇文章的基本观点的语句。在提纲中写出文章的中心论点，有利于观点的进一步明确，并能有效地防止写跑题。

③ 内容纲要。内容纲要是一份写作提纲的主体部分。在这一部分中，要以分条分项的形式把论文正文部分的构成状况如实地反映出来。

内容纲要的写作形式通常为：

一、大的部分或大的层次的要点

（一）段的要点

……

1. 段内层次的意思

……

（1）材料

……

二、同上

三、同上

……

可以说，内容纲要就是一篇文章的结构关系图或逻辑框架，将要写入文章的所有观点和主要材料都要能在其中得到一个最为恰当的位置。内容纲要大都从大的项目写起，既先写出大的部分或大的层次的要点，然后是本部分或本层次内的中项目，最后是中项目中的各个小项目。而在依照内容纲要起草论文时，则要从小的项目写起，从一个部分的小项目再到下一个部分的小项目，渐次完成全文。

3. 段落的组织

文章是由一个一个的段落联缀而成的，段是文章最基本的构成单位。从某种意义上说，文章的撰写也就是段的组织和衔接，论文作者如果能把每一个段落都写得非常出色，把各个段落间的关系都处理得非常妥当，全篇文章的质量自然也就会得到提高。在论文的起草中，构段是一个很重要的问题。

（1）构段的要求。组织论文的段落，应当考虑以下要求

① 段意要明确。在论文中，一个段落应有一个主要意思，即段旨，在构段时，要把它清清楚楚地告诉读者。或者说，每段想要说明一个什么意思，最好要让读者一看便知，而不要含而不露，让读者自己去体会、去揣摩。

② 段意要统一。在论文中，一段应集中表达一个意思，而不要把与段旨无关的语句写入段中。人们常把只有一个中心，只包含一个中心意思的段落，叫作单义段。组织单义段，以不同的段落阐明不同的段旨，既便于作者安排文章的结构，也便于读者概括文章的内容。

当然，强调段意的统一，也并不是说论文就绝对不能有兼意段。兼意段是指包含着两个以上的段旨的段落。在某些情况下，兼意段的出现是无法避免的。比如，承上启下的过渡段，前半部分往往是上文内容的总结，下半部分则是下文内容的领起，所以必然是包含着两层意思的兼意段。有时，相邻的几个段落都极短，各自的内容也很简单，为了避免分段过于零碎，也可以把它们合在一起，构成一个兼意段。

③ 段意要完整。一个段落应把一个相对完整的意思表述清楚，否则，属于上一段的内容，却放到一下段去说，就会造成文章结构的混乱；在一个段落中该说的话没有说完，就会使读者难以充分理解段意。

段意怎样才算相对完整呢？在一个段落中，能围绕着一个段旨，采用必要而又充

分的材料展开论述，使段旨得到了有力的证明和清楚的表达，段意就算是完整的。

④ 段的长度要适中。段的长短适度，是提高文章的整体效果的一个条件。段落过长，容易使人在阅读时产生沉闷感、疲劳感，而且往往是把几个意思混到一起了；段落过短，则容易给人一种不断跳跃的感觉，使文章缺少沉实感，而且往往是把一个意思拆开写了。所以说，段落过长或过短，都不仅会给阅读带来不便，使表达效果受到影响，而且往往是同段意的杂乱或残缺联系在一起的。

论文的段的长短没有一个统一的标准，在实际写作中，要根据文章的长短、段的性质，特别是表意的需要来确定。就总体而言，由于学术论文的篇幅较长，每段又都有着非常充实的内容，所以，它的段落通常要长于其他文章的段落。在一篇论文当中，不同性质的段落，在长度上也常常是有区别的，比如，开头段、结尾段，大都是比较短的；本论部分的段落，也就是文章的中间段，则要长一些。在中间段中，过渡段等性质的段落也是宜短不宜长的。

段意明确、统一、完整，段的长度适中，是对论文构段的基本要求，完全符合这几项要求的段落就是规范段。

（2）构段的方法。为使论文的段落符合规范化要求，在构段时，必须注意以下几点：

① 要把段作为一个相对独立的文章单位来看待。撰写论文，不能只考虑如何在全篇文章中，把问题论述得全面、透彻，也要有段的观念，注意从段落的组织入手，把每段的意思都写清楚。一篇文章固然是整体，篇中的段落也应具有一定的独立性，在组织段落之前，要认真想好段的内容，而不能信笔由之或随兴所至地推着写，写到哪里，觉得差不多了，就结束这一段，再开始写下一段。如果对段没有一个正确的认识，不把段作为一个相对完整、独立的文章单位来看待，就不可能写出符合规范化要求的段落。

② 要善于疏通思路，以增强思维的条理性。论文的结构脉络是作者思路发展轨迹的体现，段的划分是思维步骤的外化形式，所以从根本上说，构段问题实际是思维问题，要把段落组织得规范，首先就应在思路的疏通、思维的条理化上多作努力。

思路是构段的内在依据，而客观事物的构成和发展规律又是思路展开的基础。论文作者既要有全局观念，能把事物作为整体去认识，以保持思维的连续性，又要善于把问题分成几个方面，从不同侧面去考虑，使思维具有合理的阶段性。

③ 要善于使用段中主句。段中主句是概括段落的中心意思的语句。段中主句便于读者阅读的作用暂且不说，对于作者构段来说，段中主句也有很大作用。有了段中主句，一段就有了一个非常明确的中心，作者可以围绕着它，一句一句地写下去，始终保持段意的统一，避免把与段旨无关的语句写入段中。

在一个段落中，段中主句并无十分固定的位置。比较常见的情况是段中主句就是段中领句，在段的开头便表明段旨。例如：

从目前情况看，企业“受制于银行”主要表现在以下几个方面：

1. 企业正常的资金需求往往受制于银行的“规模”。在目前专业银行“三级管理，一级经营”体制下，一般仅由县支行（办事处）直接与企业发生信贷业务往来，总行、省分行、地（市）行只负责管理信贷规模的分配和信贷资金的调拨。这样，企业的生产经营状况和资金使用状况往往都由开户的基层行具体掌握。一旦企业的资金需求超过了开户行的贷款规模，基层行只有层层上报，通过上级行在更大的范围内调剂。但这一上报过程必然同企业资金需求的“时机”发生矛盾，因为即使规模批下来了，也许市场需求已发生变化，原有的产品开发计划已经过时了，从而增加了企业融资的“机会成本”。其次，企业通过向专业银行贴现融资也受到“规模”的限制。按现行规定，“贴现放款”规模不仅包括在专业银行贷款总规模之内，而且不允许与其贷款规模相互调剂，须经人民银行专项下达后方可买入，还不允许在异地区、异系统之间进行票据贴现。这一切也自然限制了企业的融资活动。另外，由于目前国内银团贷款还没有真正搞起来，企业的资金需求往往还受现有“单一”银行资金规模的制约。改革开放已使大批企业获得了进出口经营权，也使跨地区、跨部门的各类横向经济联合及企业集团发展起来。这一切使原有的资金需求格局发生变化，其特点是资金需求量迅速增大，且除本币外往往还需要外币的配合。因此，单靠某一银行的资金实力（数量和币种）已无法满足这类资金需求。

2. 在历次金融紧缩过程中，“一刀切”式的紧缩方式往往使“刀”真正落在高效企业的身上。……

3. 银行结算渠道不畅通，也在一定程度上影响了企业资金的营运。……

以上几个段落的第一句话分别是各自段落的段中主句，是对段的中心意思的概括。段中主句在段首，以领句的形式出现，突出醒目，既易于引起读者的注意，又有利于下文的展开和全段内容的统一，所以，段中主句应尽可能写在段首。但也有一些段落，如归纳段、叙述段等等，是无法把段中主句置于段首的。

段中主句在段尾，以结句的形式出现，也是很常见的。在一个段落中，段尾同样是比较重要的位置，把段中主句放在这里，既能有力地收束全段的内容，又能加深读者对段意的印象。

如果一个段落字数较多，内容又非常丰富，作者可以采取把段中主句分置于段首和段尾的方式构段，即段中主句先在段首出现，领起下文，又在段尾出现，收束上文，前后照应，使段意得到强调，使结构更加谨严。

还有的段中主句是对段内上下两层意思的概括，只能在段的中间部分，以腰句的形式出现。段中主句在这个位置上，不够引人注目，不便于突现段旨，所以用得不多。

4. 论证的展开

人们在写作中常用的表达方式有叙述、描写、说明、议论等几种。经济论文是议论文的一种，当然要以议论为最主要的表达方式。

论题、论点、论据、论证是议论的几大要素。在学术论文中，论题是作者所要解决和证明的问题，论点即作者对问题的看法，论据是支持论点的事实和理论根据，论证则是作者运用论据证明论点，从而把论点与论据结合起来的过程和方法。从本质上说，论证首先是一个逻辑推理过程，正确地运用各种逻辑推理形式，是使论证过程严密，论文具有足够的逻辑力量的重要条件。

把论点和论据结合起来，还需要使用一些具体的论证方法，常用的论证方法主要有：

（1）举例法。举例法是以事实为论据，以典型事例证明观点的一种论证方法。

（2）归纳法、演绎法与类比法。从文章整体来看，完整的论证过程也就是归纳推理、演绎推理或类比推理的过程；从文章局部来看，在各个论证环节中，作者还可以采用归纳法、演绎法及类比法对某个小的观点加以阐述。归纳法、演绎法及类比法在论文写作中有着广泛的用途。

（3）反证法。反证法是从反面间接地证明论点的方法，即在论证中，先不从正面直接证明某个论点的正确，而是先假设如不采用这种看法所可能产生的消极结果，与之相矛盾的看法的错误，也就从反面证明了另一种看法的正确。反证法也被称为排他法，排除了其他观点，保留的就是正确的观点。

（4）对比法。对比法是通过两种相反情况的比较，辨明是非，得出结论的论证方法。运用对比法，既可以将不同的事物作比较，也可以把同一事物的不同侧面或它在不同时期的状况作比较。

（5）因果法。因果法又称分析法，这是一种通过对论点和论据间的事理因果关系的分析，证明论点正确的论证方法。运用因果法，既可以用原因作论据证明结果，也可以用结果作论据证明原因，正因为如此，人们还常把这种论证方法称为因素互证法。

（6）引用法。引用法是一种引用理论论据，或者说以他人的言论作论据，对自己的观点加以证明的论证方法。

使用引用法，会涉及到引文的问题。引文的种类很多，而且，从不同的角度，可以对其进行不同的分类，比如，从引文本身的状况来看有直引和意引，直引即直接引用文献原文，完全照录他人言论的引文形式。直引还分全引和节引两种形式。意引则是不直接引用原文，而是在对原文加工、改写的基础上，引用其基本意思的引文形式。从引文在文章中的地位及其表达方式来看，有段中引文和提行引文。段中引文是指把引文写在段中；提起引文是指以提行的形式，把比较重要需给予特殊强调的引文写出来，使之自成一个部分。

在论文中使用引文，应遵循少而精的原则，此外，还要注意以下几点：首先，在一篇文章中，引文不宜过多。滥用引文，不仅会影响文章的创造性，还会使读者反感；其次，引文要忠实于原文献，真正反映原文献的精神实质；再次，要把引文同对引文的解说、诠释区分开来，要使读者一看便知，哪些内容是引文，哪些内容是论文作者所作的解释，而不是把两者混在一起；最后，还要注意揭示引文同其所要证明的观点之间的关系。只把引文罗列在观点的后面，而不加任何分析、说明，是无法达到论证目的的。

（7）归谬法。归谬法是专门用于驳斥他人观点的一种论证方法。其要领是先不直接指出某一观点的错误，而是先假定它是正确的，然后以此为前提，进行推理，得出一个明显荒谬的结论，再用结论的荒谬来反证作为推理前提的观点的错误。

上面所列举的几种论证方法是较为常用的论证方法。学术问题一般比较复杂，对一个学术观点的证明也是具有一定的复杂性的，一篇学术论文的完成，通常需要通过各种论证方法的综合使用，形成一个缜密的论证过程。

（五）论文的最后完成

论文的初稿完成之后，经过反复修改，如果认为文章已达到了比较令人满意的程度，就可以考虑定稿、誊清，使之以规范的形式呈现在读者的面前。

依照学术论文的直接写作目的的不同，可将其分为用于发表的交流论文和用于评审的毕业论文（含学位论文）两类。一般来说，毕业论文的构成项目要比交流论文复杂一些，规范化程度也要更高一些。根据中国人民共和国国家标准《科学技术报告、学位论文和学术论文的编写格式》的规定，一篇完整、规范的毕业论文通常要由以下项目构成：

1. 封面

封面既可以提供有关信息，又可以起到保护作用。

封面所登载的内容主要有：

（1）分类号

（2）本单位编号

（3）密级

一般标注在封面的右上角，如果论文可公开发表，没有保密要求，就不需要标注密级。

（4）标题

经过认真推敲，最终正式确定下来的论文标题必须符合以下要求：

一是确切。标题要切合文章内容，要能十分准确、简明地反映文章内容。题文一致，题文相副，是标题确切的主要涵义。

二是具体。标题要能恰如其分地表明论文的主要内容，而不能过于笼统、空泛，令人不知所云。

三是醒目。标题要力求引人注目，要能吸引读者，并能使读者看过之后，留下比较深刻的印象。醒目的论文标题，必须具备简洁、直白两大特点。

标题要用大字号标于显著位置。

（5）责任者

包括论文作者、指导教师、答辩委员会主席、评阅人及学位授予单位。个人责任者的职务、职称、所在单位名称及其地址，应当一并注明；责任者如为单位或集体，应当写明全称和地址。

（6）申请学位级别

学位主要分学士、硕士、博士三级，作者所申请的是哪一级学位，要标注清楚。

（7）专业名称

是指论文作者主修专业的名称。

（8）工作完成日期

主要包括论文提交日期、答辩日期和学位授予日期。

（9）印装日期

2. 衬页

3. 摘要

完成论文正文之后，要在认真阅读每一个部分的基础上，写出论文的内容摘要。摘要列在正文之前，但却写在正文完成之后。

摘要是论文的内容“不加注释和评论的简短陈述”。写摘要必须注意这样几个问题：首先，摘要应具有客观性。摘要是对论文内容的客观反映，要避免主观评价，避免使用诸如“本文论述了……，对……有重要意义”之类的词句；其次，摘要应有独立性和自含性。从某种意义上说，摘要应为一篇相对完整的短文，读者即便不读论文全文，也能通过摘要对论文内容有大致的了解，能够获取必要的信息。最后，摘要应具有简洁性。摘要应是对论文内容的高度概括，不宜写得过长。“中文摘要一般不宜超过 200 ~ 300 字；外文摘要不宜超过 250 个实词。”

4. 关键词

关键词是从论文中选取出来用以标示论文主要内容的名词性术语。

一篇论文应有 3 ~ 8 个关键词，以显著的字符另起一行，排在摘要的左下方。

5. 目录

论文目录是论文中的各级小标题的依次排列，由各级小标题的序号、小标题和小标题所在页的页码组成。为长篇论文编写目录，便于读者从整体上把握文章的逻辑体系，也为读者选读论文的有关部分提供了方便。

由于毕业论文篇幅较长，所以一般要设目录一项。

6. 正文

毕业论文的内容和结构要比交流论文复杂，为使文章的脉络更为清晰，毕业论文的主体部分大都有章节之分，而且要尽可能加上小标题，标示各个部分的内容要点。

7. 致谢

不是毕业论文的必备项目。

8. 注释

有些内容需要在论文正文之外加以说明，这就涉及到论文中的注释问题了。注释是文章的有机组成部分之一，而不是文章之外的项目。

按其功用的不同，可将论文中的注释分为两大类：

（1）补充内容的注释

对一些读者不易把握的概念、不易领会的材料以及其他不便在正文中展开论述，但又有必要告诉读者的内容，要在注释中说明。这样，既不影响正文内容的简明、流畅，又便于读者深入理解文章内容，获取更多的学术信息。

（2）注明资料出处的注释

论文引用文献资料，必须注明其来源，这一方面是对他人劳动成果的尊重，另一方面也会增加材料的可信度和说服力，证明作者具有实事求是、认真严肃的工作态度。注明资料出处的注释，是论文中最常见的一类注释。

学术论文引用的文献资料的主要来源为专著、论文集、期刊和报纸等，其注释格式同后面将要介绍的参考文献目录相同。

按其形式的不同，可以把学术论文中的注释分为四种：

（1）夹注

夹注又称段中注，即在正文需要注释的地方写明注释内容，并加上括号，以示同正文的区别。如果注释文字较少，采用这种方式比较方便；如果注释文字较多，使用夹注则会影响正文的连贯、顺畅，使文章显得支离破碎。

（2）脚注

脚注又称附注，即把注释内容写在被注释项所在页的下端。采用这种注释形式，非常便于读者在阅读中两相对照，有利于保持阅读的连续性。

（3）章节注

章节注是把注释内容写在被注释项所在章节之后的注释形式，这种注释形式多用于篇幅较长、有章节之分的毕业论文或称学位论文。

（4）尾注

尾注又称篇后注，即在论文正文之后集中加写注释，这种加注方式在论文写作中最为常见。

无论采用哪种形式加注，都需要先在正文中的被注释项的右上方加上序码或记号，再在注释内容的前面加上相同的序码或记号。

毕业论文的注释一般采用章节注或尾注的形式。

9. 参考文献目录

参考文献目录是评定论文作者的研究状况及钻研程度的一个重要依据，毕业论文所列的参考文献的数目要多于交流论文。

科学研究通常是在已有研究成果的基础上进行的，学术论文是在参考其他文献的基础上完成的。有些资料在论文中被直接引用或提及，其作用和意义自不待言；有些资料虽然未被直接引用或提及，但论文作者的观点确实是在阅读与研究这些资料的过程中产生的，其参考价值也是不可忽视的。凡是对研究成果的取得有所帮助的文献资料，都属于论文写作的参考文献。在论文的最后列出参考文献目录，既表示对他人劳动成果的尊重，又能加大文章的信息量，提高论文的学术价值，读者可以以此为线索，追溯查找资料，继续进行同一课题或相关课题的研究。有经验的读者，拿过一篇论文，除了看摘要及正文的开头部分、结尾部分之外，就是要看参考文献目录。通过参考文献目录，不仅能够了解文章内容形成的依据，甚至可以对论文的学术价值有一个大致的评估。

国家标准《文后参考文献著录规则》对不同类型的参考文献的著录项目和著录格式，均有明确的规定。

（1）专著

著录项目和格式：主要责任者（包括著者、专利申请者或专利所有者以及汇编本的编者等）．书名［文献类型标识］．其他责任者（如编者、译者、插图者、专利发明者、主持机构等）版本．出版地：出版者，出版年．文献数量．丛编项．附注项．文献标准编号。其中，主要责任者、书名、版本（第一版不著录，其他版本说明需著录）、出版项（出版地、出版者、出版年）为必备项目。例如：

沈家煊．不对称和标记论．南昌：江西教育出版社，1999.

（2）连续出版物

著录项目和格式：题名．主要责任者．版本．年．月，卷（期）~年．月，卷（期）．出版地：出版者，出版年．丛编项．附注项．文献标准编号。其中，题名、主要责任者、版本、出版项（出版地、出版者、出版年）为必备项目。例如：

中国社会科学．中国社会科学院．1980，1（1）~．北京：中国社会科学编辑部．1986~.

（3）专著中析出的文献

著录项目和格式：析出责任者．析出题名．析出其他责任者．见：原文献责任者．原文献题名．版本．出版地：出版者，出版年．在原文献中的位置。除“析出其他责任者”一项，其他项目均为必备项目。例如：

张黎，于康．汉语指称性成分的等级分类及其对判断的影响．见：中国语文杂志社编．语法研究和探索（十）．北京：商务印书馆，2000. 287~299.

（4）连续出版物中析出的文献

著录项目和格式：析出责任者．析出题名．析出其他责任者．原文献题名，版本．在原文献中的位置。除“析出其他责任者”一项，其他项目均为必备项目。例如：

崔智友．中国村民自治的法学思考．中国社会科学，2001（3）：129～140.

参考文献应按一定的顺序排列，常见的排序方法主要有下述几种：

（1）按照用作参考的前后顺序排列文献

有些文献是在论文的某一处被引用或只在论文某一部分的写作中起到参考作用，这样就可以按照使用顺序把文献排列起来。这种排列方法非常适用于论文正文中引用过的参考文献的排列，也比较适用于有章、节之分的专著中的参考文献的排列，而用于论文中未被引用的参考文献的排列，则有些勉强，因为论文的内容比较集中，整体感强，大部分参考文献都是对全篇文章起作用的，或者说与全篇文章有关。

（2）按照"著者－出版年"的前后顺序排列文献

先将参考文献按文种集中，然后再按著者字顺和出版年排列文献。中文文献可以按笔画、笔顺排列，也可以按汉语拼音字顺排列。引用同一著者在同一年出版的多篇文献时，出版年后应用小写字母 a、b、c……区别。

（3）按照重要程度的前后顺序排列文献

这里所说的重要程度，是就文献在本篇论文写作中所起作用的大小而言的，而不是指参考文献本身的价值。

从论文写作实际情况来看，目前第二种排序方法用得最为普遍。

10. 附录

不便于放入论文正文但又需要读者了解的各种资料性内容，都可以放到附录中。附录不是毕业论文的必备项目。

以上项目在比较正规的学位论文特别是硕士论文、博士论文中通常都要具备，目前本科生的毕业论文有些项目可以从简。标题、署名、摘要、关键词、正文、注释及参考文献是必备项目。

第二章　学术情报

一、概　述

（一）学术情报的涵义和作用

学术情报又称科技情报，是在对学术文献或学术活动的内容进行概括、综合或分析、加工的基础上，抽取其精华，并集中将其提供给读者的一类学术文体。

概括地说，快速、高效地传递学术信息是学术情报的基本功用。信息含量大，知识浓缩性强，可以使读者在较短的时间内获取较多的信息，是学术情报的主要特点。

人类知识具有传承性特点，任何科学研究都离不开了前人已有的成果与经验，都应当是对已有的知识积累的推进和发展。同时，科学研究又是一项互动性极强的活动，研究者之间的相互交流、相互借鉴、相互协作是推动科学发展、促进学术繁荣的必要条件。没有继承和交流，科学的发展就会变得异常缓慢，甚至会停滞不前。同时，当今社会是一个知识快速更新的信息社会，同其他信息一样，学术信息也正以前所未有的速度增长着，完全按照传统的按步就班的检索和阅读方式接收并处理学术信息，已远远不能适应现代社会的需要。在这样一种背景下，人们对于以快速、高效地传递学术信息为基本功用的学术情报就有了更加广泛、迫切的需求，学术情报的写作也就有了更为重要的意义。

（二）学术情报的主要种类

学术情报的种类很多，而且不同种类的学术情报有着不同的特点和用途，比较常见的有属于二次文献的题录、简介、文摘、提要等和属于三次文献的综述、述评、评论和书评等。

所谓的二次文献和三次文献是相对于一次文献而言的。一次文献是全面、直接地反映作者所取得的学术研究成果的原始文献，前面谈过的学术论文以及研究报告、实验报告等等都是一次文献；二次文献是在一次文献的基础上编制而成的，简明扼要地揭示一次文献的内容或指示一次文献的线索的文献，它可由一次文献的作者编制，也可由其他人编制，文摘和提要属于典型的二次文献；三次文献是在选用一次文献的内容和利用二次文献的基础上编制而成的，对某种学术文献或某项学术研究加以介绍和分析的文献，三次文献的编写带有学术研究的性质，三次文献本身也可被视为学术成果，综述和述评就是典型的三次文献。

在各类学术情报中，“综述”是青年学生常会接触的一类文献。除了在标题中直接标明“综述”的文章之外，标题中标有“动态、概况、概述、讨论、动态、动向、述略、述要”等词语的学术文献，也大都属于综述。

综述是综合描述某项研究的具体情况的学术文献，它既是一种学术情报，同时也是一种研究文献，既能为研究者提供有关某项研究的资料，使他们用较少的时间获取较多的信息，又可以据此考察作者对某项研究了解的程度甚至其专业功底。为此，有的学校要求学生在开始撰写毕业论文之前，提交一篇相应的研究综述，以判定学生写前准备工作做得如何；也有的学校直接将综述同毕业论文等同看待，允许学生将高质量的综述作为毕业论文提交；另外，在毕业论文的撰写中，作者也常常需要通过综述了解已有成果，获取必要的资料。正因为综述的实用性较强，下面就着重介绍一下其写作要领。

二、综述的写作要领

顾名思义，综述是离不开“综合”和“描述”的，因此可以说，综述最为突出的特点有两个：一是综合性。综述要在归纳与整理的基础上，对描述对象的全貌作出全面、系统的反映；二是描述性。综述应是对某项研究情况的客观反映，作者不能加以评论或提出建议。当然，在对材料进行归纳与整理的过程中，作者所持的看法和所采用的方法是要起作用的，但这种作用应以不影响综述的客观性为前提。

按照综述所描述的对象的不同，可以把常用的综述分为三种：

（一）会议综述

各种学术会议是专业研究人员集中探讨学术问题，充分发表学术见解的重要场合，比较正规的学术会议一般都要编写会议综述。

按其性质和内容，可将学术会议分为两类：一类是综合性学术会议，如定期召开的年会、专业讨论会等。这类会议通常提供一个或几个主题，但不硬性规定研究范围，与会人员可以就本学科或本专业的各类问题展开研究，会议论文呈现出一种选题多样、涉猎广泛、内容分散的特点。为此类会议编写综述，应当先对会议所涉及的问题进行合理的分类；另一类是专题性学术会议，如“现代汉语配价语法”研讨会、“马克思主义劳动价值论与收入分配问题”研讨会等等。这类会议基本上是围绕着一个主题进行的，方向明确、内容统一。为此类会议编写综述，应当先按研究角度或学术观点的不同，对会议内容进行恰当的分类。总的来看，两类综述在写法上没有明显的区别。

会议综述的正文主要包括前言和主体两个部分。前言部分大都简要介绍会议概况，如会议的主办单位，会议召开的时间、地点，与会人员，重要议题等。有的还要简单地介绍一下会议召开的背景和意义。主体部分具体介绍会议内容，写明会议所讨论的问题及各种学术观点。为求简练，会议综述一般不加结语部分。

（二）讨论综述

讨论综述是综合描述某个时期某个课题的讨论情况的综述，如果说会议综述是对会议讨论情况的综述，讨论综述则是对文献讨论情况的综述。编写讨论综述，首先必须把一个时期人们就某个课题进行讨论的文献集中到一起，加以对比分析，明确各种观点及其分歧之所在，然后再对讨论内容加以归纳整理，并富有条理地把它们表述出来。

讨论综述的写法主要有三种：一是只简要介绍讨论中所形成的各种观点，而不涉及具体内容。这是一种高度概括的写法，信息价值不是很高；二是介绍讨论的问题并围绕问题介绍各种观点及主要论据。具体地说，是先把讨论中较受关注的问题列出，再在每个问题之下分别介绍各种不同的观点及论证观点的主要论据；三是按讨论引发和进展的顺序，写明各阶段争议的焦点并列举各种意见。通过这样的综述，读者能够了解整个讨论的来龙去脉。

（三）研究综述

研究综述是综合描述某个课题（或某个专业）的研究情况的综述。如从一个比较宽泛的角度来看，讨论综述所反映的也是有关某一课题的研究情况，因而也可以划归研究综述。如作细致划分，讨论综述与研究综述还是有区别的。讨论综述必须写明争议的焦点所在，并着重对比介绍不同的意见。而研究综述则要求写明课题研究所涉及的主要问题，综合介绍研究情况。有的研究形成交叉，互为补充或对立，有的则互不相干，互不关涉，研究的角度及内容完全不同。无论是哪一种情况，都应当写入研究综述。总的来说，讨论综述所反映的只是讨论情况，研究综述所反映的则是全部研究情况，研究综述比讨论综述所涉及的面要广。

由于研究综述要把某项课题研究的情况全面地反映出来，所以这种综述的写作难度还是比较大的。不全面地占有资料，不经过相当深入的分析研究，是难以写出高质量的研究综述的。编写研究综述，是一种扩充知识积累并提高资料处理能力的有效方式。

请看一篇例文：

农民工流动研究综述

谭　深

农村人大量外出到城市和发达地区经商务工，是近年社会科学研究的关注题目之一，经济学、人口学、社会学、政治学、城市地理等学科以及政府有关部门、外援项目工作者等从各自的角度，采用综合调查、个案研究和专题研究等方式对这一现象和人群展开了研究。

按照社会学的理解，农民工流动不仅仅是劳动力的流动、人口的流动，同时是一种社会流动，包含了地域流动、职业流动和阶层流动三个方面（李培林：1996）。从社会学角度，近年的研究大致包括：农民工流动行为的研究，比如外出的动因、流动方式、社会网络、组织化程度、家庭模式、主体意识失范等；农民工内部分化或分层状况，比如不同来源地、不同职业群体的研究；农民工群体与社会的关系，比如在社会分层中的位置、社会排斥和不平等、有关管理和社会政策；以及有关社区的研究等。本文的综述将以理论的发现为主。

研究范式和理论。有研究者指出，人口迁移的研究大致经历了三种范式：一是古典和新古典主义下的“均衡”范式。人口流动视作是由资源分布不均衡引起的（典型的如“推－拉”说），而其结果则使经济要素在各地域间形成新的平衡。二是结构－历史－功能主义的范式，认为人口流动跟一系列的传统、结构和历史因素有关，人的流动被视为是对特定结构的回应。第三种范式被称之为“主体－实践”（agent－practice）范式，它强调移民也是一个能动的社会主体和政治主体，每时每刻地都在以自己的“实践”来创造新的东西，而不是完全为“结构”所规定的行动者（项飚，1998a：127－128）。而黄平等的研究提出的吉登斯的结构化（structuration）理论则综合了社会学一向对立的整体论和个体论的视角，并以此尝试对农民的非农转移做出新的理论说明。认为就结构和主体的关系而言，如果没有结构性因素和条件提供的可能和制约，农民不可能实施外出，反之，如果没有农民外出的需求，无论什么样的制度安排也是没有意义的；就农民的行为而言，农民在外出和转移过程中总是不断反思自己的行动，改变自己的目标。因此，这些行动的后果，常常是未曾预料的，更不一定是“合乎理性的”（黄平主编，1997：3－8）。

对于国内的研究，有研究者总结认为，近年社会学有关农民工研究主要以两种分析框架为主：一是结构分析。将社会流动放在社会结构中探讨，它首先设定社会是以分层或地位的方式构成的，然后再将流动的概念放入其间来考察；二是社会网络分析，将个体的流动过程看成是其通过建立社会网络来实现的，它不强调个人在社会结构中所处的位置属性，而是强调个体在其社会关系网络中所处的相对优越位置（渠敬东，2001；翟学伟，2003）。

渠敬东进一步认为，研究预设和方法本身有可能会简化材料的丰富性和复杂性，甚至排除那些难以归类却恰恰最具有社会效果的现象；结构分析也不能等于社会研究的全部。因此，他提倡新经济社会学提出的网络分析范式，认为从社会网络的角度切入这一群体的互动关系及其结成的社会纽带，是一种更容易走进他们特殊生活的范式。从某种意义上说，农村外来人口本身，以及他们的社会网络乃至社区，都是社会网络及其运动的效果（渠敬东，2001）。项飚对浙江村的观察长达6年，其研究经验是，不是从任何社会学的概念出发，而是根据“主体－实践”（agent－practice）的范式，强调行动者的作用，从观察到的事实中提炼概念，然后与既有理论对话。在对浙江村形成过程的详尽描述中，他不断地对社会学和人类学相应的理论或基本的概念进行剖析、批评，并提出自己的理解。比如“社区”的概念，浙江村无论如何也套不进已有的“社区”概念中，很多的故事发生在浙江村，但“故事的源头及后果却往往在社区之外”；还有社区成员认为的“大人物”与外来研究者所赋予的“精英”的差别；关于大人物和小人物之间的几种理解：阶层模式、再分配和中心模式及“层叠”模式等，都与浙江村的不同；又如迁移研究中的“嵌入”（embeddedness）模式，提出不是经济行为“嵌入”在社会关系中，而是人们依靠社会关系在“展开”自己的经济行为等（项飚，2000）。

流动的社会网络（略）

外来人口社区（略）

流动的驱动力（略）

农民工的分化（略）

流动与性别（略）

户籍制度与城市化。农业部农村经济研究中心课题组对安徽和四川农村劳动力的外出和回流情况做的专项调查显示：外出和曾经外出的劳动力超过农村劳动力的二成（22.0%），而已经回流的只是其中的不到1/3。不仅如此，回流者中有一半以上可能再外出，未曾外出者中也有近1/4打算外出（白南生等，2002）。李路路等对三城市的外来人口调查也显示，大约50%的农村“流动人口”表示想定居在目前的居住地，除非受到强迫，多数都不打算再回到农村。而只有不到10%的人愿意返回农村的家乡（李路路，2002）。持续增长的人口流动潮流，对已有的城市化政策和它的瓶颈——户籍制度形成了越来越强烈的挑战。

李强认为，与发达国家城市化演进过程比较，中国目前的城市化面临着三个困境：其一是没有一个渐进过程，现在需要在短期内解决长期积蓄的问题，会带来新的发展不平衡；其二，地区之间差异性大，发达地区已经进入了城市化的第二阶段，而欠发达地区还处在第一阶段，政策上难以统一；其三，中国人口压力大，城市化不仅面临着基础设施的建设，还意味着数亿人改变生活方式的艰巨努力。因此，在城市化战略上，他认为应当多种模式并存。

从社会分层的角度他认为，户籍制度是一种“社会屏蔽”（social closure）制度，核心是为人与人之间，以及人与资源之间的关系建立起秩序。而改革20多年来，产权、文凭、技术证书等制度已经逐渐取代户籍制度的维持秩序的功能，而新的制度体系比起户籍制度，是一种根据后天活动确立地位的制度，因而也更加公平（李强，2002a）。

目前，中国的户籍制度和一系列针对进城农民工的社会保障制度的改革正在进行，城市化进程正在加速。主要的思路是小城镇发展战略和精英移民政策。1997年公安部开始382个小城镇户籍制度改革试点，2001年底全面推进，以具有合法固定住所、稳定职业或生活来源为基本落户条件。2002年3月召开的全国人民代表大会上，人大代表提交了《尽快将公民“迁徙自由权”纳入宪法修正案》的议案。这标志着人口和劳动力流动的制度变革已经接近这一制度的核心部分——户籍制度了。

以上简述了近年有关农民工流动研究的理论部分。但还有一些议题未能展开，比如农民工外出对农村发展的影响，流动经历对农民现代性的影响，农民工子女受教育问题，流动人口的犯罪问题，以及对流动人口的管理和政策研究等，近年都有较有影响的成果[2]。（参见黄平、E. 克莱尔，1998；周晓虹，1998；郭正林、周大鸣，1996；韩嘉玲 2001；吕绍青、张守礼，2001；赵树凯，2001；等）

参考文献：（略）

注释：（略）

这篇综述的标题由课题名称和文体名称两个要素构成，简洁明了。正文包括三个部分，前言部分（第一、二自然段）介绍背景，明确问题，概述研究情况和特点，限定文章描述的范围；主体部分（中间各段）分别从不同的角度阐述各个方面的研究情况，系统说明已取得的研究成果。这种在对课题加以合理分解的基础上分门别类地谈问题的写法，是研究综述常见的写法。结语部分（最后一个自然段）总括文章内容，指明未能展开的议题及相关成果。

前面说过，“综合性”和“描述性”是综述所应具备的两大特点。为使这两大特点得以体现，在综述的编写中必须做到以下几点：一要充分占有资料。占有资料是写好综述的基础，是综述具有“综合性”的必要保证。只占有少量或部分资料，是难以对事物作出整体反映的。二要善于进行分析与归纳。资料本身是孤立的、散在的，只有经过深入的分析，对资料内容作出合理的取舍和归纳，才能把所选资料组织成一篇结构谨严有序的文章，也才能使写出的文章具有较高的信息和学术含量。三要保持写作态度和写作方法的客观公允。处理资料不能以个人好恶为标准，撰写文章则要避免夹杂个人看法，避免对不同的观点作出主观评价。这是使综述具有“描述性”，从而具备其自身所应有的情报价值的前提。